案卷里的青岛

——事件篇——

刘宗伟⊙著

青岛出版集团 ｜ 青岛出版社

图书在版编目（CIP）数据

案卷里的青岛. 事件篇 / 刘宗伟著. — 青岛：青岛出版社，2023.12

ISBN 978-7-5736-0679-2

Ⅰ.① 案… Ⅱ.① 刘… Ⅲ.①青岛—地方史—史料 Ⅳ.①K295.23

中国版本图书馆CIP数据核字（2022）第254358号

ANJUAN LI DE QINGDAO · SHI JIAN PIAN

书　　名	**案卷里的青岛·事件篇**
作　　者	刘宗伟
出版发行	青岛出版社（青岛市崂山区海尔路182号）
本社网址	http：// www.qdpub.com
邮购电话	0532- 68068091
责任编辑	董建国
装帧设计	李开洋
平面制作	青岛齐合传媒有限公司
印　　刷	青岛国彩印刷股份有限公司
出版日期	2023年12月第1版　2023年12月第1次印刷
开　　本	24开（889mm×1194mm）
印　　张	20
字　　数	350千
书　　号	ISBN 978-7-5736-0679-2
定　　价	88.00元

编校印装质量、盗版监督服务电话　4006532017　　0532-68068050

凡　例

一、本书所选用档案史料大多来自青岛市档案馆馆藏文献，包括公函、私人信函、会议记录、演讲稿、年度报告、报纸、日记等；部分史料录自高密市档案馆、即墨区档案馆等；另有少量史料录自收藏者手中的档案和书中所写人物后人提供的家族档案。

二、为保持档案原貌，本书除对不符合要求的标题稍作修改，叙事中对个别地方有所节略和文字校正，将档案中的繁体字、异体字改为规范的简体字，数字按照国家标准规定使用阿拉伯数字外，未作其他改动。

三、因年代久远，档案中有字迹模糊、缺失之处，均以"□"代替；对档案中姓名不全或书写不完整的在括号内予以标注；在不影响读者理解的前提下，对某些具有时代特征的字词、语句不作更改标识。

四、原始档案大都无标点符号，文中引用部分的标点符号为作者添加。

五、本书所选用档案观点或有不当及不合时宜之处，为保持档案的原始性未予更改，请读者自鉴，正确引用。

目 录

.

德军胁迫清廷"许展沂路"

1898年农历正月初一，即墨县城内，新年的喜庆气氛正浓。按照传统习俗，男人们踏着飘落在大街小巷的鞭炮碎屑逐户拜年；妇人们将家里收拾一新，殷勤待客；孩童们则围绕着屋前屋后嬉闹，零星的炮仗声不时响起……谁也不会料到，如此温馨的场景，薄暮时分却被持枪汹汹而来的侵略者打破了。

是日傍晚，驻扎于青岛的300多名德兵突入即墨城寻衅滋事。初二日夜，居民李象凤不堪上门德兵舒尔策的骚扰，怒而杀之，此举激起轩然大波。

德军缘何大年初一起侵扰继而强驻即墨？笔者从青岛市档案馆内该事件处置和善后交驰的大量电文档案中探寻到了德意志帝国的险恶用心——以此事端逼迫清政府答应由其添筑由胶澳（青岛）至沂州府城再由沂州府城至省城济南的铁路。

突侵即墨滋事毁坏圣像

从现存档案看，即墨被德军侵扰发出的第一份告急电报时间为两天后——1月24日（正月初三）。

这份电报由即墨知县朱衣绣发给山东巡抚张汝梅。收到电报后，被胶澳租借地德人评价为"和气而又有节制"的张汝梅

"殊为骇异"，当即向大清国总理各国事务衙门紧急电呈：

> 顷据即墨县电禀：初一日夜，德兵三百余人进城，初二夜有一巡街洋人，不知被何人在城西刃伤二处毙命，现悬赏勒拿等语。阅禀殊为骇异，其中有何起衅情节，已电饬该县迅速查明，赶缉凶犯，严讯究办。谨电阅。汝梅谨肃。

而就在这一天，总理各国事务衙门也收到了湖广总督张之洞的情报："外报载，德总领事自言，德将以山东铁路为吸取全东地利深入豫省中原之根，其说甚详，计甚毒，中外皆见此报，明是见。"

后来的史实证明，张之洞在电报中提醒的内容就是德军突入即墨侵扰的阴谋。

《青岛通鉴》对该事件的记录较为详细，兹摘录整理如下：

> 1898年1月22日（农历正月初一），驻胶澳德军百余人突入即墨县城，驻扎于文庙和西关商户店铺内，强迫知县朱衣绣交出地丁册籍和地方志书，朱以未奉上谕不敢擅专而拒绝。翌日夜，一名在县城西门站岗巡逻的德兵，因酗酒滋事，被居民李象凤杀死。事发后，德军深夜闯入县署，将朱衣绣掳去扣押，并立逼其将李象凤擒拿处死。
>
> 德兵此次侵扰即墨城，不仅劫掠去大量财物，还将即墨文庙中的圣像四体伤坏，将先贤仲子的双目挖去。朱衣绣只将李象凤杀死德兵一事据实上禀，而对德兵毁

晚清时期的即墨古城外河边洗衣场景

圣像一事匿而不报。

交涉未果被迫"许展沂路"

因为有1897年11月1日发生的"曹州教案"这一前车之鉴，即墨城居民杀死入侵德兵一事搅得总理各国事务衙门诸大员整个春节不得安宁，羽檄交驰，中、德之间进行激烈交涉。

1月28日，出使德国大臣吕海寰致电总理各国事务衙门：德海军水手在即墨被刺，德皇威廉二世颇为不满。"惟德不撤兵，日久必激而生变，曷胜焦虑。"

30日，吕海寰再次致电总署，汇报他奉电令往见德国首相毕鲁的情形。毕鲁表示"惟请中国准胶澳铁路展至沂州，尤敦睦谊"，并请吕海寰务必电告总署。

至此，德方袒露出侵扰即墨的险恶用心。

吕海寰回应，中、德兵民杂居，久必激变，中国难以保护，必须先从即墨撤兵方可与总署电商胶澳铁路展至沂州事宜。

毕鲁狡辩，给出不撤兵的理由：一是顾及面子，二是没见到实惠。其原话是："兵甫戕，遽撤兵，此示民所怯，况且中国所许未见效验，亦难请撤，若将戕案及赔偿款了结，许展沂路，当可结案。"

2月7日，吕海寰致电总署说已将"刺杀德兵的凶犯已伏法、严捕抢匪以及德驻华公使海靖种种无理情形"详细告知德外交部，德方态度强硬，"仍以所商展拓铁路两节请速照办云"。

12日，吕海寰致电总署：对沂州铁路一事，德方仍要求中方答应，"辩驳再三，不肯松动"。

17日，吕海寰又一次致电总署，汇报与德国外交部交涉情形："德外交部提出，胶沂展路本包括沂州、济南在内，胶澳、沂州清政府已答应，仍请将沂州至济南及办路先商两事照准，即撤退即墨德兵至胶澳界内。"

3月6日，清政府总理各国事务大臣李鸿章，总理各国事务

停泊在青岛附近
海上的德国军舰

大臣、军机大臣、户部尚书翁同龢，与德国驻华公使海靖在北京签订《胶澳租界条约》。该条约共三端九款。其中，关于铁路矿务等事，清政府允准德国在山东盖造铁路两道："其一由胶澳（青岛）经过潍县、青州、博山、淄川、邹平等处往济南及山东界；其二由胶澳往沂州及由此处经过莱芜县至济南府。盖造以上各铁路，设立德商、华商公司，或设立一处，或设立数处。德商、华商各自集股，各派委员领办。允许德商在上述铁路附近三十里内开挖煤矿。德国商人及工程人，清政府亦应按照修盖铁路一节所云，一律优待。"

清政府如何与德方进一步交涉并最终被迫签约？这从第二天（3月7日）恭亲王奕䜣给光绪皇帝的奏折中可管窥一斑：

> 嗣因德国兵丁在山东省即墨县被杀，德国教士在广东南雄州被劫，该国使臣海靖复坚请添筑由胶澳至沂州府城，由沂州府城至济南省城相连铁路一道。并嗣后在山东省兴造铁路矿物，均须先向德国商办，以为补偿。臣衙门与之往复辩论，允其添筑沂州铁路之请，仍将山东省路矿等项先问德国业此之人，如德商不愿承办，可任凭中国另办，以防他国借口均沾之条。磋磨月余，德使始经允从。与该使臣签订专条三端，分别款目，详载租澳界址及一切办法，彼此画押盖印批准互换，并与该使臣订明画押后即电达其本国，将现驻胶州即墨之兵撤回胶澳租界以内。

9日，吕海寰致电总理各国事务衙门。电文的主要内容是刚刚接到德国外交大臣毕鲁签字的照会。毕鲁在照会中说接到海靖的电文，"与总署（总理各国事务衙门）商办之事已议妥，所拟约款互相签押"。基于此，德皇威廉二世立即饬令胶澳总督罗森达尔，命其将德兵赶紧撤回胶澳租借地，"此事了结，奉贺"。

翌日，罗森达尔执行德皇威廉二世的电令，德兵旋由即墨撤回青岛。

13日，山东巡抚张汝梅致电总理各国事务衙门，报告德兵撤离胶、即：

> 奉十七日电饬，据胶州、即墨县先后电称：德兵于（农历二月）十七日（3月9日）、十八日（3月10日）陆续撤退青岛。

余波难平引发"公车上书"

《胶澳租界条约》已经签订，德兵也已经从即墨撤走，但此事件的影响远未结束，其发酵的结果甚至出乎清廷统治阶层的意料。

这年春，恰逢会试，各省举人云集京都。4月22日，即墨举人黄象毂串联山东举人103名联名上书都察院，告发德兵毁坏即墨文庙圣像。赴京会试的孔孟后裔孔广寒、孟昭武等17人亦联名签署《为残缺圣像，任意作践，公恳据情代奏折》上陈。

接连收到两份举报信，都察院自知兹事体大，当即由堂官、左都御史裕德领衔，全台署名，将两份上书一并奏报光绪帝。京师舆论一度哗然。

以康有为、梁启超为代表的维新派，得悉侵占胶州湾的德国士兵骚扰即墨县文庙事件引发士林愤慨后，立即在参试士子中散发一封言辞激切的公开信，鼓动各省举人联合行动。

5月3日，以康有为弟子林旭为首的369名福建举人率先响应，联名公呈《为圣像被毁，圣教可忧，请饬总理衙门责问德人》。此后，湖北举人李家群等165人、湖南举人易顺豫等43人，以及安徽举人洪溁和广西举人万象燊等均联名上书都察院。

4日，江苏省松江府举人庄仁泳等31人向都察院递交《即墨文庙一案关系重大，请旨严诘德人交犯惩办以伸公愤》的公呈。同日，江苏省举人汪曾武等204人亦呈文《为至圣像毁，乞饬总理衙门责问德驻京公使迅速查办，以安人心》。6日，梁启超等人领衔、831名广东举人联名上书，"公车上书"达到高峰。

13日，都察院又向光绪帝代奏由李桂林领衔签名的《德人残毁文庙圣像，请旨严行责问，以保圣而杜隐患》。154人签名中，包括翰林院编修、检讨、庶吉士，以及吏、户、礼、兵、刑、工六部官员和国子监、光禄寺、都察院的司员。

公呈指出："去年胶澳之事，彼曲我直，不能遍告各国与之理论，友邦已共议其失机。今德人此举，行同盗贼，非但中国所同愤恨，应亦外国所共非议矣。我若能仗义执言，径相诘责，则各国知我人心不死，必有出而衡其是非者"，不然，"恐天下人心，无复知有亲上死长之义"。

康、梁等维新派人物推波助澜，即墨文庙圣像被毁一案遂成轰动朝野的重大事件，前后在上书中签名的各省举人及京师官员达2000余人次，影响迅速扩至全国。

在舆论压力下，清政府与德国交涉，要求驻青岛德军首领赔礼道歉。即墨知县朱衣绣因隐匿此事被革职。

1898年11月至1899年4月，尝到甜头的胶澳租借地德人故伎重演，又以传教士薛田资在日照后街头村寻衅滋事被当地人扣押三天并遭受虐待、山东矿物公司施工受阻为借口，不仅威逼鲁南道台彭虞荪签订赔款、惩凶、建教堂的协议，而且还"以维持治安的名义派遣远征军"到沂州府韩家村纵火烧毁村落、劫持士绅作人质，以此逼迫清政府答应向德、英财团借款建造天津—镇江铁路。

5月18日，清政府与英、德签订《津镇铁路借款合同》。《合同》约定，津镇铁路以山东峄县韩庄为界，分南北两段，分别用英、德两国借款（共计740万英镑）修建，其建造、行车等一切事宜由英、德代理。

在获知德、英联合辛迪加获得铁路建造权后，25日，德皇威廉二世下令胶澳远征军撤离沂州，并释放了5名人质。

《翁同龢日记》中的"即墨事件"

咸丰六年状元，同治、光绪两帝之师，曾任刑部、工部、户部尚书，军机大臣兼总理各国事务衙门大臣翁同龢，在1898年的日记中留有"即墨事件"交涉处理的经过。

在日记里，翁同龢详细地记录了"即墨事件"交涉处理的全过程，还原许多细节和场景。文中流露出他由畏难忧虑到抗争妥协再到冀望于外力施压周旋，最终受辱签约"愧愤并集"的心路历程。

日记中对"即墨事件"的记录，起于正月初六（1月27日），止于阴历二月二十二日（3月14日）。期间，有11天无此内容记录。

交涉初期，尚能"词气甚壮"

初六日　大风，晴，寒……又即墨杀一德兵限拿，又胶路取道沂州及运河，又胶路及开矿即开办，又山东不许中国办干路，皆难事。兵不撤，似已添兵到胶也。

是日，翁同龢心烦意乱，对德方一系列无理要求颇感为难，并流露出对德国增兵胶州湾的担忧。

> 人日（注：旧俗农历正月初七） 晴，风止，犹
> 寒。早入，电二，张，即墨杀德人之犯已获；吕，其外
> 部云谕旨不足……未初至总署，樵野、子密及余款接海
> 靖。海靖所指摘四端：一谕旨不符，二戕教士者非正
> 犯，三广东案，四即墨案。所索者两事：一由胶至沂州
> 另造一铁路，一中国办铁路先与德国商量。余一一驳
> 之，词气甚壮，彼虽未屈，余始终未应也，晚去。

是日早朝时，翁同龢获知两封电报：一是山东巡抚张汝梅
电告杀害德兵的案犯李象凤已被即墨县府缉拿归案；二是新任
驻德公使吕海寰（注：是年1月17日，吕海寰向德皇递交国书，
接替许景澄正式出任大清国驻德公使）电告德国外交部不接受
清廷答复，认为处理力度不足。

吕海寰的电文显示，"不足"主要体现在三方面：一是未
对李象凤正法；二是未对广东抢匪严捕；三是未对"许展沂
路"及"办铁路先与德商"有实质性答复。吕海寰还转述德国
外交部意见"谕旨不足处，当请旨补足，以便速结，实于山东
大有利益"。

下午1时许，翁同龢到总理各国事务衙门（以下简称总
署），与总署大臣张荫桓（字樵野）、钱应溥（字子密）款待
前来交涉的德国驻华公使海靖，海靖以"谕旨不符、（曹州
教案）戕教士者非正犯、广东案（即德国传教士在粤南雄州被
劫）、即墨案"为由纠缠不休，其险恶用心最终落在两点：一
是清政府答应由德人添筑自胶澳（青岛）至沂州府城再由此至

省城济南的铁路；二是中国修筑铁路时先与德国协商。翁同龢不从，一一据理力争。海靖百般刁难，终未让步、屈服，傍晚时离开总署。

> 初八日　晴和无风，微阴，好天气也。电一，吕，德外部甚祖海……教士樊国良来。极言海使贪狡。

是日，得悉吕海寰电报，称德国外交部对海靖的无理纠缠非常祖护。法国传教士樊国良来总署，与翁同龢聊起海靖，认为他极其贪婪奸诈。终于有外人出来指责海靖，翁同龢或许感到一丝慰藉。

在是日电文中，吕海寰称："（德外交部对海靖）词多偏祖，难以理喻。"

> 十一日　晴暖无风……昨夕海靖照会坚称谕旨不符，因专索沂州一路，推论及余种种与之为难，候李中堂病瘥再商云云。余于召对时奏之，上意仍欲派臣往彼馆论说，臣言此举无益。乃罢。

翁同龢记述，昨日（初十日）傍晚收到海靖的照会，海靖在照会中一再坚持"谕旨不符"，并在"许展沂路"一节中指责翁同龢处处为难，提出等尚在生病的总署大臣李鸿章瘥愈后再协商谈判。在接下来的光绪帝召见中，翁同龢上奏海靖的照会内容。光绪帝的意见是继续派大臣赴德驻华使馆与海靖交涉。翁同龢回复：海靖不会让步，此举不会有什么效果，最终放弃。

翁同龢"此举无益"的判断或许有初九日吕海寰的电文依据："海使明知理屈，故耸动德君出首，挑剔谕旨，恐难遽夺。"有德皇威廉二世撑腰，海靖胡搅蛮缠自然就有底气。

　　十二日　晴……海照会两件，亦抄递。入对语极多，仍饬余赴海使今日之会，臣未敢奉诏也，同人讶余之憨……函致海靖约十四日来署。

早朝，翁同龢将抄录海靖的两件照会呈递。光绪帝仍饬令翁同龢赴德使馆与海靖会谈。翁同龢不敢奉诏，同僚们惊讶他的憨直。最后，致函海靖，约定14日前来总署商谈。

翁同龢也许不会想到，其"憨"成为5个月后他被朝廷开缺回籍的重要理由："且每于对召时，咨询事件任意可否，喜怒见于词色，渐露揽权狂悖情状，断难胜枢机之任。"

　　十三日　微阴有雪意，稍凉。电，吕，沂路其君必索……晚访合肥，因海靖不来而要总署大臣往，余不可去，合肥亦以为然。

是日，吕海寰来电透露，德皇对"许展沂路"态度坚决，不达目的不罢休。有此"底牌"，海靖拒绝14日亲往总署，且反客为主，提出总署大臣到德驻华使馆会谈，翁同龢非常不快。晚上，往访在家养病的李鸿章（注：李鸿章是合肥人），李鸿章同意翁同龢不去的意见。

清廷妥协，"沂路不能争也"

> 十四日　立春，又晴……电，东抚，即墨凶犯。电旨，李象风即正法。晚赴总署，李、张、敬、廖皆在，商复海靖照会。

是日，朝廷收到山东巡抚张汝梅的电报请示如何处置杀死侵扰即墨德兵的李象风，电旨立即正法。晚上，翁同龢到总署，总理衙门大臣李鸿章、张荫桓、敬信、廖寿恒全都在场，一起商谈回复海靖照会事宜。

> 上元日（元宵节）　晴，有风，夜止。早晨上又催赴德馆，臣顿首力辞，邸不谓然，无以难余，乃派李鸿章、张荫桓，令庆邸传旨，晚集总署。传旨讫，李唯唯，张则仍令荫昌邀海靖到署，盖逆知沂路之不能争也。

早晨，光绪帝再次催促翁同龢赴德驻华使馆与海靖交涉，翁同龢磕头极力推辞。恭亲王奕䜣不以为然，但没有难为他，于是改派李鸿章、张荫桓前往，并令庆亲王奕劻传旨，晚上聚集总理衙门商谈。传旨完毕，李鸿章恭而从命，张荫桓则派荫昌邀请海靖到总理衙门。此时，翁同龢隐隐感到，清廷态度在妥协让步，"许展沂路"已不能据理力争。

此日起，记名副都统、在奥地利军队学习时与德皇太子威廉同伍、曾任大清国驻德公使馆翻译的荫昌开始参与"即墨事件"的交涉处理。

十七日　晴和无风……（午饭后）赴总署，李、张、廖在焉。海靖照会，十八日可来，然沂路及铁路办法与德先商两条必先允，如不允即辞出，立电提督照十一日照会开办，并及翁大人前此语失欢，盖挟制万状矣。总署复函，谓此两事头绪纷繁，必须细酌，请十八日来署，已默许之矣。

是日，翁同龢午饭后到总理衙门，同僚李鸿章、张荫桓、廖寿恒、敬信都在。海靖送来照会要挟说，18日可来总理衙门交涉，如果清政府不答应"许展沂路"和"修建铁路与德先商"两项即可起身告辞，并倒打一耙，指责翁同龢此前交涉中语言偏激失和，有挟制之意。总理衙门的答复是：这两件事头绪繁杂，必须仔细斟酌研究方能确定，请海靖18日前来一起面晤。清政府中枢的一味退让，实际上已默许德方的无理要求。

不过，当日还有一件重要的事情翁同龢没有记录，这就是总署将海靖的傲慢无礼、纠缠要赖电告驻德公使吕海寰，请他转告德外交部。吕海寰就此复电："谕旨补足凶犯正法、抢匪严捕各节及海靖种种无理情形，详告外部。彼面带愧色，谓海使恐有误会处，允电询原委再告。仍以所商展拓铁路两节请速照办云。"

在电报中，吕海寰还向总署荐才："闻荫昌与海靖熟识且精德语，可否调都借来疏通，乞钧裁。"

电文显示，德外交部将海靖的过激行为轻描淡写为"误会"两字，纵容袒护可见一斑。

十八日　浓阴，午露日，旋阴，未申间风起，晚又晴亦……午至译署，海靖在焉，余未见，李、张、许晤之，沂州路竟未驳，惟与德商展山东铁路事未应，最后以电本国为结，盖我允彼撤兵，沂路可商也，中尝桀很，后乃欣然，堕其术中，乌得不喜。

中午时，翁同龢到总理各国事务衙门（又简称译署），看到海靖在场，没有与他相见。李鸿章、张荫桓与海靖继续交涉，两人竟然对德人"许展沂路"的要求没有据理反驳，但对"修建铁路与德先商"拒绝接受。海靖争执无效，只得就此结果电告本国政府，最终由德方高层决定。翁同龢猜测：清政府答应"许展沂路"，德人会迅速从即墨撤兵。

翁同龢留意海靖的态度：交涉前期桀骜难驯，后期时态度转向和气，清政府正一步步落入德人的阴谋，海靖焉能不喜？

得寸进尺，德方"坚索两端"

廿三日　晴，早寒。电二，吕，两端均索；奎，王弟仍在新加坡……晚赴总署。海既驳，王弟又坚索两端，两端中又添许多枝节，荫昌两次往彼馆未得要领；如何，如何！

是日，总署收到两份电报：一是驻德公使吕海寰电称德方要求清政府对"许展沂路"和"修建铁路与德先商"两个条件一并答应；二是奉命接待前来中国的德皇威廉二世弟弟的荣禄叔父奎俊发来电报，告知亨利亲王一行仍在新加坡，尚未起锚赴广东。

当晚，翁同龢在总署与李鸿章诸大员继续磋商交涉事宜。亨利亲王亦坚持，清政府必须答应两个条件，并增添很多细节款项。是日，荫昌奉命两次去德使馆交涉，均未取得实质性效果。身处危局，翁同龢一筹莫展，仰天长叹：如何，如何！

这一天，奉帝国之命，海靖致总理衙门照会，言辞充满火药味。

本国仍向中国固请，在山东省如有商政之事，先应问德国承办。如于该省有办铁路之事，德商应先承办及工匠亦应尽用德人。本月十八日，本大臣在贵署面谈之际，业将此节解明。溯查光绪二十四年（注：1898年）正月初五所云照会内开：本国业已商定，向中国讨允胶州过沂州至济南盖造铁路一道等因在案。此有德国所办铁路二道相连之意，贵王大臣至今不过允准由胶州至沂州盖造铁路一道，并未定准由沂州至济南盖造相连之路。现在奉饬，特请贵王大臣将准盖造相连之路，迅速备文照复。

本大臣又奉饬令知照贵王大臣，德国所请者只有兴旺商务之意，如中国再耽误允准照办所商各节，迟缓不能立定，则德国外部不能再拒本国军务大臣索讨将胶州租界及驻兵之地推广之意，派来之新兵现在一半已到胶州，俟由本国亲王亲自带兵到来之后，方能将未商妥之事另外设法强办，应请贵王大臣熟思此等情形，速为照复应允照办不再耽延，俟德国所请以上各节贵王大臣允许，始能将本国兵丁撤回胶澳德国租界之内，为此照会。

如此事关这一事件最终走向的重大动作，不知何故，翁同龢竟没有记载。

> 廿四日　晴，晚微阴，犹无雪意……在西苑门外奉宸苑处所公议德事，总署诸公皆集，庆邸未到。邸意只得应允，而电吕使此外不他求，嗣后无枝节，且办了即撤兵方允云云。群公皆无说，唯唯而已。余亦群公之一，愧愤兼集。

面对海靖盛气凌人、火药味浓烈的照会，又有带"兵船三艘、兵二千余人"正在向中国挺进的德国亲王，清政府无奈地选择"应允"。

是日，清廷大员在西苑门外奉宸苑公议德事，总理衙门大臣翁同龢、李鸿章、张荫桓等人全部到场，庆亲王奕劻没来。恭亲王奕䜣的意见是只得答应德方要求，并电告吕海寰不要接受德方其他条件，如无枝节，德军自胶州、即墨撤回胶澳后方可签约。对此意见，诸大员没有争议，现场一派沉闷。翁同龢感到既羞愧又悲愤。

> 廿六日　浓阴，微雨如尘，竟日濛濛，凄其而寒。是日宴各国使臣及参随各员，到者六十人，昨觐见人中十六人未到，海靖及意、奥两使不到。

25日，各国驻华公使、参赞、随员等共计76人，在文华殿觐见光绪帝。次日，总署宴请各国驻华使臣随员，有16人未到，包括海靖、意大利和奥国驻华公使。对三国公使未到，翁同龢没有分析原因。但连日交驰的电文显示，海靖没有赴宴，是向清政府抗议之举。

> 廿八日　无风而晴矣，仍寒。外折无多，电一，吕，得敬电，允两端可一了百了。

此日，总署收到吕海寰24日（注：电报韵母代日，"敬"为24日）电文，转告德外交部意见：清政府若答应德方两个要求，则一了百了（即德兵自胶州、即墨撤回胶澳租界内）。

> 敬电谨悉，遵告外部。据云：胶沂展路本包括沂济在内，胶沂既允，仍请将由沂至济及办路先商两事照准，即退胶即兵归界内，饬驻胶官会华官勘定界址。果能从速订定，则一了百了，别无他求。当饬庚道书面用洋文记载为凭。

在该电文中，吕海寰还将海靖胡搅蛮缠，甚至以"降下使馆外悬挂的德国鹰旗然后闭馆出京"威胁清政府的过激行为告知德外交部，对方的解释是："有训条催办，故海靖着急。"

由此看来，变本加厉逼迫清政府"许展沂路"和"办路先商"的"罪魁"是德帝国中枢，海靖只是一个被遥控操纵能进不能退的小卒而已。

> 廿九日　阴，风甚寒，气象凄懔。电一，吕，详陈德事，谓当早了……今日海靖到署，李、张晤之。昨窦使来，言山东商务铁路不可允，与德先商，如此则太

重。夜田贝访李相，亦言切不可允，各国皆将电告政府
也。照复已具，今将于德商一层作撇笔，今允沂济，不
知彼能就范否也。

是日，总署收到吕海寰电报，吕海寰详细讲述德国的情
形，建议尽早签约，了结争端。已数日未露面的海靖前来总
署，李鸿章、张荫桓与之晤谈。

翁同龢还记录列强驻华公使对此事件的反应。28日晚，英
国公使窦纳乐前来打探消息，认为"修建铁路与德先商"这一
条件太过分，清政府不可答应。当夜，与李鸿章颇有交谊的美
国公使田贝也鼓动清政府切莫同意。诸公使表示，将把这一信
息迅速电告本国政府。

列强驻华公使的表态让翁同龢看到"以夷制夷"的曙光，
于是萌生将照复中"修路与德先商"这一条用笔划掉的想法，
但又底气不足，因为不知道强硬的海靖以及强大的德国能否就
范。翁同龢一时颇为纠结。

海靖逞威，干涉道台复任

初二日　晴，无风而寒，雪未消……申初到总署，
海靖照会，姚协赞前在兖沂道任主使乡民与安主教不
洽，今复任是缺，是有意欺压德国，请亟调任，而保彭
虞苏升任，限四十八点钟照复，否则电本国用力自办云
云。可恶已极，拟照会驳之，李、张仍缓其词，令荫道
今晚持往。

下午3时许，翁同龢到总署时，见到海靖送来的抗议兖沂道道台姚协赞复任原职的照会。此前，姚协赞支持乡民抵制天主教圣言会主教安治泰在兖州建教堂、传播宗教，两人为此结怨颇深。为缓和紧张气氛，清政府将姚协赞调离，待风波渐平时复任。海靖就此抗议，认为这是清政府有意藐视德国，并保荐彭虞荪接任，限清政府48小时内照复，否则将电告本国政府出面解决。

翁同龢对此非常愤慨，说海靖干预清政府任命地方官员的行为"可恶已极"，建议照会予以反驳。李鸿章、张荫桓息事宁人，照会中用词缓和，并令荫昌当晚携之赴德驻华使馆交涉。

姚协赞复职一事惊动了德皇威廉二世。初五日，吕海寰致电总署，报告与德国外相毕鲁会见时的情况。毕鲁称："德君知姚道复任甚诧异，若令到东，有伤交谊，坚请另调。"

吕海寰向毕鲁抗议，海靖推荐彭虞荪及限时48小时答复实在无礼，毕鲁答复："电饬海靖撤回照会。"

吕海寰认为，姚协赞与安治泰不合，到任后必横生枝节，于是建议"可否趁未到（山）东以前，于三四个月内设法更调，既不露痕迹，亦免再有龌龊。"

> 初三日　晴，甚寒，无风，然地则冻矣。恭邸来，余先看折，海来照及复照抄呈……姚协赞与河陕汝沈守廉对调。

是日，恭亲王奕䜣来总署，翁同龢将海靖的照会及总署复照抄报。最终，清政府作出让步，将姚协赞与河陕汝道台沈守廉对调。

初六日　晴，无风而寒。电一，吕，外部以海靖保
彭道为非，请将照会撤回。

德国对姚协赞调任河陕汝道作出回应——吕海寰电告总
署，德外交部认为海靖保荐彭虞荪的做法是错误的，命其将照
会撤回。

仓猝签约，德兵撤离即墨

初七日　沉阴惨淡，晓尚寒，午略暖矣。未初赴总
署，海靖来，李、张二公见之，大约可合龙，山东全省
铁路先尽德商购估，不能做德国独有之利益，此句添。
此外已允者皆铁案也。

下午1时许，翁同龢到总署，海靖来了，与李鸿章、张荫桓
会晤。对"许展沂路"和"办路先商"两项，清政府将一并答
应。不过，添加"山东全省铁路先尽德商购估，不能做德国独
有之利益"这一款项，其余条款均答应，已成铁案。

十二日　竟日阴，晨有风即极寒，风止稍和。荫昌
云海靖仍未允条约中数句。英使照会，谓不可使山东利
益为德国独占。

是日，荫昌反馈：海靖对条约中添加的"山东全省铁路
先尽德商购估，不能做德国独有之利益"不接受。英使窦纳
乐照会总署，称"山东利益不可为德国独占"，列强们终于

坐不住了。

> 十四日　阴，欲雪不雪。是日海靖请晤恭亲王画押，于是王请画押大臣，以李鸿章、臣龢充之，臣辞不获，遂承诏往，退时巳初。午访樵野，赴总署。未正诸公咸集，惟庆邸未至。海携三人来，余未与一语，彼携洋文，我写华文，各二份。仓猝所办，非夙约也。荫昌与福兰格互对，十刻始毕，遂画押，凡四份，盖印钉本毕乃去，酉初矣。以山东全省利权形势拱手让之腥羶，负罪千古矣。

这一天，海靖以外交礼仪请晤奕䜣商谈两国政府签署《胶澳租界条约》事宜，恭亲王安排李鸿章、翁同龢代表画押。翁同龢力辞，未获批准，最终奉诏行事。上午9时许，海靖告退。中午，翁同龢走访张荫桓。下午1时，除庆亲王奕劻外，总署诸大员全部到场，海靖偕员三人前来。见面寒暄，翁同龢未与海靖搭话。

海靖一行携来德文条约，翁同龢书写中文，各两份，荫昌与德驻华使馆翻译福兰格对条约款项一一核对，整个过程持续约十刻钟。最后，双方签字、画押、盖章，共四份，下午5时许，海靖一行离去。

"仓猝所办，非夙约也"，翁同龢在日记中如是评说。其幕后是一直以"利益均沾"为诉求的列强，在获悉清政府答应"修路与德先商"这一条款后，纷纷指责"德国独占山东利益"，英使窦纳乐就此已向清政府总理衙门发出照会，其他列强也在酝酿向德国施压。鉴于此，老谋深算的德国人出手凌厉，频频施压，胁迫清政府正式签约，以此牢牢锁定自己的既得利益。

68岁的翁同龢悲怆而自责地写道："以山东全省利权形势拱手让之腥羶，负罪千古矣。"

> 十五日　隐晦如昨，奇哉，半月不数见阳光也。早入，总署奏胶专条画讫，并进呈约本。次日用宝，并呈慈览，即日发下。明日抄专约再递。

是日早朝，恭亲王奕䜣代表总署，上奏《胶澳租界条约》签订完毕，并进呈约本：

> 嗣因德国兵丁在山东省即墨县被杀，德国教士在广东南雄州被劫，该国使臣海靖复坚请添筑由胶澳至沂州府城，由沂州府城至济南省城相连铁路一道。并嗣后在山东省兴造铁路矿物，均须先向德国商办，以为补偿。臣衙门与之往复辩论，允其添筑沂州铁路之请，仍将山东省路矿等项先问德国业此之人，如德商不愿承办，可任凭中国另办，以防他国借口均沾之条。磋磨月余，德使始经允从。与该使臣签订专条三端，分别款目，详载租澳界址及一切办法，彼此画押盖印批准互换，并与该使臣订明画押后即电达其本国，将现驻胶州即墨之兵撤回胶澳租界以内。

光绪帝准奏。第二天，加盖玉玺，并呈慈禧太后阅览，当日发下。同一天，抄《胶澳租界条约》附件后再上奏。

十八日　电，吕报撤兵。奎报德王弟到港。海使照
会，德弟游历广州，索公馆，议礼仪，发电告广督抚。

是日，总署收到两封电文：一是吕海寰电告："德外交部
接海靖电，与总署商办之事已议妥。所拟约款互相签押，德
主立饬胶澳巡抚，将德兵赶紧撤回德国租地，此事了结，奉
贺。"二是负责迎接亨利亲王的奎俊来电报告行踪：亲王已到
香港。

海靖发来照会：亨利亲王不日游历广州，就公馆安排、礼
仪接待等细节提出意见。总署致电两广总督谭钟麟，要求其
"优礼相待"。

二十二日　晴，有云，无风。电二，谭，德弟廿五
至广州；张，即墨兵退。

是日，总署收到两份电报：一是两广总督谭钟麟电告，亨
利亲王将于25日抵达广州；二是山东巡抚张汝梅电告："据胶
州、即墨县先后电称，德兵于十七日、十八日陆续撤退至胶澳
租界内。"

余波未平，引发"公车上书"

《胶澳租界条约》签订后，德兵从即墨撤走，但此事件持
续发酵，其结果甚至出乎清统廷治阶层的意料。

闰三月初二（公历4月22日），即墨举人黄象毂串联山东举
人103人，联名上书都察院告发德兵毁即墨文庙圣像事。赴京
会试的孔孟后裔孔广寒、孟昭武等17人亦联名签署《为残缺圣

像，任意作践，公恳据情代奏折》上陈清廷。

以康有为、梁启超为代表的维新派立即在参试士子中发布一封言辞激切的公开信，鼓动各省举人联合上书。

闰三月十三日，以林旭为首的369名福建举人率先响应，联名公呈《为圣像被毁，圣教可忧，请饬总理衙门责问德人》。继而，湖北举人李家群等165人、湖南举人易顺豫等43人，以及安徽举人洪汝和广西举人万象燊均联合上书都察院。

闰三月十四日，江苏省举人庄仁泳、汪曾武等200余人，亦上书请求惩办毁即墨文庙的德国人犯，以安人心。

翌日（即公历5月5日）起，翁同龢日记里有了"公车上书"的记录。

闰三月十五日　晴，云气仍瀚，晚极热，似有雨意。封奏，都代奏湖北、福建、江苏、松江府四处举人请责问德兵毁即墨圣庙，交总署。文悌折，亦此事。上意不欲深究即墨事，因山东巡抚未报也。

是日，密封奏章。都察院代奏湖北、福建、江苏、松江府等四地举人，上书请求中枢机关责问德兵毁坏即墨圣庙，奏章交总理各国事务衙门。户部郎中文悌递交奏折，亦是此事。光绪帝不想深究即墨事件，原因是山东巡抚张汝梅没有上报。

闰三月十六日，梁启超等人领衔、831名广东举人联名上书施压，这场先期自发、后经广泛组织运作的"公车上书"运动达到高峰。

闰三月十九日　早入，电四，一，张，即墨尚无毁像挖目事，拟电信驳张言尚无毁像事，谓此事舆论哗然，应详勘切实声叙。令再查电复。署电，非电旨。

早朝，得电报四份，其中之一是山东巡抚张汝梅发来，称即墨没有发生德兵毁坏圣像、挖先贤仲子像眼睛的事情。总理衙门对此谎言非常气愤，拟复电以证据驳斥张汝梅隐瞒事实、欺上瞒下的行径，称此事舆论哗然，理应详细调查，如实汇报，并令山东再查尽快电告。

闰三月二十日　早入，电二，一，电即所拟驳张汝梅毁像语。

早朝，发电报二则，其中之一是驳斥张汝梅隐瞒毁圣像事件。总理各国事务衙门及中枢连日发电驳斥张汝梅谎言。

闰三月廿三日　封奏五件，三都代奏，一，即墨毁像江浙举人以直京官呈。

当日，收到密封奏章五件。其中三件由都察院代奏，江浙举人的即墨毁像事件呈文由京官签名直呈。

闰三月廿七日　外折少，封奏甚多。总署收呈片即墨事。

是日奏章很多，总理衙门又收到即墨事件的呈片。

四月初二（5月23日） 电四，一，张，即墨并未
毁像。取教官甘结。

是日收到电文四份，其中之一来自张汝梅，他在电文中坚
称即墨没有发生毁像事件，并表示如说谎话甘愿接受处罚。事
已至此，张汝梅不能自打嘴巴，只得把谎一撒到底。

4月27日，即公历6月15日，翁同龢被开缺回籍，失去了记
录"公车上书"的资格和机会。

但"公车上书"愈演愈烈，前后签名的各省举人及京师官
员达2000余人次。为息事宁人，最终，清政府向德国交涉，要
求胶澳租借地德人总督赔礼道歉。即墨知县朱衣绣因隐匿此事
被革职，张汝梅调离山东，毓贤接任山东巡抚。

卫礼贤笔下的日、德青岛之战

1914年8月23日，日本对德国正式宣战，青岛遂成为第一次世界大战亚洲唯一的战场。"青岛花季一样的生活结束了，故人们四散到世界的各个角落。"送走赴济南避难的妻儿，德国传教士、青岛礼贤书院创始人卫礼贤选择了留下。

战前，他安抚和疏散民众；战时，他组织红十字会员庇护妇女儿童、救治伤员、掩埋遇难者尸体。他还在隆隆的炮击声中，继续翻译中国传统文化经典……

青岛被日、英联军围攻的日子，卫礼贤用细腻的笔触记录民众的恐慌、双方的交战、战争带来的创痛以及青岛沦陷的失望和哀伤。这些文字史料，为重读日、德青岛之战提供了另一个视角。

恐慌与谣言

"乌云已在地平线上聚积了多时。战争终于爆发了。就像是一声号叫撕裂了长空，所有花季一样的生活结束了。"在1926年出版的《中国心灵》一书中，卫礼贤仍以无奈和惋惜的笔调，追忆12年前突如其来的日、德青岛之战——它似晴天霹雳，打破了人们宁静的生活。

战争引发的恐慌与不安在青岛快速蔓延。卫礼贤在日记中写道："8月2日，宣统皇帝的老师们来我家做客。他们打算前往崂山游览，却被拦在城门口，整个市区由于战争状态已被全面封锁。中国民众陷入恐慌，人们潮水般涌向开动的火车。"

卫礼贤所言的"宣统皇帝的老师们"，实为王垿、劳乃宣等一干在青岛这个"避风港"做"寓公"的逊清遗老。

受胶澳租借地第四任总督迈耶·瓦尔代克委派，卫礼贤协助当局安抚中国人惶恐的情绪，并成功地说服中国官员暂时不要离开。英对德宣战后，考虑到敌人可能从海上炮击青岛，胶澳总督府提醒妇女和儿童尽快离开。消息传来，"再一次给这座城市带来不安"。

8月15日，日本向德国发出最后通牒，战争的气氛在青岛上空扩散。

"民众中普遍不安的情绪与日俱增，城里种种荒谬的谣言四处传播，许多曾表示愿意暂时留在青岛的中国官员，最终还是选择了离开。"卫礼贤在日记中不无感伤地说。这些害怕战争最终选择离开青岛的"中国官员"中，包括与卫礼贤私谊甚厚曾任山东巡抚、两江总督、两广总督的周馥和学部副大臣、京师大学堂监督劳乃宣，前者举家迁往天津租借地，后者"于八月下旬移家曲阜"。

多处文献记载，1914年8月中下旬，青岛暴雨连绵，很多桥梁和铁路被大水冲毁，这加重了不断上演的逃难现场的混乱和悲怆。

在8月16日的日记里，卫礼贤写道："运输德国妇女和儿童离开青岛的'帕克斯特'号轮船遭到英国人攻击，乘客们提心吊胆地被转送到了威海卫。另一艘'安平'号轮船由南方的中国人冒着倾盆大雨开出港口，整幅场面混乱不堪。"

卫礼贤在《中国心灵》中详细地描写了这一"混乱不堪"的场面：

> 骚动情形真是无法描述。一个商人站在甲板上，因为混乱，搬运工没有办法把他的行李拿上来，他只能眼睁睁地看着行李近在眼前，却无法拿到。他叫喊着、命令着、威胁着——但毫无结果。最后，他暴跳如雷。我从未见过一个处于如此歇斯底里状态中的人。当包船者和家人赶来时，船上挤得满满的，我费了好大劲儿才给他们找到一个容身之地。不管怎样，这最后一艘船终于安然离港了。

8月22日，卫礼贤的夫人莎罗密（中文名字为"美懿"）和孩子、妻妹欣德跟随最后一批中国熟人乘火车赴济南避难，"独有恭亲王（溥伟）、高天元留了下来"。

27日，日本海军第二舰队抵达青岛海域，全面封锁胶州湾，并建立由驱逐舰、巡洋舰构成的两道封锁线，从海上割断德军对外联络的通道，青岛由此进入"与世隔绝的日子"，彼此打探成为熟人们获取外界信息的主要形式。

卫礼贤将礼贤书院尊孔文社的一间房屋腾出来作办公室，每天凌晨4点多东方露出鱼肚白时，就会有中国的熟人们聚集在这里等候最新的消息。

"9月15日，恭亲王来到我的住所打听战场的最新情况。17日晚上，我去了（水兵）俱乐部。现在到俱乐部来的人很多，因为这里可交换信息……据说，日本人计划建造一条临时轻便铁路，以便他们从王沟庄（注：应为王哥庄）途经即墨运输战争物资。"

这样传播的信息中难免有谣言甚至以讹传讹的成分。

卫礼贤在日记中表述道："还有许多真假难辨的消息四处流传，如果完全听信这些传闻，所有海军部的官员都应当被逮捕。还有的说，一些日本军官在德国军官里有熟人，偶尔会给他们提供一些情报。例如'我必须要把您团团包围，这让我感觉非常遗憾。所以我每天都往胸口画十字，祈祷您不要受伤'。"

11月7日早晨，防御堡垒相继失陷，已无回天之力的德人在信号山悬挂白旗，德占青岛时代结束。日本士兵进驻青岛后，劫掠事件不断上演。

救援与译经

青岛市档案文献载，黑云压城时，中国红十字会会长吕海寰在青岛组建了红十字分会，卫礼贤任会长，会址设在礼贤书院，并将同善会医院（花之安医院）和礼贤书院西偏房作为养伤疗病所，美懿女子学堂作为妇幼避难所。分会在理事长之下设医疗队，有医生、看护、杂务、担架员共45人，配备救护车2辆、救护箱1个、担架2副。经费靠会费和募捐，凡是捐款25元以上者为正式会员，有14人；捐款5元以上者均为临时会员，有38人。

对于青岛红十字会的组建，卫礼贤在日记中有所记录："（8月初）关于建立一个红十字会中国协会的事宜在商谈中，短短的半小时内通过认捐方式，募集到了很大一笔捐款。"

9月24日，日陆军主力部队集结于即墨、王哥庄一线。经26日石门山战斗和27日孤山、午山战斗，日军击破德军前哨警戒阵地。28日，日军占领午山至孤山一线攻围阵地。同日，英军步兵联队第二营在崂山湾登陆，协同日军进攻青岛。

青岛争夺战箭在弦上，青岛红十字分会积极救援。在日记中，卫礼贤写道："28日，礼贤书院里突然涌来一大群难民，拖家带口从台东镇而来，没有足够的房子安置，我与卡普勒先生讨论后，后者把砖窑提供出来做住所。"

据其自述，卡普勒的砖窑里共安置100名中国妇女和儿童，所有人得到最大可能的妥善安排，单个家庭自行组成独特的小单位。尽管住宿条件有些简陋，但他们仍为可以在一个安全的地方安顿下来而感到高兴。身无分文的贫民由红十字会提供食品，两名护工日夜负责。

10月30日起，对青岛形成合围之势的日本海陆军队向城区发起总攻，卫礼贤和红十字会人员昼夜奔忙。"凌晨，红十字会一支分队去湛山照料伤员，却空手而归。原来，村民们被转移到一个小岛上，以躲避炮火的袭击。"

城区总攻击战中，卫礼贤组织红十字会人员冒着弹雨和房屋坍塌的危险救治伤员，掩埋死者尸体。在其孙女贝蒂娜·威廉拍摄的纪录片《沧海桑田——卫礼贤与〈易经〉》中，卫礼贤自陈："我们的学校和房屋遭到轰炸，整个院子满是鲜血、碎石和破布，这是我们最艰难的时刻……晚上，我找警察掩埋死者尸体，警察抽不出时间，我们只能自己动手。"

卫礼贤以传教士身份在中国生活了25年（其中在青岛22年），"不曾为任何人洗礼"，却以翻译以《道德经》《易经》为代表的中国传统文化经典而声名远播。

即使在日本人围攻青岛的窘迫日子里，卫礼贤也没有放弃译经。这一点可从他的日记中管窥一斑："9月18日，为了不至于毫无意义地荒废这段时光，我开始着手一个较大的中文翻译工程。我把以前关于《家语》（即《孔子家语》）的准备工作又翻出来，先是粗略地将这本书通读一遍。"

9月23日，他继续写道："我现在与高孟贤定期编写《孔子家语》读物。每天下午，我再将上午高给我写出的文章释义翻译成德文。"

10月30日，日军向青岛城区发起猛烈攻击，沉迷于译经的卫礼贤仿佛置身事外。"我在图书馆里进行翻译工作。从伏案中抬起头，发现（停在水雷库房后面偏北的方向）老旧的'猛虎'号炮艇正遭受敌军陆炮的狂轰滥炸。"

空战与损伤

在1914年夏天日、德青岛之战中，青岛上空首次出现对垒的战机。

实际上，日、德军队的空中之战只是以侦察对方作战行动为主的小规模空战，除侦察外，在射击、轰炸方面尚处于初级阶段。

对于日、德空战，被围困在城内的卫礼贤感受真切。

卫礼贤称，日本人在青岛附近海域准备一艘特殊的大船专门供这些飞机停驻。它们大多从叶世克角以南起飞，"主要目的是对我们施加心理攻势，轰炸倒还在其次。事实上，收效甚微"。

这艘"特殊的大船"就是日本水上飞机航母"若宫丸"号，它是当时世界上最早的航空母舰之一。有史料载，"若宫丸"号原是一艘商船，1913年，处心积虑的日本海军着手将其改装成水上飞机母舰，次年在日、德青岛之战中派上了用场。

从卫礼贤日记可看出，9月中旬至10月中旬，是日、德空战的集中期。期间，日本战机频频飞赴青岛上空，侦察德军地面防御堡垒，并向港口等设施投掷炸弹。德国战机起飞迎战，双方在空中对峙、扫射。

9月16日下午，飞过来一架日本战机，扔下6颗炸弹，榴霰弹击中船厂，就在离医院很近的地方落下一颗榴霰弹壳，我们的屋顶也被飞过来的榴霰弹丸砸坏了。

17日，德国飞行员一大早就起飞了。原本我们有两名飞行员和他们的"鸽式"飞机，由于不利的风向因素，两人在起飞后不久相继坠落下来。其中一人（注：米勒斯科夫斯基少尉）伤得很重，以至于在整个青岛被围期间都未能再次驾机起飞；另一名飞行员（注：贡特·普吕肖夫少尉）很快恢复了健康，并将他的飞机修理好，出色地完成了许多任务。有一次，他在空中与一架日本飞机相遇，他用毛瑟手枪向日本飞行员射击，但没有给对方造成严重伤害……

从现在（21日）起，在无风日子里，每天都会有一架日本飞机飞过来。它常常遭到榴霰弹猛烈射击，也向地面投弹。它看上去有几次明显中了枪弹，但从未受过严重损害……我们可以清楚地瞅见飞机投掷的炸弹往下掉落，并发出一种独有的带旋转的声响。只要小心一点，很容易让自己掩蔽起来。因为这些炸弹通常需要5~7秒钟才会跌落在地上。而且，爆炸威力不是很强，主要的瞄准目标是船厂，偶尔也会尝试轰炸防御工事及紧挨克拉拉湾（汇泉湾）的飞机仓库。总之，造成的损失很小。

10月5日下午，又一日本战机飞来，向炮兵弹药库扔下炸弹，一名中国人被炸死，德国军械维修师受重伤。

10日清晨6时，德军飞机升空侦察日军阵地。7时，一架日本飞机飞临青岛上空，它投弹炸死了基督教堂以南一间屋子里的中国人。随后德机飞来，两架飞机玩起技巧，没有伤及对方。

21日下午，久未谋面的日本双翼飞机又飞了过来……

23日早晨6点，德战机飞上天空，侦察日本炮兵阵地方位。飞机遭到日本人猛烈炮轰。还没等它返航，一架日军战机飞来，并投下炸弹，其中一枚炸死了台东镇一名中国男子。

一战档案史料显示，自10月下旬起，日军着手总攻，陆地重炮、海军军舰大口径火炮交相呼应，对德军堡垒、青岛城区设施进行轮番轰击，德军"以牙还牙"，炮战成为主角，有关日、德空战的记录遂在卫礼贤日记中消失了。

炮战与灾难

炮战，是日、德青岛之战的一个重要形式。实际上，炮战自9月下旬就已开始，它给青岛城市设施、无辜者的生命造成巨大灾难。

9月28日，来自海上的炮火十分猛烈。卫礼贤叙述：站在楼上窗前可望见炮弹撞击在伊尔蒂斯山（太平山）上和俾斯麦山（青岛山）上爆炸的场景。因为军舰离城市很远，最先看到的是炮弹撞击到地面上，然后是"轰"的爆炸声，随即看到一大片泥土和黑色烟云扬撒在空中……炮弹离城市越来越近，落在弹药库旁，把地砸出大窟窿，住所屋前大树不断落下折断的树枝，小门楼的屋顶遭到一些损害，整条上海路被炮弹碎片和瓦砾盖没了一层；战地医院里落下多块弹片，一名男子被炸伤。整个战地医院被清空，搬到了其他应急建筑里。

日军攻下德军伊尔蒂斯山（今太平山）东炮台

日、德青岛之战
中被炮弹毁坏的
市区房屋

　　10月31日起，日军向青岛城区发起总攻击。卫礼贤在日记
中描述了炮击的惨烈状况：

　　31日天刚亮，日军新一轮轰炸开始，炮兵弹药库、
后勤给养部、天文台附近都遇到炮火袭击。7点半，造
船厂中弹着火。不久，亚细亚火油公司和标准石油公司
两个储油罐被击中起火，两道黝黑巨大的烟柱腾空而
起，直冲云端，遮住太阳，仿佛出现日食。中午，日军
向大鲍岛扔下6枚炸弹。整个下午，青岛、大鲍岛、台
东镇均遭到猛烈轰炸。

　　11月1日早上7点，来自地面的、海上的新一轮轰
炸开启，船厂巨型起重机被炸飞，船坞被炸沉。一枚炮

弹掀掉了礼贤书院礼堂屋顶一角，却没有当场爆炸，继续飞行到马路才爆炸。两枚炸弹落在女子学院，其中一枚炸毁两间女生宿舍。中午爆炸暂停，下午两点又开始。

炮击给德军、给青岛城区居民带来严重伤害：

> 医院里挤满伤员，或在动手术，或在包扎伤口，许多伤员大腿骨折，还有一些腹部中弹，一个人的一只胳膊须截肢，等待区的地面上堆积着好几大滩鲜血。所有伤员发起高烧，有的因此大发谵妄，狂躁地将身上绷带扯开，并剧烈呕吐，另一些伤员躺在床上痛得直哼哼。

无助与凄惶

诚如贝蒂娜·威廉在拍摄的纪录片《沧海桑田——卫礼贤与〈易经〉》中所言："一战的爆发，结束了青岛欣欣向荣的生活。"

8月底，日本海军第二舰队封锁青岛海域，被围困的青岛就像一叶孤舟，孤苦无依、无援，命悬一线，一些食品开始出现短缺。

食品短缺状况随着战争的走势日益凸显，"一日三餐中能看出战争的影子"。卫礼贤留下了详细的记录：

> 10月16日，放牛人把奶牛群赶到台东镇卖掉，揣着钱悄悄地从战区潜行溜走。从现在起，没有牛奶喝了。

21日，鸡蛋告罄。晚上，在熟人处吃饭，最好的葡萄酒没有了存货，眼下的饮食搭配就像一个人上身穿燕尾服，下身只穿内裤一样。

22日，去梯尔庇茨大街"橡树"饭店，晚餐几乎只有肉食（没有蔬菜），分量足，再配上黄油面包。

28日，单从晚饭就可看出目前所处的战争状态。匆匆忙忙扎起来的花束耷拉着脑袋插在花瓶里，那副恹恹的样子更像是一堆野草。毫无装饰的墙壁将熟悉的俾斯麦侯爵石像的胸膛映得更加苍白。大厅内弥漫着一种令人不寒而栗、极不舒服的气氛。

11月4日，早餐时我看见面前摆放着一个鸡蛋，这是母鸡昨天刚下的，是我在被围困时期吃过的唯一一个鸡蛋。

这种困顿、窘迫还体现在与外界的联络上。
卫礼贤在日记中说：

美国领事裴克近几天离开青岛，我托他给妻子捎封信（笔者查证，此时莎罗密和孩子已由济南、北京辗转至上海寓住），这也许是青岛失守前最后一封家书。当然，首先还得通过检查，特别是检查士兵的家信很有必要。裴克将所有信件藏在一根竹棍里，安然抵达上海，途中没有受到任何阻挡。

青岛档案文献载，9月28日，英军步兵联队第二营在崂山湾登陆，协同日军会攻青岛。日、英联军自海上向青岛发起一轮接一轮的轰炸。对德军而言，战争正朝着不利方向快速逆转。

自此，卫礼贤的日记里多了一份无助和凄惶、惆怅与哀伤。

> 9月28日下午4时，散步到俾斯麦兵营。途中，第一次遭遇来自陆地的炮击：敌人从孤山向港口的船厂进行轰炸。沿着海滩旁一条马路往回走，一路未遇到行人，感觉行走在一座被禁严的死城。

10月29日晚上，卫礼贤去了空无一人的港口。几天前，德军炸毁一艘客轮，沉入水底阻塞了一半的入港通道，港口因此失去应有的功能。在防洪大堤，他忆起1904年3月6日港口启用仪式上人头攒动、欢天喜地，以及"伊尔蒂斯"号趾高气扬地将剪彩缆绳撞飞的场景。

"如今，可怜的'伊尔蒂斯'号连同几艘小汽艇被德军炸毁后团成一个大铁疙瘩，静静地躺在入港口的某一处。这是怎样的一种对比？"可以想见，卫礼贤神色凝重，满目凄凉，笔触中流淌着深深的忧伤。

而触动卫礼贤敏感神经并让他伤感不已的，还有总督迈耶·瓦尔代克的憔悴、老警察海尔默的泪水。

在11月3日的日记中，卫礼贤记述："我前往俾斯麦兵营，请求总督下令将炮兵连撤走，它的存在威胁到医院和设在霍夫特府邸的战地医院的安全。在水泥拱顶地下室的楼层底处见到总督，他两鬓花白得厉害，看上去很令人担心。他的处境肯定不容易。"

7日6时23分，大势已去的德军在观象山升起白旗。7时，卫礼贤去警察局，想打听一下战事最新情况。"初升的旭日下，可以清楚地看到信号山、天文台上飘扬的白旗。警局巡佐拿出望远镜观察一番后说：'那是日本人的国旗。'"

在当天的日记中，卫礼贤留下了对比鲜明而又耐人寻味的悲怆画面："我和老（警察）海尔默告别时，泪水浸湿了他的眼眶。早先被俘虏的两个日本士兵在这一刻被释放了，他们高兴地露出志得意满的笑容，属于他们的时刻终于来了！"

《胶澳志》载：

> 11月7日，在青岛之德人降伏于英日联军。德人降伏时，将重要建置如水道、电灯、船厂起重机尽行毁坏，全市秩序紊乱，日暮以后宛如黑暗世界。我国绅商大都避难他往，居民损失不堪言状。日军入市旬日后，电灯水道始获渐次修复。然青岛之市外交通，多被日军隔断，外来邮电仅通至城阳而止。

卫礼贤还在日记中记录了离别情况："9日早上，我与总督告别。在那里遇见恭亲王（溥伟），他还拿了礼物给总督送行，感谢他这些年的庇护。"寥寥数语中虽然没有明显的悲伤情愫，但我们可以窥见，城已沦陷，由"封疆大吏"——胶澳总督变成战俘的迈耶·瓦尔代克，其悲凉乃至绝望的心境。

14日，迈耶·瓦尔代克被押上驶往日本的军舰。

自这一天起，青岛正式易手日本。

（注：文中"日记"均引自《德国孔夫子的中国日志》，福建教育出版社，2012年，卫礼贤著，秦俊峰译。）

青岛政权交接：云谲波诡的日子

经过长达5个多月的磋商，1922年12月1日，"鲁案"中、日联合委员会第一部委员在北京召开会议，拟签字交换"山东悬案细目协定正文及附件"。是日晨，一封急电摆在"鲁案"善后督办王正廷的面前。

急电来自青岛。致电人为青岛接收委员会主任梁上栋。

> 急。北京王督办钧鉴：昨晚七时，匪首孙百万闯入东华旅社，将青岛总商会会长隋石卿、（山东）督军派来视察接收情形之茅处长少甫同时架去，不知下落。昨晚已昭大桥警务部长，今早拟谒由比司令交涉。恳请督办向小幡公使从速严重交涉。本日各商户纷纷闭门。并闻。

梁上栋电文所陈的就是青岛历史上有名的"匪首孙百万绑架案"，案发离青岛行政权正式移交仅有10天。

缘于此，青岛接收前夕羽檄交驰，云谲波诡，接收现场军警更是"荷枪、出刀、实弹、缓步而行"，严阵以待。

日本守备军司令部

绑架案突发，恐慌与谣言蔓延

"匪首孙百万绑架案"突发于"鲁案"谈判尾声、青岛回归在即的敏感期，如一石激起千层浪，迅速引起国内外广泛关注。

《晨报》《申报》《大公报》等媒体各尽所能，记录"孙百万绑架案"的进展，揣测时局走向。

日方虽已声明对治安负责，但青岛城区的惶恐似乎没有因此而停止发酵、蔓延。

绑架案背后是否有日本人的阴谋？按照中、日双方青岛接收之前不准驻军的协议，没有正规军队，中方如何应对"横行市内，势焰正盛"的土匪？青岛行政权能否在中、日双方约定的12月10日正午顺利回归？

在诸多疑问面前，很多人选择的是闭门塞窗，闭店歇业，以及转移资产，异地避祸。

实际上，对于土匪的寻衅滋事，青岛商人早有戒心。案发前一天，青岛总商会还邀请梁上栋紧急商谈，并联名致电政府当局，"恳将招抚事宜速行解决，免使全埠糜烂"。

是招抚，还是围剿？对于青岛周边及横行市区街头的几股土匪，山东省督军田中玉、省长熊炳琦长期以来一直举棋不定、左右为难——"捕急则遁入租界引外人为护符，防弛则又出没于崂山小珠山海西一带，胶（县）即（墨）所属村庄频被劫掠，其中孙百万一伙尤为狡悍，党徒四布，横行街衢。"

当局投鼠忌器，在剿与抚之间游移不决，久而久之则被匪徒们视为软弱可欺。

青岛行政权交接在即，危机四伏，面对青岛总商会、梁上栋联名招抚土匪的电请，田中玉、熊炳琦等"为顾全国防地位及市面治安，曲予照准，当派副官李廷魁、参众田凤来，由财

民国时期青岛天津路（左侧为东华旅社）

政厅提取收抚编练经费贰万元，即日赴青，会同各界妥为办理。"孰料，李廷魁一行尚在路上，绑架案就已发生，招抚策略只好搁浅。

针对绑架案引发的"市面异常惊慌"，日本宪兵队开始四处活动，以示履职；胶澳保安处则对外宣布戒严，并将"维持治安临时办法四条"上报山东省督军：1. 自日落起，不准成群结队，游行街市；2. 一切商民人等，不得随身携带武器；3. 不准妄造谣言，煽动人心；4. 凡出入本埠车马船舶及行人等，一切皆须检查。

孙百万竟敢绑架青岛商界大亨隋石卿以及山东省督军私人代表、青岛接收监视专员茅少甫，其胆大妄为的背后肯定有恶势力唆使撑腰。媒体穷追不舍，逐渐解开了醒龊黑幕的谜底——"日人纵匪扰乱青岛"。据此，他们的观点可谓一针见血：寄望于日人剿匪，无异于缘木求鱼。

正是看到青岛军警既缺人丁，又缺枪支弹药，有人借机造谣惑众，"风传有日本流氓二百名，与匪勾结，意图劫掠，咸希望英美军舰能开至青岛，以资保护"。

而且，随着青岛回归日近，谣言愈演愈烈，漫天飞舞："十日之接收，彼等当听其自然，惟接收后之十日之夜，必与中国军警之决一死战"。又有人谓："如田中玉与土匪之妥协不能成功，则将来青岛治安实甚堪忧，日本侨民应有自卫之策，万一中国军警与土匪开战，冲突地点既为青岛，宜托英美领事出局主张，另行划出中立地带云。"

"匪首孙百万绑架案"引起英、美两国驻青领事、济南民众的强烈愤慨和抗议。

《大公报》报道称，因市面恐慌，民众或闭户，或外逃，影响了英、美商人正常生意，于是，两国驻青领事多次向日本当局抗议，请其从严缔土匪。日本当局难以文过饰非，只得将土匪设立于大鲍岛中和栈内的司令部封闭。"然明虽封闭，暗中则移于海崖某兵营内，计共屯匪四百余人，而往来于沙子口者尚不在内。"

济南总商会、商埠商会、银行公会、商业研究所以"青岛土匪公然在市区行动，苟无某国人从中煽动，必不至此"，两次致电北京政府，提出向日本驻华公使严肃交涉。

倾力擘画，组织布设警备力量

青岛行政权能否顺利接收，关乎国家形象和民族尊严。因此，无论是北洋政府外交部，还是山东省军民要员，抑或青岛接收委员，无不绞尽脑汁，倾力擘画。

这一切，在北京、济南、青岛三地交驰的电文、呈文以及报纸报道中均有生动的展现。

作为"鲁案"善后督办，王正廷曾在向北洋政府提交的"青岛接收之经过"呈文中，自述绑架案后的积极作为："（十二月）五日，因鲁案交涉第二部签字，正廷六日由京启程，七日到济，与山东军民长官协商布置接收事宜，并向田（中玉）督军借得快枪三百枝，子弹配件俱全。又嗣遣城阳陆军步兵八百名，编成武装警察。当晚，正廷带同秘书随员六人，转车赴青。八日午前到青，即赴日本司令部，与由比司令官、秋山民政长官协商接收事宜，并商定将城阳新编之警察准九日车送于青岛……"

12月8日，山东省省长熊炳琦由济南来青岛，并随带卫队

300人。另据山东督军田中玉电报透露，他又加派步兵两营，改穿便衣陆续乘车出发。便衣军抵达青岛后散驻于各街市。

是日，青岛方面致电外交部，汇报接收准备事宜。略谓："现与日本方面商定，由双方会同派遣得力军警挨户搜查土匪，并劝商民如常营业。目下秩序，尚无不安。查自土匪绑架商会会长后，市内中、日两国店铺住宅内，均有土匪藏匿，人心汹汹，市面萧条，如大乱之降至。故首先须以搜查土匪、全民安业为务，一面并在市外，堵截土匪来路。至于军警之枪械，则确已全备，接收之日，当无问题发生。惟接收后之二三日间，恐土匪或乘机煽动，或扰乱治安，故王熊尽力布置。"

9日，王正廷致电北京，报告接收前一切布置："除会同日本军警极力搜查土匪外，正式军队均于九日全部进入青岛市区，担任维持秩序，市民亦较安堵。惟双方当事者忧虑接收时有万一意外，极力布防务，期无遗漏。"

青岛能否顺利接收最关键的是中方警备力量——枪杆子的威慑力。12月9日，中外报纸均把青岛警备实力作为报道重点。

《申报》以《接收日青岛有军警两千五百人》为题，报道称，青岛市内警备情形，除了已开到的中国警察860名及保安队540人共计1400人外，山东督军田中玉还加派精兵800名。9日上午7时30分，这800名精兵已从原驻地青岛市郊城阳车站附近进驻市区四方车站，10日12时以前将进入市内，为青岛行政权接收执行警备任务。加之市内原有警察300名，青岛市内实际有军警2500人。

《申报》关于"青岛市内实际有军警2500人"的报道有些虚夸。熊炳琦在青岛回归后给北洋政府的一份呈文中详细列举"中国接收青岛警察"构成："在潍县坊子设巡警教练所，警额600人；烟台设水警教练所，警额260人；由鲁省调拨军队编成保安队500人，另招马队40名，青岛原有中国巡捕280人"，

"以防不测，商定山东督军田中玉另拨军队500人以备随时调遣，总计2180名"。

《大公报》济南快信还披露青岛海陆警备力量和布防情况。在青岛市外，（胶县一带）还驻有山东第五师一个旅；在青岛市内，除了先日开到的1500名警队全部武装外，还有鲁军800人、熊炳琦卫队300人轮流巡逻；青岛海面上，海军总司令杜锡珪已电令驻泊青岛的"海筹""永健"两军舰加强防范，并派拨陆战队武装上岸，严行梭巡。为防不测，杜锡珪又电令烟台海军练习营，迅速抽选精壮兵士150名派往青岛，交"海筹"舰长许建廷随时调遣。

9日一早，英国《京津泰晤士报》记者在青岛专访王正廷。王正廷表示，"深信接收后匪患当不致发生"，继而解释说，8日，共有300名土匪在青岛城内盘踞，地点约有30处，9日晨时已纷纷他徙，绝无他患。所畏惧的是，日本浪人恐从中作祟。此前，日本答应供给中国军警军火，但迄今尚未运到，日本人之用心实在是令人百思莫得其解。青岛城内有军警2700人，城郊结合处还有驻军1000人。如此警力面前，"土匪与浪人颇有联属，毫无疑义"。

10日为青岛行政权接收日。一大早，山东督军田中玉致电北京北洋政府，报告令中枢牵挂的青岛治安形势。电文主要内容是，王正廷督办、熊炳琦省长偕同山东第七混成旅旅长胡翼儒8日、9日先后抵达青岛。除青岛原有警察保安队外，熊省长还率省会警察卫队300人，改穿警服的军队两个营，均已进入市区并分别布防。青岛界内的土匪，一部分被政府"招安"，

并退出市区，开至沙子口等候编遣。如果形势紧张必须续调军队，已电令驻防胶县的孙宗先部严阵以待，随时听候王督办、熊省长就近指挥。

同日上午，山东省省长兼胶澳商埠督办熊炳琦给警察厅下发训令严加戒备：

> 现当青岛接收之际，危机四伏，人心浮动。凡属军警官佐固应严加戒备，尤须力持镇静，以固军心，而维市廛。遇有警报，各该军警等务要各守防地，不得擅离，致滋纷扰。至应如何相机应付之处，届时自当给予紧急命令，俾资遵守。如有匪徒潜入市区，希图扰乱治安破坏秩序者，立即擒获究办，以遏乱萌，勿得稍涉疏虞。

青岛市档案馆藏《胶澳商埠警察厅关于接收当日警力布防情形的呈文》《胶澳商埠警察厅关于接收巡查路线的呈文》，系胶澳商埠警察厅督察长梁逢启呈报给厅长程立的。这则信息显示，胶澳商埠警察厅及其机构主要组成人员此时已确定，因青岛行政权尚未回归，故未正式对外发布。

呈文记录了青岛接收日的警务布防状况：

> 敬禀者 窃查本日接收，职处稽查官员、长警分配布防，业由职筹备妥协，将青岛市主要街巷分为四段，每段路线酌量该段情形，以定警额数目，并派稽查员一员或二员率领长警巡查。每昼夜分八班，每班巡查三小时，督察员二员分为两班，总查四段。及未列入于段内

之地域，职无非昼夜督率各督察员、稽查员巡视青岛市全区。除饬令各督察员、巡查员遵照外，理合造具巡查路线、分配勤务册及各段路线简明图，禀请厅长核夺。

督察长梁逢启谨呈
中华民国十一年十二月十日

《胶澳商埠警察厅关于接收巡查路线的呈文》内容包括：主要街巷四段及经过路线；设置督察员和稽查员，两名督察员分两班总查四段，一、二、三段各设2名稽查员，第四段设4名稽查员。

该呈文标注，商埠警察厅共有巡长19人，巡警137人，除督办行辕守卫、本处守卫、坊子留守等外，出勤巡长16人，巡警96人。其中，一至四段安排巡长15人，巡警90人。留有巡长1人，巡警5人，预备调遣。

青岛行政权接收现场，有报纸记录了当时警备之森严："中国要人乘之汽车，一如京津间，每汽车两旁均站立卫队，此为青岛市内向来未见者。保安警察亦如北京市街然，三三五五各为一小队，荷枪出刀实弹，缓步而行。"

12月10日正午，青岛行政权甫一接收，胶澳商埠督办公署即下达《水警保安暂归警察厅统率并将布防情形呈报的训令》：

为训令事 青岛现已接收，秩序尚未恢复，人心不靖，伏蟒堪虞，市内治安綦关重要。各该厅队均负有保安之责，第恐事权不一，指挥不便，警备稍有未周，市面致形纷扰。现在为一时权宜之计，所有本商埠警察及水上警察并保安队暂行统归该厅长督率节制，以专责成。市内治安着由该厅长完全负责，合亟令仰该厅长遵照办理。迅即妥速规划，严密布置，勿得稍涉疏虞，并将布置情形呈报核夺，是为至要。

因为上下联动、倾力擘画，青岛行政权回归尚算顺畅、平稳。这从次日田中玉致北京的午电中可管窥一斑：

> 旋接青岛蒸（十日）电，午后四钟市内三益栈有少数匪人滋扰，当经制止。东李村成团（注：第五师成维靖团）所派之队与匪亦稍有冲突，尚与全局无碍等语。军警尽夜巡缉，玉与熊省长酌给犒赏，士气尚奋。自昨夜至今午，尚平靖。

"华人皆大欢喜"，"惟日人则静寂无闻"

1922年12月10日上午11时，青岛行政权交接仪式举行，中外媒体纷纷聚焦。

查阅青岛市档案馆馆藏报纸发现，或许是现场信息不畅，或许是突出消息的"快"，当日接收的新闻均极简短。比如《申报》："王正廷、熊炳琦于晨间十一时抵公署，由日本军民长官接见。署内行事，并未公开。现信双方曾有简短之演说，及移交一切正式文据。正午时，华人数百名团集署前，于鼓掌声中树中国国旗，中国警察向日兵行礼，中国巡舰鸣炮二十一响。"

5天后，《晨报》二版《青岛接收手续并未完全终了》一

1922年12月10日
正午，中国国旗
在原日本守备军
司令部升起

文，详细回顾接收经过，比此前的消息报道生动、翔实。

上午十一时，我国王、熊二人及关系职员三十余人即偕往日军司令部楼上，与日本移交委员长秋山雅之介等各职员四十余人会面，随即举行移交及接收仪式。首由王正廷与秋山雅之介演说后，即相互握手致敬。其后，熊省长亦起而为简单之演说……

待至正午，午炮一声，日军司令部（注：德占时期的胶澳总督府，日占时期为守备军司令部）楼顶即高悬中华民国五色国旗，司令部大门前亦交叉挂五色大国旗两面，（日本）领事馆楼上亦即高悬日本旭日章国旗，并即举行守卫之交代。而青岛市内之警备，则于上午十时顷，我国已派出警察至各派出所要地静待接收。至十二时，闻午炮之声，当即与日本宪兵交代，担任警备之责。十二时五分顷，最后喇叭声响，日本由比光卫司令官由司令部退出，日本守备队亦随之撤去，全换我国警察守备。行政接收至是遂圆满告终。

至于一般市民，因青岛一案，自民国三年以来纠葛至今，始告解决，故中日两方均视一种不可名状之态度。上午九时顷，司令部前后，即已观者塞途，汽车之往来亦较平日频繁。凡系华人商店住户，门前均高挂五色国旗，惟多闭门静寂。至午炮声鸣，华人皆大欢喜，竟有欢呼若狂者，惟日人则皆静寂无闻云。

青岛行政权交接后驻青日军撤离青岛

青岛行政权接收当日，胶澳商埠督办公署给北京的电文中也提及民众的喜悦："市民举行纪念青岛收回庆祝大会，各机关各商店均悬挂五色旗，各学校学生于当晚举行提灯大会，游行青岛各重要街衢。"

因为接收时刻需鸣放礼炮，此前，胶澳商埠警察厅致函青岛总商会，请其广而告之，以免引起市民惊异、恐慌。公函主要内容是："青岛接收事宜于十二月十日正午实行。事关国际盛典，届时中外兵轮鸣放礼炮，应请贵会饬达本埠商民人等一体知悉，勿事惊疑，是为至盼。"

看守所、派出所等一并接收

几乎与青岛行政权接收同步，日占时期的审判厅、检察厅、看守所、各派出所等一并接收。

青岛市档案文献载，日本占领青岛时共设宪兵派出所24处，12月10日正午一律移交。

当日，台东镇警察署署长余炳勋向胶澳商埠督办公署警察厅提交的《台东镇警察署关于呈报接收经过情形的呈文》，记录了派出所接收经过：

> 窃署长于本日午前九时召集巡官，示以接防手续、办事标准，并限各派出所巡官于午前十一时各带长警分往派出所接收。署长即于十一时三十分率同署员郭兴贵、常庆云前赴台东镇宪兵分队，当由该队分队长茅野正大移交表册七件。关于器具移交，即经点收清楚，时届正午，遂派马办事员国梁按照拟订守望地点，带警分别设置，该宪兵亦于同时撤退。所有移交巡捕十八名，

当由署长说明大义，安慰再三，只因军服尚未领到，遂令其暂行便衣，四处侦查。至所移交盗犯二名，俟当另文呈解钧厅核办。

复据职署各派出所巡官报告，各派出所均已同时接收。除将接收各种表另文译呈外，所有接收经过情形，理合备文呈请鉴核。

12月18日，代理青岛地方厅看守所所长万文林向胶澳商埠督办公署汇报看守所接收经过：

十二月十日，随同青岛地方检察厅检察长董邦干暨高等检察厅长前往青岛看守所，当日下午二时接收完竣。计看守所一座，内所房五十五间、马号一座，内房屋六间，已判决男犯一百四十七名，并囚衣、戒具以及杂用器具等件，均经万文林督同书记看守检收清楚。

奉司法部令前往青岛接收日本法院卷宗器具的山东高等审判厅厅长张志、山东高等检察厅检察长梅光义也在事后呈报：

青岛接收定于十号上午举行仪式，当即业同代理青地方检察厅检察长董邦干、审判厅厅长曹腾芳及随从人员等躬赴青岛，分别接收，现已接收完毕。所有收到日本青岛法院交来民刑诉讼卷宗、登记簿据、器具及差押现金、贵重品各件，详载中日委员签字之引继目录，该两长既系当时随同接收人员，合将目录原单抄发。

青岛行政权回归后
中国警察执行巡逻
任务

  鉴于"此次接收胶澳秩序井然，军警宣劳良深"，16日，胶澳商埠督办公署发布第4号训令：嘉慰所有巡防青岛内外水陆警察及维持地方各军警——"拟兵士每名赏洋一元，工匠、伙夫每名赏洋五毛。官长俟事后，请给勋奖各章，以酬劳勋而昭激劝。仰将该厅（注：警察厅）在事出力之官兵、兵役，分别开列御名，迅速呈报，以凭核办。"

  此前一天，台东镇警察署署长余炳勋呈文胶澳警察厅长程立，请求一视同仁，奖励刚刚收编的巡捕。呈文中称："移交之巡捕长及巡捕对于此次接收胶澳异常出力，自日宪兵队移交后，巡捕长及巡捕等勤于侦查，不辞劳瘁，职署内自接收后尚无事故发生，论功行赏，当与长警无异。拟请厅长援照长警此次奖赏成例恩予发给，以资鼓励而昭激劝。"

同日，李村警察署署长马杰也呈文程立"请求奖励警员"。

> 十日晚，复有匪百余人包抄李村，虽经调解，误会未致决裂，而防务是不敢稍松。无论官兵，寒天旷野，废寝忘食，至两昼夜之久。毅勇耐劳，实出始料之外。至沙子口、老洼乡、九水皆为匪人根据之地，固不得不先行察看情形，筹备一切。当有吴德海等五人，声欲只身侦探，竟被扣留三日或五日之久。明知陷阱，奋不惜身，虽属鼓励而起，亦为该等胆识过人，殊难多得。

在接收青岛行政权过程中，各方倾力擘画、尽心竭力，使得青岛顺利回归。

招抚匪首孙百万

《胶澳志·大事记》载："先是土匪蠢动，有主张剿办者，有主张招抚者，商会隋熙麟诸人在天津路东华旅社与土匪接洽投诚，事件不协，被胁入山，督办熊炳琦遂招抚之，编为游击队一千名，委匪首孙百万为胶东游击队司令，然滋扰如故。"

在警员严重不足且缺少枪支弹药的窘境下，招抚匪首孙百万自然成了最无奈也最可行的策略。

虽被"招安"，但在胶澳商埠督办公署人员的眼中，孙百万仍然没有获得信任，即使调离青岛驻守坊子，仍像从前那样被视为危险分子，时时接受警员的秘密监管。

身份成谜

孙百万绑架隋石卿、茅少甫案发后，媒体报道时均没有涉及其籍贯、年龄、履历等情形，唯一提及的是孙百万是盘踞在青岛附近的三股土匪之一，且"尤为狡悍，党徒四布，横行街衢"。

青岛土匪分为三派：一为居正派，即居正前在山东起事时所召集之土匪，而今仍遗留山东者，此派即以孙百万为头目；二为马良派，即马良于直皖战争失败后所遗下之溃兵；三为张宗昌派，此派分子最杂，全因张宗昌在东三省召集之胡匪，且暗中有某国之援助，潜伏青岛市中，以图扰乱治安。鲁案交涉开始而后，此三派之土匪乃有张宗昌派受某国之指使，联为一气，而公推孙百万为领袖云。

2000年，青岛市政协文史委编辑出版的《青岛文史撷英》一书中，有曾在《胶澳日报》担任编辑的李蓴的回忆。1926年，孙百万的得力干将马文龙任胶济铁路警务处处长时，李蓴曾以记者身份访问过他，因此对孙、马有所了解——孙百万及其部下系居正在山东起事讨伐袁世凯时招募的东北"马贼"。

1915年12月，袁世凯拟在北京称帝，远在广州的孙中山遂派居正、朱霁青到山东组织成立东北讨袁军。居正等人在青岛招募兵士数千人后，又从东北招来三四千"马贼"组成东北讨逆军，1916年元旦，袁世凯宣告恢复帝制，自称洪宪皇帝。2月，东北讨袁军在青岛等地开始进行大规模讨袁护国斗争，连克高密、诸城、潍县、邹平、淄川等地，切断胶济铁路。6月4日，攻入济南。6日，袁世凯忧愤而死，讨袁战事偃旗息鼓。山东军阀收编地方武装，一些"马贼"不愿被招安，便窜回东北老巢。孙百万、马文龙是这帮"马贼"中的小头目，没有来得及跟随大队人马回东北，于是带着少数人跑到大珠山、小珠山、薛家岛、水灵山岛一带，重操绑架勒索的旧业，并不断吸收当地土匪，很快发展成一支2000人左右的队伍。兵多粮足后，其活动范围扩展至崂山附近。

1924年10月13日，《申报》报道，孙百万与奉军关系密切，与张宗昌交谊尤厚："壬戌直奉之役（1922年4月28日至5月5日第一次直奉战争），尔时张宗昌、吴光新、马良俱潜青岛，孙百万亦正在大珠山附近啸聚，嗣即受张宗昌委任为建国军第一路司令。后奉系兵败，张逃匿。"

这则报道还提及孙百万盘踞的巢穴——大珠山，称其不啻于1923年制造震惊中外的临城火车大劫案的土匪孙美瑶部所盘踞的鲁南抱犊崮。"青岛海面之大珠山及诸城马尔山（注：应为马耳山），自民国三年至今，胡匪已久据为巢穴，其险峻易守，盖不啻第二抱犊崮。而万壑丛峦，羊肠曲折，则又过之，围剿之难，可想而知。"

匪巢"险峻易守"，"围剿之难"，无疑成为山东省政府、鲁案善后督办公署最终招抚孙百万的理由之一。

在绑架隋石卿、茅少甫之前的9月24日凌晨，孙百万还受日本人指示，率领七八百个匪徒，勾结即墨县警备队队长潘长有，里应外合偷袭即墨县城，但遭到即墨军民顽强抵抗。

其时，即墨城内驻军为吴佩孚的陆军第五师一个连，由副营长郭某和连长卞士魁统领。城内民众闻听土匪袭城，纷纷涌上街头，冒着枪弹和烟火，搬运土石将门洞囤闭。孙百万集中兵力强攻城东、城南两门。在县长梅源德指挥下，百姓们运来大量石头瓦块，在城墙上回击攻城匪徒，数名匪徒被砸死在城壕中。

自凌晨至中午，孙百万见攻城不下，部下又伤亡惨重，便分兵两路逃窜。此次战斗，守城军民击毙匪参谋长以下30多人，俘虏3人，军民伤亡3人，被匪徒抓走者30余人。事后，县长梅源德呈将警备队队长潘长有革职查办。

讨价还价

"匪首孙百万绑架案"让北洋政府、鲁案善后督办公署乃至青岛民众、中外媒体"颇堪骇异"，在警员严重不足且缺少枪支弹药的窘境下，招抚自然成了无奈且可行的策略。

绑架案后，"招抚孙百万"遂成媒体追逐的焦点。

实际上，早在案发前，山东督军田中玉就有招抚青岛土匪的计划，隋石卿、茅少甫突然被绑架，招抚计划随即停顿，这让田督军颜面尽失。

对于招抚孙百万，济南出现了两种不同的声音：

一是以参议田凤来为代表，极力主张青岛土匪必须尽快收抚，否则，"接收之日青市糜烂必在意料之中"。进而言之，如果损害到青岛日商、英商、美商的利益，还容易引发国际争端，双方交涉又是一件棘手的事情。

二是济南大多数民众认为，政府让步土匪有失威权，"对招抚做法颇为不满"。

最终，考虑到接收青岛大局，山东省省长熊炳琦准备采纳田中玉的建议，"酌为收抚，惟具体办法尚未拟出"。

《大公报》报道：12月6日晚，熊炳琦在省署主持召开特别会议，列席者皆为各机关重要人员，并定于日内请省议会、教育会、商会、报界、联合会各推荐代表一人参与会议，共同商讨接收青岛与招抚土匪的办法。

招抚策略正中孙百万下怀。孙百万狮子大开口，既要大把捞钱，又要揽权，否则将变本加厉绑架接收要员，放火烧抢市面，再造恶性事端。

翌日，《大公报》报道，据最近消息，谓："匪徒方面又竟公然要求须将一千人加入驻青军队，其余则需款十四万元方允遣散。故目下青市居民仍异常惊恐。济南总商会等团体因此通电北京政府，鉴求援救。"

熊炳琦的代表与孙百万就招抚条件继续讨价还价，争执不休，因为无果，媒体一时沉默。

12月11日，《申报》三版刊发《孙匪有受抚说》，让民众紧张惊恐的神经松弛下来。

斯时，山东驻军、省长护卫、海军陆战队等已在青岛集结，王正廷、熊炳琦等人的腰板陡然硬了起来——若不接受招抚，又要横行麋乱青岛市面，必痛剿之。

上月底，匪首孙百万架去之茅少甫处长与隋石卿会长，经熊省长特派代表与孙百万磋商之结果，已于昨日释放回来。据督办公署传出消息，此次熊省长所派之代表与孙百万磋商，其条件为：如退出青岛，允于接收后位置其首领。至于匪众则改编为保安队；若必欲横行，则即麋乱青岛市面，亦必痛剿，请孙百万考虑。孙本不愿受招抚，而首领之中马文龙颇识大体，以国家为重，故坚决要孙释放茅、隋二人，并同时退出青岛。现孙百万已退至沙子口。

为证实新闻的准确性，《大公报》同时刊登获释的隋石卿致省议会、商会等各团体的感谢电：

熙麟（注：隋石卿字熙麟）不幸，忽逢意外，重蒙诸公关垂备至，感纫万分。今幸仰赖福庇，安全回寓，知辱存注，谨此奉闻，并鸣谢悃，敬维公鉴。隋熙麟叩。

12月30日，《晨报》二版刊登日本国内纷传的"青岛接收后之种种消息"，招抚孙百万排在第二条："土匪头目孙百万已与中国当局方面成立妥协，今后即以彼之所部担任青岛警备之说，我辈亦有所闻，但果否属实尚有疑问。但今后彼等无论如何骚扰，巡警方面合以日本供给之军械，已共有枪支四千，土匪方面不过其十分之一，自不成何等问题。"

威权不再

《接收青岛纪念写真》载，孙百万及其部属被改编为胶东游击队，共分四营，以孙百万为司令，马文龙、董海亭、杜子章、于海清等四人为营长，其大队悉数驻扎于沙子口一带，只在青岛市区芝罘路设立稽查处。

青岛市档案馆现存档案文献证实："易帜"改编的胶东游击队及其司令孙百万处处受制约，风光和威权不再。

1923年1月13日，胶澳商埠警察厅发布的训令《孙百万自改编后自负地方治安　不法之徒借其名义行骗的训令》中，有一段可视为孙百万招抚后表态的文字："既经改编收归国有，地方治安同负其责，鄙人一介庸愚，粗明大义，自改编后，对于部伍业经严加训导，谕之以利害，励之以名节，身为公家之禄，应怀报国之义，忠信为先，毋蹈故辙。"

训令中显现胶澳商埠督办公署对孙百万及其部下的表现

尚算满意："幸该军官等洗心革面，尚知自新，彼此互相劝诫，咸愿服从命令，保卫商民，以赎前愆，以尽职责。"

1月19日《申报》刊发的报道表露，民众对孙百万及其部下基本肯定："在青岛未经接收以前，埠内埠外殊苦盗，劫掠绑票，无所不为，近则其风稍衰。现在孙百万有兵五百，担任埠内治安之保护，此五百人者大都已招安之土匪，显颇能战斗，目前尚称得力。近月以来，绑票案可算完全消灭……"

即使这样，三天后，胶澳商埠督办公署还是给胶东游击队司令孙百万下达换防的训令，称："既经编制完竣，所有驻扎区域应即相度地形，扼要分驻，以重防务。兹随令发给地图十张，图内圈有红线。凡红线以内各地方，皆可酌量驻扎。合行令仰该司令查照，迅将该队应驻地点明白规定，呈报核夺。勿延。切切。"

这份训令显示胶东游击队将按照图示分头驻扎在10个区域。当局的这一做法意在化整为零，削弱来自胶东游击队的威胁。

从现存档案可看出，招安初期的孙百万及其部属颇受冷遇，连日常生活开支都要靠自己借贷。

1923年1月中旬，孙百万以谦卑甚至带有几分哀求的语气，向胶澳督办熊炳琦呈文请酌发给养费。

> 省宪谕令抚编成军，所有一千五百余人俱各守分，静待候命，计达四十余日，始蒙点验。期间，所需凡米柴类皆从旁措借，总计八千元，于上岁十二月十九日呈请酌发给养费在案，至（一月）

二十七日旋蒙饬领大洋六千元，偿还外尚欠二千元
有奇。兹值年关，亟应归还，但点金乏术，巧妇难
为无米之炊，迫出无奈，是以不揣冒昧续恳鉴核恩
准。

2月24日，经熊炳琦同意，胶澳督署总务处通知"游击队
司令孙百万领给养费二千元，请填发放通知单"。

孙百万仰人鼻息，还表现在为遣散回原籍的部下争取恩
饷和护照上。

1923年1月初，孙百万上书熊炳琦："职军既荷改编收
归国有，所余遣散回籍兵士自应通饬各营，造报转呈以凭核
夺。兹查，该营连花名详细注册刻已造齐，呈送到职部，当
即核对无讹，计算总数共三百二十九名，为此，理合备文呈
报宪台查照备案，即希照发恩饷护照，俾得刻日遣归（附遣
散回籍兵士清册一份）。"

呈文如石沉海。1月23日，孙百万再度上书："遣散余兵
业经呈报，数目、名册在案，顷蒙宪台深仁厚泽，派员点验
颁发恩饷护照，着令回籍安度。谨呈省长兼胶澳督办熊。"

27日，胶澳商埠督办公署下发指令第119号："所请发
给恩饷尚属可行。仰即备印领呈候核发，但赴总务处领取可
也。此令。"

27日即阴历腊月十一日，为让部下尽快带着恩饷回东北
老家过年，孙百万找到负责发放的督办公署总务处。一个名
叫孟总皋的职员向总务处处长建议尽快发放："游击队孙司
令来处面陈，该队列入遣散之人现在困苦异常，该司令既无
约束之范围，又无供给之饷粮，若任其便衣游行，似宜早日

资遣为上。所在名册呈报多日，想必筹备已齐，恳为转求，鼎力周旋，恩饷早发一日，即可早放一日之心。倘其再行勾留，则在我活活有词矣，此种情形确为允发，亟望我公早为谋，且于地方治安大有裨益。是否有发，尚希钧裁。"

这份建议案的左下是总务处处长的批示："即令其备具印领于星期一日来置领款。"

调驻坊子

根据李荨的说法，孙百万被招安破坏了日本人阻挠青岛行政权回归的阴谋，驻青岛日本人怀恨在心，便设下圈套，为胶东游击队制造麻烦。为避免事态恶化，胶澳商埠督办公署"调虎离山"，让孙百万率部驻守坊子。

1923年3月，《申报》的说法则是由土匪变身的胶东游击队，"坐食日久，不觉髀肉复生，十字街头，实行游击主义，乃与日警发生冲突，竟被迫移驻市外。当至（郊区）沧口，几与保安队对垒"，鉴于此，胶澳商埠督办公署"眼不见为净"，调之驻扎坊子。

这一说法，在1934年青岛市警察局出版的《青岛警察沿革》一书中得到印证："招抚孙百万所部编为游击队，又以横行滋事、贻外人以口实，不久即移驻坊子。"

《接收青岛纪念写真》和《胶澳志》给出"孙百万率队移驻坊子"的具体时间——"1923年2月24日，山东省长兼胶澳商埠督办熊炳琦将暂编胶东游击队全数调驻坊子。"为此，熊炳琦拨给孙百万及其部属大洋三千元："省长面谕，令职部开往坊子驻扎，并发给开拔费洋三千元，遵即传知各营连，着手预备听候定期开拔，除将开拔费业领到分发外，理合备文补具印领呈请。"

开拔前，2月13日，孙百万向胶澳督署呈文申请2月份军饷。呈文清晰地记录，此时，胶东游击队有兵员1229名，共领公饷11541元整。此前4天，他还向督办公署领到所购买的五匹马及马鞍、马掌共计大洋598元的报销款。

孙百万及其部下虽已调驻200里之外的坊子，但胶澳商埠督办公署的官员们却未能换来清净，因为胶东游击队时常来青岛骚扰、滋事。

4月20日，胶澳商埠警察厅下发《关于查处擅自来青胶东游击队官兵的令》，文中说："该队官长目兵因公到青，应先赴该厅报到，以资稽核。如查未经报告任意携枪招摇过市者，着即派警严拿，呈候核办。"

对擅自来青岛的胶东游击队人员的盘查，胶澳商埠警察厅谁都不放过，包括身为司令的孙百万。

这份《关于游击司令孙百万由坊子来青住甘肃路已派长警调查的呈文》就是很好的例证。

> （1923年）五月三十一日晚八点半，据巡官高庆云报告，游击司令孙百万由坊子来青。是晚九时下车，带护兵七名，赴甘肃路住宅。署长闻报，当派巡长王万林、秦维济及巡警孙象延等前往该处详细调查始终情形。旋据该长警先后报称，孙百万公馆无甚举动，除饬该管第六分驻所巡官孙洪升并长警等随时调查呈报外，理合备文呈报厅长鉴核。

这则呈文第二页有相关人员的批示："仍需随时注意。"

位于甘肃路的孙百万公馆，原是日占时期万年兵营参谋长官舍及大佐官舍，1922年12月，接收日本陆军公产委员张熠光代表中国政府收回该房产后，遂分配给孙百万。事毕，张熠光向胶澳商埠督办熊炳琦呈文汇报。

其实，不只是孙百万，他的得力干将马文龙也时刻处于胶澳警察厅的监控之中。

1924年4月17日，山东省长公署指令第2622号："呈悉。查前胶东游击队第一营营长马文龙现经看管一年尚无他情，准由该厅酌核委用，业于东日电令在案，仰即遵照前电办理可也。此令。"

与该指令相对应的是胶澳商埠警察厅的呈文："营长马文龙改过自省可否解除看管，解省听候发落之处请示遵。"

终遭遣散

1924年5月4日，《申报》刊发《鲁当局注意孙百万部行动》一文。此时，对胶东游击队的戒备已不只是胶澳商埠督办公署，还有山东省署。

文中称："该队自移驻坊子以后，诈财抢劫，时有所闻。至今竟愈闹愈凶，匪性大发。近来胶济沿线之架票案几多与该队有关；即军警林立之青岛亦时有该队兵士之踪迹。近日，青岛抢案累累，人多疑该队兵士所为。现青岛警厅对该队来青之兵士盘诘甚严，如无护照即从严究办。"

该文随后提及，胶东游击队"诈财抢劫""匪性大发"主要原因在于孙百万性情懦弱，出手乏力，难以驾驭强悍的部下。

因孙素非其部下所爱戴，对于孙百万命令决不能绝对服从，因此，孙百万约束部下颇有宽严皆难之苦。宽则匪态毕露，有玷军声；严则激起内变，无法收拾。初尚惩办几次，然屡办屡起内讧，稍拂众意辄思用武，因此，孙百万亦即敷衍了事，得过且过，不敢轻言军规矣。

"宽严皆难"——孙百万只得选择敷衍、沉默，其部下则变本加厉，肆无忌惮，于是坊子一带谣言纷起，"有谓该队俟青纱帐起，将再干旧日生活"。

5日，《申报》报道："（原胶东游击队）近又无端勒索安丘刘家庙庄洋万余元、徐家庙庄洋八千元，驻防该地陆军不敢过问。"

对于养痈成患的原胶东游击队，山东当局不得不"益加注意"："近已由诸城、平度、双羊店调遣大部军队，分布于胶济铁路之丈岭、张店、二十里堡、蛤蟆屯各站，严密布防，以便监视该军行动，万一有变，亦不难武力平定也。"

就在山东当局调兵遣将、颇费周折时，远在洛阳的直鲁豫巡阅使吴佩孚给出解决之道——遣散——"既安闾阎，又节饷需"，可谓"一石二鸟"。

《申报》载，吴佩孚在洛阳电告山东督军郑士琦、山东省省长熊炳琦："谓该军队（原胶东游击队）每年需军饷二十余万元，山东省库奇窘，供给为难，务速设法遣散。"

郑士琦、熊炳琦加紧行动，双管齐下：调集军马合围原胶东游击队，使其动弹不得；"擒贼先擒王"，控制不知是计、只身来济的孙百万。

一面电调驻诸城之胡团、驻潍县之王团，陆续将所部军队调驻坊子附近，取包围形势，以防孙部之逃窜；一面由熊炳琦电召孙百万来省。孙不知是计，来省后郑熊即与之商酌遣散问题，许以每人发给三月恩饷，缴械回家。孙百万以事出仓促，莫知所措，当时并未发表若何意见。熊炳琦遂令孙暂住省署，其用意为俟各路军队调齐后，始令孙回坊子办理遣散，以免酿出意外。

6日，《申报》以《孙百万游击队已解散》为题作出后续报道：

兹据坊子归客云：二日早，胶防司令孙宗先已将各路军队集中坊子，计共有四千余人，强迫该军缴械。该军司令孙百万已于是夜由省城回坊子，见大势已去，亦未有反抗举动，当即协同孙宗先着手点名，缴械发饷。三日午前十一点，即办理完毕，计兵士一千零九十人，共用洋两万余元，收得步枪一百余枝，手枪一百枝、盒子枪三百枝。各兵由胶济车东运遣散者三百五十四人，运往张店遣返者三百七十一人，运济南者三百六十五人，地方秩序如常，该地商民俱欣欣有喜色。

1924年10月13日，《申报》报道："孙百万自游击队解散后，即由山东省长委为省署咨议，牢骚抑郁已非一日。"

此时，孙百万如虎囚笼，成了无半点实权的闲人，只有象征性的政治名号。对于孙百万最终结局，有传言说和制造震惊中外的临城火车大劫案的匪首孙美瑶一样——先被招安，后被谋杀，但孙百万之死目前仍未查到档案记录。

公园内划地招商开茶馆食肆

　　1923年3月初，青岛日侨杜井定等商人接踵呈文胶澳商埠督办公署警察厅，请其沿袭日本占领青岛时期（注：1914年11月7日至1922年12月10日）的做法，每年4月1日至30日在樱花公园（注：今中山公园，青岛行政权接收后，易名为第一公园）举办樱花大会，并放租公园内土地，让中外商人租赁后构筑木屋，开设茶馆、食肆等摊点，服务如织的游人。

　　收到日侨呈文后，鉴于城市公园、园林绿化等已由独立的专门机构——胶澳商埠督办公署农林事务所负责，该事务所由商埠林务局、农事试验场合并而成，是年3月1日，由山东省省长兼胶澳商埠督办熊炳琦发布《胶澳商埠督办公署各机关改组的训令》后正式运行，商埠警察厅未敢越俎代庖，遂于3月12日致函农林事务所：

　　　　举行樱花大会系属日人旧习，今胶澳商埠地方行政权业经收回，是否开放维其循例，为我主权所关。樱公园既属贵所管理，敝厅未便主持，相应函请贵所酌夺见复，以便转饬遵照，实纫公谊。

由"樱花大会"到"春季游园会"

在第一公园举办樱花大会，一则放租土地收取租金可添补入不敷出的商埠财政，二则中外商人设摊布点经营茶饮、食品等可方便游人，繁荣地方商业，一举数得，何乐而不为？商埠督署大员们聚首商定，此事由督署财政局和农林事务所具体实施。4月3日，财政局局长郭珍泉、农林事务所所长凌道扬分率属下在督署会议室开会，双方议决：第一公园开放及租地事项由农林事务所负责，租赁者交纳租金后由该所发给许可执照。待租金统一征收完毕，农林事务所登记造册汇交财政局。

4月5日，农林事务所将第一公园租地规则草案送达警察厅。为给租地者营造公平良好的市场环境，翌日，胶澳商埠警察厅发布《取缔临时游览场所小卖摊商规则》，并对取缔之举予以解释：

> 为布告事　照得本埠第一公园春季游览会，前准农林事务所函送租地规则草案，业经分令该警察署查照在案。现时当春令，转瞬开幕，中外游人际兹阳和天气，纷至沓来，场内商摊因而林立，若非量予取缔，殊不足以维秩序而保安宁。除分令各署外，合行抄录规则出示布告，仰中外商贩人等一体知悉，须知取缔之中即寓保护商民之意，各该商等凛遵毋违。切切。此布。

从该规则来看，胶澳商埠督办公署将日据时期的"樱花大会"易名为"春季游览会"。规则简短，仅有三条：一、凡在指定游览场所营业临时小卖摊商业者，除遵守一般法令外，概按照本规则之规定办理；二、凡设临时小卖摊者，除别有规定者外，径呈警察厅核准；三、小卖摊搭盖铺棚，须备造得宜，隔别内外，经警厅检查合格，认为不合格者，得令其改造。

4月14日，熊炳琦签署《就第一公园租地开茶饭馆事务给农林事务所的令》，重申该所的责权。

农林事务所于是发布本年度第1号布告——《关于欲在公园内贩卖茶点五日内来所呈请的布告》：

> 为布告事 照得本埠各公园内自入春以来，迭有商人来所呈请租地贩卖茶食等物，业经本所就各公园内详细查就，可出租地点指定数处，并定有规则，藉资遵守，乃此布告商民人等知照。凡欲在公园内租地贩卖茶食等，仰即依照下开地点，自布告三日起，七日以内来所呈请可也。此布。
>
> 地点：第一公园（原名会泉公园）三处，第三公园（原名新町公园）二处，第四公园（原名深山公园）一处。

布告显示，胶澳商埠督办公署已将日据时期春季放地租赁的公园由一家扩至三家。行文至此，简要介绍一下第一公园、第三公园、第四公园。

第一公园前身为植物试验场，始建于1904年。原系即墨县仁化乡会前村村址，有村民360余户，以渔业为生。1901年，德国胶澳督署收买太平山、青岛山进行造林，强行收买会前村，并将村民迁走，辟建为植物试验场。建林木园地约100万平方米，果木园地约4万平方米，引进世界各地花草树木170多种、23万株，成为以树木、果园、花木为主的公园，后取名为"森林公园"。1914年11月，日本第一次侵占青岛。1915年，在园内栽植100余株樱花，形成一条长约1公里的樱花路，定名为"旭公园"，青岛人称其为"樱花公园"。同期，又在林地西南侧建起动物笼舍，养有熊、鹤、鸭等动物。1922年12月青岛行政权回归，公园由胶澳商埠督办公署接收，1923年3月定名为"第一公园"。同年，对第一公园进行规划建设，春季在公园西部造人工湖，建起木曲桥和湖心亭，称小西湖。又在公园内修道路，辟花圃，铺草坪，建花坛，并建造小型喷水池一座。夏、秋，在公园内建起两幢简易观赏温室，合计面积为340.92平方米。1929年4月15日，南京国民政府接收胶澳商埠，为纪念革命先驱孙中山，5月22日，青岛接收专员公署发布训令，将第一公园改名为中山公园，并将山东路正式命名为中山路。20世纪30年代，中山公园"东园花海"名列青岛十大景观之一。

第三公园位于今青岛市市北区上海路西，1914年日本占领青岛后，在聊城路一带建起侨民聚居区，并在其东侧谷地开建"新町公园"，园内遍植樱花，并建有人工湖、假山、回廊，配备石桌、石凳等，专供日本人游玩。1922年12月10日中国政府收回青岛后，不久胶澳商埠督办公署将新町公园易名为第三公园，今公园部分旧貌仍存。

第四公园亦建于日本第一次占领青岛时期，位于今中山路、曲阜路、河南路、肥城路之间，毗邻红星影院，是一个较方正的街心公园，树木仅百余株，时称"深山公园"。青岛行政权回归后，易名为第四公园。1932年，青岛市政府将第四公园土地招标拍卖，拟建"中国""山东""上海""金城""实业"等银行机构，形成青岛金融业聚集区。该公园拆除后，门垛移至中山公园，成为位于公园路上的该公园大门

（今西南门）雨垛，"以壮观瞻，略资搏节"。同时，将第四公园拆除的小亭及阅报小屋也移建于中山公园乐乐亭前，点缀此处风景。第四公园内的假山石，1933年被移立于海滨公园（今鲁迅公园）牌楼之南的台阶下，"以增生趣"。

布告发布后，前来租地经营者甚众。个别有心者还以月租银洋30元租赁了第一公园内的澄清亭，在春季游园会期间开设茶社。在泰山路53号开设五福楼饭馆的侯云龙颇有商业眼光，且行事有板有眼。他发现第一公园乐乐亭附近没有饮食商店，连忙向农林事务所呈文请求，拟长期租赁乐乐亭开办五福楼茶社，以方便游客。除严格遵守租地规则外，他还计划把该亭粉刷一新，但绝不更改原有状态。另外，无论何时，农林事务所需用或警报发令时，他都会无条件地腾让，以作待避所之用。因日据青岛时期侯云龙曾在樱花公园樱花路租地开设樱花饭店，遵规经营，口碑良好，农林所收悉后很快回复允准。

农林事务所尽职尽责，中外商户遵章守纪，春季游园期间放租的三家公园均运营良好。

受伤的第四公园

胶澳商埠督办公署考虑到青岛系遐迩闻名的避暑胜地，而夏秋间各地游客尤多，便延长公园内租地设摊时间，并责令农林事务所、财政局尽快制定相关规则。7月14日，数易其稿后，《胶澳商埠各公园内许可租地贩卖茶食暂行规定》正式发布。

《暂行规定》许可租地的三家公园、六处区域未变，但租期延至半年，即自4月15日起至10月15日止。《暂行规定》要求，承租人须写明姓名、年龄、籍贯、住址、职业及租地日期，呈请财政局核准；租地执照由财政局会同农林事务所制定；租金以租地所在位置分甲、乙两等，甲等每方步月租1元，乙等每方步月租8角，不足一方步者均按一方步计，租金按月上缴，由财政局核收；商家摊点建筑、经营物品须受农林事务所监督；须遵守公园条例及森林禁令；有临时阻止游人折取花木和清洁营业地点附近之义务；指定地点不得任意迁移。有违反以上各条款之一者，农林事务所或财政局有即时停止其营业的权力。

《暂行规定》简洁明了，但第四公园内的"别有天"等数处饭馆、茶馆的经营者很任性，熟视无睹，目无法纪，导致垃圾成堆、烟熏火燎，把公园折腾得一片狼藉。

商家如此放肆，且引起"友邦侨民讪笑"，农林事务所果断将其关闭。

1924年春夏之交，又有商家呈请农林事务所放租第四公园经营之地，该所技正李鲁航"坚持本年不得开放"。央求未果，商家屡次找到商埠公署财政科（注：是年起，财政局退出收租和管理，由公署财政科接管），该科负责人不胜其烦，遂致电农林所，要求再派员现场勘查。"倘今夏再准商人在该园开设茶馆饭馆，势必仍蹈覆辙"，李鲁航在函告财政科时如是说。不过，李鲁航还是话锋一转，直指要害，措辞随之缓和："倘贵科以为事关税收，未便放弃，仍可酌情办理。"

不知何故，公署财政科没有允准，此事不了了之。因噎而废食，处于第四公园黄金地带的数处租地白白地闲置了一个旅游旺季。

1925年8月20日，看到第四公园原"别有天"饭馆一带仍未招租，精明的东海咖啡经理、39岁的荣成县人李元襄心动了，他向农林事务所致函保证："拟所卖物品均取于东海咖啡店内，不设立烟灶，务求清洁，对于花木必力加保护。且贩卖地点亦在园内僻空处，于游人往来并无妨害。"

8月22日，农林事务所相关负责人在第83号公函上潇洒作书："准予所请。"同时提醒："亦不准在凉亭内安置柜桌，并须向商埠财政科请求许可，交纳地租，方准营业，仰即遵照办理，可也。"

1926年、1927年夏秋，李元襄在第四公园内打理其小店，经营顺风顺水。

1928年4月22日，李元襄呈请继续在第四公园经营茶食店，行事严谨的农林事务所所长夏继禹收到呈文后，立即安排本所技师高秉坊前往详细查看现场，以便定夺。事后，夏继禹批复李元襄："兹据主管人员查看情形，该商所设贩卖所除凉亭不得安置柜桌外，当属可行。"

政权更迭下的公园游览会与放租

1929年3月28日，南京国民政府与日本签订《中日山东撤军协定》，以承认日本在青岛、山东的特殊权益为条件，换取日本撤军和同意国民政府接收青岛行政权的承诺。4月4日，曾任孙中山秘书，受胡汉民、于右任特别保荐出任南京国民政府青岛接收专员的陈中孚匆匆前来，当日便拜访日驻青领事馆和日军首脑，谋求日军协助交接青岛，但日军借口"未奉日本驻华公使芳泽的命令，不能同意接收"，陈中孚悻悻离去。接下来，经过一番紧张的斡旋后，13日，日驻青总领事藤田同意南京国民政府接收青岛。

4月15日上午10时，陈中孚率青岛接收专员公署官员至胶澳商埠局举行接收典礼，中外来宾和新闻记者数百人见证了这一重要的历史时刻。4月20日，南京国民政府确定青岛为特别市，属南京国民政府行政院直辖。

6月27日，南京国民政府任命马福祥为青岛特别市市长，他因军队编遣事宜尚未了结暂未到任。7月2日，国民党青岛特别市党务指导委员会常务委员兼青岛市宪兵司令吴思豫代理市长。

11月11日，奉国民政府令，青岛特别市市长马福祥到任视事。马福祥上任后，签署市政府委任令第526号、527号：兹委任葛敬应、朱运曦为本市府农林事务所所长、副所长。奉此，葛敬应、朱运曦于11月25日到所视事。

1930年3月10日，市长马福祥调任安徽省政府主席，葛敬恩正式接任。葛敬恩在就职演说中训勉僚属"廉洁刻苦、严整规律、自动奋发"。是月底，农林事务所呈文市长葛敬恩"为各商拟在公园租地设茶水食物等店由"，文中记有青岛三家公园划地招租开设茶食店、方便游人的经过。

4月6日，葛敬恩批示：

> 呈悉。本市风景素著，值此春令，风日晴和，公园等处游览人数自必加多。据称，各商拟请租地开设临时茶水食物等店，以便游人临时购买，尚属可行，仰即知照。

据此，农林事务所根据胶澳商埠时期制定的《各公园内许可租地贩卖茶食暂行规定》，在三家公园逐一放租，"各商构屋营业，生意异常发达"。

进入夏季，"南海沿海滨公园及栈桥一带，游人蚁集"，看着络绎不绝、操着不同口音的游客在中山路、栈桥、海滨公园一带徜徉观光，商人杨熙龙坐不住了，遂向农林事务所呈请领租第四公园东北角空地建筑板房，售卖茶水、糕点、冷饮等品，"以利游人"。农林事务所派员现场查勘测量后允许杨熙龙租赁，租期为三年。8月27日，农林事务所致函市工务局，告知杨熙龙领租第四公园空地拟建筑板房，专卖茶水、食品等品，并附租地执照、图纸。9月1日，杨熙龙来到市工务局，填报搭盖临时板房手续。相关人员审核发现，其提交的配置图与租地图纸尺寸不符，遂令其更改后再申报。杨熙龙修改提交、市工务局审核通过后，当即发放第188号建筑执照。

一番手续办理完毕，已是9月中旬，此时青岛游客潮已退，公园、海边日益冷清。杨熙龙放眼长远：备足建筑材料，明年春暖花开时开建板房。

杨熙龙兴冲冲地来到市工务局申请建筑板房执照这天——9月1日，曾任张学良副官、履新卫生部政务次长仅3个月的胡若愚，偕东北司令公署秘书蔡元、马弁4人乘坐"镇海"号军舰抵达青岛，4日宣誓就职出任市长。

之前的整个夏季，5000名人力车夫与车主因租金上调产生纠纷而罢工，由此引发国民党青岛市党部与市政府城市话语权之争，双方撕破脸皮，文斗加武斗，一时不可开交，胜负难定。此事惊动朝野，执政百余日的市长葛敬恩内疚自责，于是主动向行政院递交辞呈，8月底获准。

出租公园开茶馆

1931年2月21日，农林事务所奉市政府（内）字第1252号指令核准，正式施行《青岛市中山公园临时商店租地简则》，共11条，主要内容包括：中山公园为应游人需要起见，得依照本简则于每年春季准由人民租地，设置临时商店；凡欲在中山公园开设临时商店者，须觅就铺保向农林事务所填具声请书，经核定后再行通知缴费；放租区域由农林事务所划定，依声请书先后分别指定地点，额满为止。但同种营业过多时，得尽先给他种适当营业者承租；租地分甲乙两等，甲等每方步一元，乙等每方步八角，不足一方步者亦以一方步计算；租地人缴纳租金后，于营业时应先凭缴款收据领取许可证，始可营业；租地以发给许可证后一个月为期，期满按日加收租金十分之一；租地地点及面积经农林事务所指定后不得移动及逾越；租地人营业种类不得变更，但商得农林事务所同意者不在此限；租地人须复从农林事务所之监督指挥，并保持租地清洁；租地人如有违背简则或对公园有所损坏时，按其情节分别予以处罚。

4月15日，农林事务所依循旧例组织开张公园游览会，并按照《各公园内许可租地贩卖茶食暂行规定》和《青岛市中山公园临时商店租地简则》，继续放租公园内土地。

在公园游览会如火如荼的行进中，杨熙龙开始了他在第四公园领租地内的木板房建设。施工中，工人挥动斧锯伐倒了妨碍建房的数株"绿荫盖地"的大树，青岛《正报》记者路经见状立即探访，得知是商人领租公园土地拟筑屋营业后火气顿起。4月22日，该报副刊《消闲世界》头题刊发评论《公园不公》。为引起读者注意，编辑特意圈框处理，作者署名"天涯游子"。文中称：

为使市民在公暇之余有个休憩所在起见，于是乎市府对各公园大加整顿，大加修葺。就第四公园来说，筑墙栽树，建亭莳花，治理得整整齐齐，每到夏天时光，游人倍增，这真是市政发达的象征。

日来经行第四公园之畔，见有无数工人在大兴土木，或者官厅又有什么新建筑也未知，探听的结果使我失望。原来，在这公园的东北角上一块地，被一个商人租去，建筑几间小屋，预备在夏天作私人营业，并听说与财政局订立十年合同，眼见已长成绿荫盖地的大树，竟然自砍倒了好几株，可惜，可惜，太可惜了！

公园者，公共之园也，也可以随便出租作私人营业吗？嗳，此头一开，安知没有第二者、第三者另租公园其他地方呢？公园不公，呜呼公园！

《正报》由平度县人吴炳宸于1927年春（一说1926年年底）创办，是一份以营利为目的的民办报纸，对开，每份一至三张，社址在肥城路54号，后迁至肥城路17号。

或许是文章中没有提及具体部门，或许是报纸处于初创期不被重视，《公园不公》没有引起回应。26日，《正报》火药味浓烈，点名道姓，刊发《为第四公园质问工务局长》。不知何故，28日，市工务局才派出职员胡迈前往报馆"声明一切"，"谓商人之租有权系农林事务所许可，租期为三年，该局将其建筑权缩为一年，以示制抑云"。

对胡迈轻描淡写的解释，《正报》深表不满。29日，鉴于"第四公园搭建板房一案，仍有撰稿人所未尽之明了者"，市工务局郑重致函报社，并希代披露为荷。30日，《正报》全文刊登来函。

函中，市工务局解释说，农林事务所将杨熙龙呈请承租第四公园土地开店的公函、附件送达后，"本局当以事关租地，未便置词，即予归档"。9月，"本局依规则核准该商搭盖板房"。信函最后说："据本局访员查报，园中林木系该商凭农林事务所许可伐木证砍伐，此更非本局职权所能过问也。"

有了市工务局的信函表态，《正报》的报道更具杀伤力了。5月1日，该报继续刊发评论，矛头已有所指向，而且给予定性"非法出租公园"：

> 查此事大有周折，该商领租该地，系在葛敬恩长青市时，从财政局长陆铨与农林事务所之掌握中，不知持何种理由、那等代价而取得租权，弦外余音，一思可得，则其非法也明矣。
>
> 公园之管辖属农林事务所，该所宁不知公园出租作私人之营业耶？果有此明令之规定，以非法为当然，吾恐第四公园之全部早已楼房高耸，等不到陆铨与农林所今日之出租。
>
> 未悉整顿市政、建设新青岛之市府，对此非法出租公园案有无办法纠正之，全市民众拭目望之矣。

《正报》已将农林事务所树成了靶子，农林事务所岂能置身事外，等闲视之？3日，该所效仿市工务局，致函《正报》并希披露。

4日，《正报》刊发《第四公园出租建筑案之原因　请看农林事务所之一封信》，全文刊登信函内容。函中，农林所辩解说，商人杨熙龙呈请领租第四公园隙地，建筑板房售卖茶水、点心、冷饮等品，以利游人之举，这在国内外众多公园中均属常例，"苟能建筑无碍观瞻，固无不可。惟在本市尚属创举，未敢擅专，故经转呈市府核示，旋奉令准饬拟办法，复经修订呈准，并嘱维持园内花木，保持清洁"。

农林事务所在函中对杨熙龙建筑板房时私自伐树一事只字不提，而是一味强调"所租面积既属一隅，所订条件均经慎重考虑，既未可与普通商店相提并论，亦不可与普通领租和官地并为一谈"。

同一天，《正报·消闲世界》继续刊发评论《第四公园出租原来如此》，强硬回应农林事务所的信函解释，称"海滨公园及栈桥一带向有搭盖板房之饮食商店，不能不说不是便利游人、不是游人休憩之所，不知何故被取缔而拆除。今农林事务所如此之宣布，行见各公园内将满布游人休憩所之饮食店矣"。不过，文中也为农林所支招——北平中山公园来今雨轩等便利游人，尽是官家建筑后出租给商人营业，农林事务所既知创设饮食商店便利游人，何不由官方建设，而租与商人？

对于杨熙龙私自伐树之事，评论仍揪住不放，不依不饶："多年长成之树木，竟因无碍观瞻而砍伐，未免太可惜了。假使第二者、第三者同样有无碍观瞻之请求，行见第四公园所有树木将付诸刀锯之下，做了'便利游人，无碍观瞻'八字的牺牲品。"

《正报》新闻、评论双管齐下，连篇累牍，持续20余日，但结局出人意料——公园放租土地依旧。

作为旅游观光业的配套，"公园放租土地"开店铺服务游人在国内外城市屡见不鲜。早在日据青岛时期，每年4月樱花盛开时节当局就在旭公园施行，青岛回归后，胶澳商埠督办公署及特别市政府沿袭下来。更何况，当时青岛政局迭变，地方财政一直寅吃卯粮。执政者心知肚明，他们亟须做的是，责成相关部门完善措施，加强土地放租、房屋搭建、日常经营等环节的监管。

这场论争倒是极大地提升了《正报》的影响力，该报销量随后一路飙升，"日发行量突破万份，为三十年代青岛主流报纸之最"。

海滨一线不放租

"公园放租开茶馆是否合法"之论争随着时间的淘洗几近荡然无存，一切如故。

1933年3月，青岛公园按惯例放租土地的日子临近。商人杨吉云"眼光独到"，他看上了黄金区域——小青岛、回澜阁和栈桥公园，拟在小青岛租赁部分土地，筑屋开设茶社，售卖茶水、冷饮等品，同时在回澜阁或栈桥公园租赁场地设立茶社，所售商品相同。杨吉云向农林事务所提交了申请。

对杨吉云呈请回澜阁内租地开茶社，农林事务所当即予以否决，理由是"回澜阁一处前年中外商人呈请租用，俱经批驳，此次事同前例，自未便准"。这一信息表明，早在1931年回澜阁建成启用不久，就有精明的中外商人盯上了，他们呈请农林事务所租赁经营，但被后者一一驳回。

对于租赁小青岛公地筑屋开茶社，农林事务所认为，此举方便游客，如果建筑美观，对小青岛风景还是个很好的点缀，于是呈报青岛市政府，请求核准：

> 商人杨吉云呈请在前海小青岛承租一部分公地，设立茶社售卖冷热饮品，并在回澜阁或栈桥公园设立同样茶社以便游客一案，查小青岛自经辟治并由繁荣会设置

游艇以来，游客情侣渐增。该商拟在该处承租一部分开设茶社，自为游客谋便利，如果建筑能臻美观，于该处风景亦是略资点缀，倘蒙核准拟令选择地点，拟具设计图样送府审查。

"栈桥公园内放地开茶社似未便准，其建筑致碍风景。"农林所认为，栈桥区域面积不大，如果设置茶社、食肆等反而会使这一区域更加逼仄、狭隘。况且，太平路沿海一面均无建筑，所以市民游客能凭栏极目远眺。

因之前没有先例，农林事务所第二科便把栈桥公园不宜放租的理由、意见书面报告市政府秘书长胡家凤，请他转呈市长沈鸿烈核夺。

收阅农林事务所转呈的函件后，沈鸿烈批示：

所见甚是。即小青岛地方亦极通狭，既有繁荣促进会之茶点设立两处，恐不适宜。该商如有志承办，可在海滨公园方面查勘有无适当处所，仍与葛所长洽办。

在批示中，沈鸿烈提出，杨吉云在小青岛开设茶社也不适宜。原因是该地狭小，而且民间组织青岛繁荣促进会在建筑游艇码头时已在此处开张了两处茶社，再开设一处有过剩之虞。不过，以处事得体闻名的沈鸿烈还是为属下指出了方向——可到不远处的海滨公园（今鲁迅公园）查勘，是否有适合放租的公地，但具体情况应与农林所所长商洽办理。

杨吉云是否按照沈鸿烈市长的指点，在海滨公园租赁公地开张了茶社，目前尚未查到档案证实。

1935年4月，商人荣钟珮等人呈请，拟在海滨公园内开设茶社、食品商店，农林事务所转请市政府核示。5月4日，市政府下发第3953号指令，"该园宜保持清静状态，未予照准"。

对于风光秀丽的海滨一线，市政府态度逐年明朗，不租赁公地开设茶社、饭馆等，此举一则保证了无杂乱建筑物遮挡海景一览无余，二则避免了洁净海滩、湛蓝海水遭遇生活污水、残余生活垃圾等污染。

寻踪私立青岛胶澳中学

私立青岛胶澳中学（以下简称"胶澳中学"）虽冠以"私立"，却与同时期民间资本创办的私立学校迥异——它是国民党官员打着"宣传三民主义，培植革命青年"旗号，利用手中职权，采用多种手段融资创办的学校。

胶澳中学历经"创办—关停—复校—再关停"，一路波折不断，枝节横生。

创办

1922年12月10日，经过长达8个多月的中、日代表数十轮谈判，被德国人强租17年、日本人侵占8年的青岛，行政权终于回归，举国欢腾。

青岛行政权回归在即时，山东省国民党党员丁惟汾、陈名豫、刘次箫、王乐平、于法起、于恩波、隋即吾等人，"鉴于北方民众对于总理遗教缺乏认识"，联名向山东省省长兼胶澳商埠督办公署督办熊炳琦上书，建议发起创办私立青岛胶澳中学，"以为宣传三民主义，培植革命青年之机构"。打着继承总理遗教、"宣传三民主义，培植革命青年"的大旗，熊炳琦惟有"慨允"。

创办学校需要校址、持续性经费，这些国民党党员们几乎全部从事党务、教育、文化等工作，没有经济实体支撑，于是请求政府支持。经过数轮商讨，决定由胶澳商埠督办公署提供永久性校舍，每月为胶澳中学拨付补助费600元，省教育厅每年拨付补助费1000元，不足部分靠学费、募捐等方式自行解决。

1923年初，私立青岛胶澳中学董事会成立，山东诸城人王乐平任董事长，山东滕县人陈名豫任校长，丁惟汾、刘次箫、于法起诸人分任董事，胶澳商埠督办公署拨给登州路29号、德占时期德人所建的毛奇兵营（日占时期改称若鹤兵营）部分房舍作为胶澳中学"永久性校舍"。春节过后，胶澳商埠督办公署工程科便安排施工人员对"校内一切道路、房屋代修完竣"。2月25日，校长陈名豫致函商埠林务局，"惟院内树木多已枯萎，仍须补植，即请贵局派工来校酌量补植，事关公益，当荷慨允也"。当日，林务局局长凌道扬批示道："予酌量补植。"

3月8日，修葺一新的胶澳中学迎来第一批新生。《青岛教育纪事长编》载，是日，私立青岛胶澳中学开办，学制三年，招初中一、二年级各1班，学生139人，教职员19人。

有关胶澳中学教学运行情况，青岛市档案馆馆藏档案极少。1924年7月起，中国韵文散文作家理论批评家、美学鉴赏家、"苦水词人"顾随应刘次箫之邀前来该校执教。顾随喜欢与朋友通信，仅写给前同事、河北老乡卢伯屏及其弟卢季韶涉及胶澳中学的信件就有六七十封。这些碎片化记录可拼出1924年7月顾随来青岛至1926年7月21日胶澳中学停办被接管期间该校的运行轨迹。

1924年5月中旬，为山东省立第一女子中学同事流言所伤的顾随，致信好友、胶澳中学校董事、校务主任刘次萧表示拟前来投奔，刘次萧盛情相邀。7月2日，顾随抵达青岛，住进登州路27号胶澳中学教员宿舍。其时，学校已放暑假。

7月24日，开学前夕，顾随致信好友卢伯屏，流露出对胶澳中学前景的担忧："胶中局面甚小，款项尤绌，将来能否发展，或维持长久，还是问题。王乐平纯是政客手腕，办学更非所长，且其目的不在办（学）也。"

进入8月中旬，胶澳商埠督办公署督办高恩洪萌生收回胶澳中学校舍、恢复兵营原来功能之意，以安置拟来青岛的北洋大兵。为此，督办公署人员与校方开始讨论学校搬迁。23日，顾随在信中向卢伯屏讲述此事："胶中忽发生校舍问题，大约9月中须另移校舍。此时尚未交涉妥当也。青岛甚好，惟学校岌岌可危，前途暗礁甚多。高恩洪手下诸人，与胶中教职员意见如水火不容，日后（学校）不出于关门，便归于合并。"

对于学校腾让之事，曾任省政府教育科科长的校长陈名豫，利用其参政员的身份极力斡旋，高恩洪作出让步，此事暂时消停。不过，胶澳商埠督办公署因财政资金入不敷出，不仅长期拖欠每月拨付学校的600元补助费，而且传出拟取消的声音，这令顾随忧心忡忡，"从此经费益加窘急，将来不知何以维持下去也"。

顾随所言胶澳中学"经费窘急"绝非信口开河。青岛市档案馆馆藏档案文献中有多件该校请督办公署拨付长期拖欠补助费的呈文。如1924年6月19日，胶澳中学校长陈名豫亲自致函胶澳商埠督办公署财政部门，请求尽快拨付1923年5月份的补助费600元；1925年4月，陈名豫又请求拨付1924年2月份财政补助费600元。

9月1日，消停一周的学校腾让事宜又甚嚣尘上，顾随当日将这一消息写信告诉卢伯屏："胶中校舍问题甚厉害，高督办大有取消此校之意，而一二宵小，又从而推波助澜。胶中校舍问题又拖宕下去，督办公署见不能以势力取胜，刻又转而托人说合。"

24日，来自济南、潍县等地的三营士兵乘火车抵达青岛。翌日，顾随致信卢伯屏："于是胶中遂不得不搬家矣。大约三五日内，便须将房子腾出住兵。一俟搬家定局后，当有详函报告一切。"

经胶澳商埠督办公署与学校协商，10月1日，胶澳中学搬迁至文登路7号原德占时期的伊尔蒂斯兵营，与胶澳商埠公立职业学校共用该军营作校舍。

青岛市档案馆内尚存一份私立胶澳中学迁至伊尔蒂斯兵营（日占时期称"旭兵营"）前校方请胶澳商埠督办公署林务局清理周边杂草的公函，时间是1924年8月27日：

> 敝校现借旭兵营旧址校址，四面丛林率多荒芜，一则窒碍空气，一则滋生蛇蝎等类，于卫生上游览上甚多不便，而于林业上亦非所宜，祈贵局派夫数名就近扫芟，以疏空气而重林业，敝校亦自豪甚福利。

28日，相关负责人批示："林艺科派员接洽办理。"

"我在此间每周卷子卅二三本，颇从容，学生笔下，亦见清利顺适，将来不愁不长进。惟大多数呆如木鸡，不肯发问，是以不提人兴趣耳。"10月17日，在致卢伯屏的信中，顾随写道。校舍稳定了，顾随长舒一口气，已将全身心投入到教学中。

相对无忧的日子仅仅维持了半年多。1925年9月新学季开启后，胶澳中学惨淡之状让顾随念之心焦。9月27日，在致卢伯屏的信中，他写道："惟学校现象不佳，而招生又极困难，为可虑。"

10月22日，因"学校内部发生问题"，刘次箫私下告诉顾随，胶澳中学或仅能维持到年底，需另作别图。"不料遭到这步田地，实非素愿所及。"顾随当日即致信卢伯屏，悲观地表示，"看来繁衍至寒假，弟亦须别寻枝栖"。

终于捱到了寒假，顾随回到家乡直隶省清河县前坝营村与妻女团聚，将胶澳中学的种种不如意尽抛于脑后。

翌年3月初寒假结束，胶澳中学师生陆续返校。3月18日，顾随致信卢伯屏说："此间共到学生六十人，教职员亦到十之九。铃声人语，居然像个学校矣。"

5月12日，顾随在信中向卢伯屏透露学校窘况：学校补助费业已取消，将来大有闭门之势。无奈之下，校董事会议定三年级学生于5月23日以前毕业，二年级学生上到6月中旬便可放假。26日，顾随在给卢伯屏的信中写道："三年级学生全数毕

伊尔蒂斯兵营外景

业返里，弟钟点减去一半，甚觉清闲。此间二年级学生，拟于端午节前后完事。"

对于胶澳中学行将"完事"的原因，1946年，胶澳中学创办人之一、国民党元老丁惟汾撰文说，1926年张宗昌督鲁后，对"民党横加摧残，令停拨补助费，本校因此实难生存"。

胶澳中学处于穷途末路时，校董会迫不得已，"乃议决由胶澳商埠教育局接收校舍及设备，改为公办"。

6月18日上午，胶澳中学召开最后一次校务会议，讨论停办事宜。董事刘次箫宣布："学校仅存有军用票数千元，薪水拟发现金，但必须于7月20日才能从银行提出存款。"

接下来，胶澳中学教员打理行装，准备各奔东西。"同人相处有年，交谊非浅，一旦言别，俱有惘惘惜别之意。连日夜以继日，交谈倾倒。"顾随在致卢伯屏的信中记述道。

7月21日，威海人王敬模奉令前来接收胶澳中学校产，学校暂更名为公立青岛胶澳中学，不久易名为青岛市立中学。

复校

1945年8月15日，日本宣布无条件投降。在各地学生离渝分赴故地旧址复学的喜庆热闹气氛中，71岁的国民党元老丁惟汾怦然心动，他联系在渝原私立青岛胶澳中学校董（注：原校董事长王乐平1930年去世），提议借势重建胶澳中学，校董故旧们一致同意。丁惟汾信心大增，情绪高昂，12月14日，他致信原胶澳中学史地教师李树峻，以校董事会名义，委托他以私立胶澳中学校长身份全面负责重建事宜。

一别多年，系念良殷。胶澳中学涵育革命，启迪青年，功在党国，见诸事实。友朋等咸愿继续办理，惟汾亦赞同。此议校长人选，众意亦以台端为允宜，现正在遴选校董，不日校董会正式成立，即将聘书寄上，至将校址交涉、基金之筹划百端待举，端赖群策群力，克臻至善，如有硕见，静候明教，先此布达。

李树峻，字子刚，山东昌邑县人，毕业于北平师范大学历史系，曾任该校讲师、道清铁路局主任秘书、济南女子中学教师，1924年7月底，应聘至胶澳中学，担任史地教员。抗战期间，他流落到北平。

1月9日，丁惟汾通过中国银行电汇10万元给尚在北平的李树峻，作为他前往青岛筹备复建胶澳中学的路费。在致电告知电汇费用一事中，丁惟汾向其透露："弟已函（青岛）李市长先良、葛副市长挹纯，孟教育局长云桥，请拨登州路日本小学校址为胶澳中学校址，请兄与臧马骐负责筹备，臧现在青，住承德路4号，望尽日成行为盼。"

收到丁惟汾电函后，李树峻迅速打点行装，匆匆赶赴青岛，与臧马骐一起，对接市政府、市教育局，洽谈校址、成立复校筹备处等事宜。

李树峻、臧马骐在青岛奔忙，远在数千里之外的重庆，丁惟汾、刘次箫等人也在忙碌着。他们通过投票方式，对原私立青岛胶澳中学校董进行改选，4月9日上午公布开票结果：推选李先良、葛覃、熊梦实、赵竹容、崔士杰、何思源、丁基实、于学忠、秦德纯、李延年、李仙洲、李玉堂、王耀武、延国符、李芸轩等15人为名誉董事，丁惟汾、刘次箫、陈名豫、蔡自声、王立哉、王子壮、赵太侔、范予遂、刘仙渠、王仲裕、张金廷等11人为校董，丁惟汾为董事长，李树峻为校长。同时，组织成立复校筹备委员会，推选李树峻、李芸轩、胡六吉、赵世伟、王若山、臧马骐、王志信、胡成儒、于慈航、张培林、丁观海、刘瘦岑、韩善甫、张晋三、李得甲、李天钧、郑西亚、任子中、朱子赤、明少华、王石佛、张洪瀛、王彦驭、于炳□等24人为筹备委员，李树峻为筹委主任。

4月18日，筹备复校已有眉目，李树峻神采飞扬，在青岛市图书馆接受本埠多家报馆记者采访，重点讲述胶澳中学创办历史、重建原因以及开学计划。他称，抗战时期，胶澳中学师生献身国家、取得卓著勋劳者不乏其人。敌寇投降、国土重光后，校董事长丁惟汾与各位校董以本校极具悠久历史，弃置可惜，应行恢复，以期发展教育，造就建国人才，遂委托他来青岛负责筹备复校事宜。抵达青岛后，他多次与市政府各局接洽，除向市教育局要求发还原校址外，已商定"中央信托局"借拨博兴路60号房舍作为复校筹备处，不日即可进驻办公，暑假后招生开课当无问题。

5月10日，青岛《平民报》刊发李树峻进驻博兴路60号胶澳中学复校筹备处并开始办公，以及胶澳中学在渝成立校董会的消息，并将名誉校董15人、校董11人、筹备委员24人名单一一公布。记者充满激情地写道："凡所推选均系直接间接与胶澳中学有历史关系而为热烈之拥护者，阵容坚强，壁垒一新，行见革命学府声光重振，前进发展，当未可量也。"

13日，李树峻向市教育局呈文，报告胶澳中学董事会改组成立并组织复校筹备委员会、设立复校筹备处事宜，并请该局予以备查。

20日，李树峻呈文市政府，报告相同内容。市长李先良批示："呈悉，准予备案，仰即知照。"

22日，市政府下达指令，令市教育局局长孟云桥拨发原日本第三小学校产作为胶澳中学校址。

28日，孟云桥在李树峻的呈文上批示："该校校董会既已改组成立，仰即按照教育部颁发修正私立学校规程之规定，办理校董会立案手续为要。"

校址确定，上报市教育局、市政府的备案获批后，胶澳中学复校筹备委员会开始了募集筹办基金、延聘教职人员、进行招生设计等具体工作。

6月9日，胶澳中学复校筹委会第一次会议在青岛特别市党部委员室举行，李代芳、朱子赤、王弘仁、胡六吉、赵世伟、臧马骐、李树峻等8名校董出席，李树峻报告复校筹备经过，嗣后议决开办基金案、延聘教职人员案等多起。校董兼筹委会成员李代芳主动提出，"暂借开办费100万元，俾资进行"，此举大受同人褒扬。

就在胶澳中学紧锣密鼓复校时，该校董事、国民政府参政员刘次箫收拾行装，拟荣归青岛出任新职。6月30日，青岛《民众日报》报道：

> 经参政会驻会委员会推选，刘次箫参加接收清查团，担任鲁豫区鲁青组清查事宜，即将会同该组其他团员由京飞青。闻刘次箫已应国立山东大学之聘，任训导长，并兼复校筹备委员。该校赵太侔校长亦电促提前来青，参加筹备工作云。

7月28日，胶澳中学复校筹备委员会召开第二次会议，重点商讨"暑假后,实行招生高中一班、初中三班"。

8月12日,胶澳中学校友会在市党部礼堂成立,李树峻、王弘仁报告学校历史、复校筹备进展及未来发展,胡成儒、万锡瑜、丁观海等人当选为校友会理事,赵世伟任理事长。

20日,胶澳中学复校筹委会举行第三次会议,讨论并通过事项:1. 本校开办费暂由国家银行贷款1500万元;2. 校舍原为日本第三小学,现暂改用日本第一小学为校舍。

至于校舍由原日本第三小学改为日本第一小学的原因,1947年3月10日,胶澳中学向市教育局提交的"校董会立案呈报事项表"中有较详细的解释:

> 本校三十五年三月筹备复校,呈准市府教育局拨给广饶路三号前日本第三小学为校址,惟该房早被美海军占用。抗战胜利后,美海军来青,占用国立山东大学校舍及敌伪校产多处。迨山东大学复校,洽谈美军迁让,

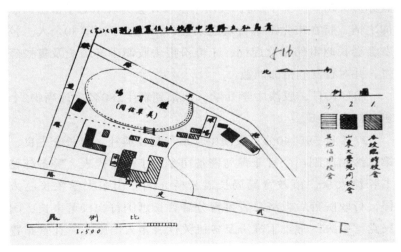

私立胶澳中学武定路校区示意图

经双方协定，美军腾让所占用之敌产学校，交给山大为临时宿舍，于是原拨给私立胶澳中学的广饶路校址，由美军转给了山大。经私立胶澳中学交涉，国立山东大学将美国腾让给该校的武定路二十九号房舍（原日本第一小学）之一部，拨给本校使用。

开学

自1946年8月下旬起，青岛《民言报》等多家报纸刊登《胶澳中学学生办理入学手续通告》。

9月18日，被录取的胶澳中学新生在博兴路60号复校筹备处接受训话，为开学做准备。

21日，胶澳中学董事长丁惟汾容光焕发，乘飞机由渝抵青。翌日上午10时，青岛市各界代表在市礼堂聚会，青岛市参政会议长李代芳主持，热烈欢迎"中央"常委丁惟汾。丁惟汾此次来青岛，对"救济难民事宜特别关怀，对胶澳中学复校事宜亦甚关切"。下午2时，胶澳中学校友会为表示对丁惟汾的敬仰之情，特在市党部举行欢迎茶会，计到李子刚等30余人。校友会会长赵世伟致欢迎词，丁惟汾报告胶澳中学历史及复校经过，并对校友们倍加训勉。

10月10日，胶澳中学开学，共报到新生280名，计高中2个班，初中3个班。

27日上午9时40分，胶澳中学举行复校典礼，市长李先良，第二绥靖区副司令官兼青岛警备司令官丁治磐代表、警备部秘书长徐人众，市教育局局长孟云桥，国立山东大学校长赵太侔，行政院善后救济总署鲁青分署署长延国符，校董事长、国民党"中央"常委丁惟汾及各机关代表多人出席，"礼堂布置

简单，寂静中寓几分庄严肃穆之气"。校长李树峻致辞，汇报
复校筹备经过，并对学校办学方针分五项报告：1. 党化教育；
2. 注重人格教育；3. 注重科学；4. 注重职业教育；5. 注重
健康教育，"旁征博引，精警中肯"。

李树峻报告完毕，李先良、孟云桥接踵致辞。随后，丁惟
汾、徐人众、赵太侔"相继发表宏论，语多勉励"，校友代表
赵世伟致辞，李树峻致答谢词。最后，全体师生、与会嘉宾合
唱校歌，12时许，复校典礼结束。

1947年1月10日，李树峻以兴奋的心情——致信胶澳中学名
誉董事、董事、复校筹备委员：

> 本校复校以还，倏已三月，经积极推进，始克初具
> 规模，甚堪告慰。兹将本校筹备复校经过及近三个月各
> 项工作情形拟一编，名曰"青岛市私立胶澳中学复校
> 概况"，寄座左右，詧阅并请赐予指导为幸。另捐助本
> 校基金人士姓名拟在报端及本编刊登（改用铅印），以
> 资纪念。无论捐款多寡，均请连同捐款收据存根于一月
> 二十五日前赐寄本校，俾凭办理。

3月10日，为办理校董会立案手续，丁惟汾署名呈报市教育
局，文中提及胶澳中学募资数额、用途：

> 本会前于民国十二年由惟汾暨陈名豫、刘次箫、王
> 乐平诸同志共同组织成立，创立胶澳中学并呈前胶澳
> 督办公署转呈教育部准予立案，及民十五年张宗昌督
> 鲁，反对本党中途停办。胜利以后，惟汾鉴于青岛沦陷

八年，际兹昭苏伊始，亟待发扬三民主义，培植革命青年，爰经商同旧有同事，发起复校运动，由发起人中推选惟汾等十一人为校董，并由校董公推惟汾为董事长，重组胶澳中学校董会，进行筹划复校。关于本校基金经分头募集，由各界热心教育人士捐赠，截至现在共收到一亿五千万元，计投资于本市胶澳实业公司一亿元，其余五千万元分存本市各银行，供应本校经常费用。

呈文附带"青岛市胶澳中学校董会立案呈报事项表"，上面清楚地标有胶澳中学资产学费收入详细项目——胶澳实业公司投资1亿元，募捐收入5000万元，学费收入1800万元，共计1.68亿元（注：募捐及学费两项为1946年秋季复校后第一学期之决算数额）。

在所附的"校董会校董履历表"中依次罗列着11名校董的性别、年龄、籍贯、职业、经历、担任职务及住址。其中，年龄最大者为丁惟汾，73岁；最小者为张金廷43岁；刘次箫与赵太侔同龄，58岁。

融资

1923年，私立青岛胶澳中学创办时没有实业支持，学校经费处处受制于政府。鉴于此，1945年复校时，丁惟汾等人利用抗战胜利接收日伪资产之机，呈准山东青岛区敌伪产业处理局，底价折半收购工厂，以此组建胶澳实业公司，用企业经营所得红利，为学校"输血"。

1946年10月19日上午10时，国民党"中央"常委丁惟汾在青岛市警察局局长王志超、中华全国工业协会青岛分会理事长尹致中等人陪同下，前往沧口敌伪时期山东窑业株式会社视察。"据闻，丁惟汾意将此企业呈行政院批准，作青岛胶澳中学复校基金，将公司盈余拨为该校经费。"

12月25日，山东青岛区敌伪产业处理局公函胶澳中学，山东窑业及山东油脂两厂经处理敌伪产业审议委员会第三十九次会议议决，同意按底价对折拨补私立青岛市胶澳中学使用。因经济部鲁豫晋区特派员办公处奉令结束对外业务，即将停止，该校应缴承购各厂价款直接交由本局转收国库，以节手续。公函附山东窑业、山东油脂两厂转卖胶澳中学底价及其应付款。其中，山东窑业株式会社底价4.0208606亿元，胶澳中学购价2.0104303亿元；山东油脂株式会社底价1.2523759亿元，胶澳中学购价0.62618795亿元。

除以底价折半收购敌伪企业充作校属企业外，胶澳中学校董会还动用各种力量请青岛大企业出资捐助。中国纺织建设公司青岛分公司拥有8家纺织厂，是青岛企业巨头。校董会董事长丁惟汾亲自募捐。

1946年9月18日，中纺青岛分公司经理范澄川收到丁惟汾的亲笔信，言辞恳切，请其"慨于大量捐助，以为倡领"。

澄川总经理吾兄勋鉴：

　　敬启者　青岛私立胶澳中学系弟与党内同志多人所举办，艰难缔造，历史颇久，中因触忌军阀，以致停闭。胜利以来，百废并举，况教育事业尤关国家百年大计，爰经多方努力，积极筹备，该校复校深蒙各界襄助进行，颇为顺利，日内即可正式开学。弟此次来青并拟亲自主持，惟战乱之余凡百草创，基金经费亟待募集。

素仰贵公司工界柱石，事业宏伟，热心教育不遗余力，敬祈关照，惠函慨于大量捐助，以为倡领，俾该校基金一呼而集，复校工作顺利完成，无任感激，祷盼之玉。专此敬颂，公绥。

弟　丁惟汾

范澄川毕竟只是分公司负责人，要"慨于大量捐助"，他哪有这个权力？于是，9月24日，他致电上海中国纺织建设公司（以下简称"中纺公司"），报告"丁惟汾函请援助青岛私立胶澳中学复校经过"。

10月21日，中纺公司回复青岛分公司：业经提请公司董事会第六次会议议决，由青岛分公司捐助国币1000万元。翌日，中纺青岛分公司致函胶澳中学，请派员携据前来该公司会计课领取1000万元捐赠款。

原本寄望中纺青岛分公司慷慨解囊当示范，使"该校基金一呼而集"，孰料，其仅拿出区区1000万元国币，胶澳中学校董会感到大扫颜面，于是于11月13日电函与国民政府经济部部长王云五熟络、尚在南京的校董范予遂，请其面见王云五通融中纺公司。

接到校董会电函后，范予遂当日上午11时会晤王云五。王云五向其解释，捐助胶澳中学国币1000万元系中纺公司董事长决定。因求捐助者太多，中纺公司资金紧张，只能把基金利息拿出用作捐款，数额每月不下2000余万元，因此，只能捐给胶澳中学1000万元。王云五给范予遂支招：可让中纺公司再加1000万元，但需要青岛分公司向董事会提出，为此，建议胶澳中学再向中纺青岛分公司请求捐款。

与王云五面谈结束后，范予遂迅速给丁惟汾回信："请先生与青岛分公司负责人接洽，再以学校名义或董事长名义专函。"信中，范予遂转述了王云五让范澄川就范的两条理由：1. 青岛中纺分公司系地方统领；2. 中纺公司于青岛方面捐款不多。

收到范予遂的信件后，丁惟汾信心陡增。此时，一条更重要的消息传来：中纺青岛分公司大手笔一次捐助私立中正中学1亿元。

中纺青岛分公司给私立中正中学捐助1亿元，而捐助胶澳中学仅为其十分之一，11月20日，丁惟汾致函中纺青岛分公司，要求追加捐款9000万元，与中正中学看齐：

> 贵公司热心公益，倡助教育，本校全体师生及校董会同人均深铭感。惟值物价高涨之际，学校设备均须从新购置，虽蒙各方面慨赐捐助，仍感杯水车薪，难期敷用。比闻贵公司最近对青岛私立中正中学曾捐助国币亿元，本校前请贵公司惠捐之数亦为一亿元，拟请体念本校缔造艰难，恢弘贵公司嘉惠青年之至意，除已捐之一千万元之外，再赐捐九千万元，足成一亿元之数。相应函请照惠予转请贵总公司及董事长核准，并赐示复，至纫公谊。

23日，范澄川给丁惟汾回信："奉二十日手示，胶澳复校先生惨淡营谋，无任景佩，承嘱一节，澄川当尽力所能逮，力副尊意也。"

24日，丁惟汾笺函范澄川，道出执掌胶澳中学之苦衷：

"胶中自复校以来，一切设备诸待充实，祇以经费拮据，事与愿违，弟忝任董事长深用惭惶。"

范澄川或深知丁惟汾以老迈之躯经营胶澳中学殊为不易，无奈他没有签字拨款的权力，他须向上海总公司申请，由总部裁定。

面临春节后开学，胶澳中学诸董事们急了，他们各尽其职，放下身段，向其他企业求援。

1947年2月3日，胶澳中学校长李树峻、校董王仲裕联名致信博山煤矿负责人张鲁郊："请惠于捐助煤炭三百吨，藉此经济挹注，如蒙慨允，敝校当派员趋谒，接洽运输事宜。"随信寄出的还有3459—3492号捐款收据及捐款启事，"再请至希转向各方捐募，俾资推进，而宏教育，不胜感祷之至"。

胶澳中学屡屡商请，中纺青岛分公司却迟迟未回复续捐9000万元款项事宜，校董们终于按捺不住了。2月28日，赵太侔、刘次箫、王仲裕、孔福民、延国符等5名校董结伴造访中纺青岛分公司，要求经理范澄川按照捐助中正中学成例，续捐胶澳中学9000万元，连同前捐1000万元，足成1亿元之数。范澄川当面答复，胶澳中学董事会尽快出具公函，由他转请上海总公司核夺。

胶澳中学依言而行，但一纸公函如石沉大海。

3月8日，丁惟汾致函范澄川，语气中带有几分怨怒：

去岁十一月二十三日手教敬悉，关于胶中续捐一节，承慨允尽力设法，无任感荷。惟以时逾三月，迄未奉复，顷因本校复校需款殷切，敢请费神再行转请贵董事会，俾使早日决定惠下，以济急需，用宏教育，专此布恳，祗颂台绥，并盼回玉。

收到信函后，范澄川立即复信，向丁惟汾解释："嘱件曾经呈请上令以继续捐助，稍感困难，以致久未报名辱荷，无闻至用，歉疚伏乞。"

18日，丁惟汾亲自致信经济部部长王云五，详述中纺公司捐助前后经过，称"中纺公司惠捐之一千万元，杯水车薪，无补于实际"，希望中纺公司"再增捐九千万元"的汇报公文到达经济部时，"请先生体念该校过去之历史及此次复校之艰难，迅赐批准，以利教育"。

23日，收到校董范予遂自沪寄来的信件后，李树峻在回复时详细记述了校董会、董事长丁惟汾、赵太侔等5校董与中纺青岛分公司数次要求续捐的过程，语气中颇多无奈。不过，李树峻还是向范予遂传递一条利好消息——青岛黄海渔业股份公司董事长程义法已答应捐助本校基金若干，并已致电校董会"令具函该公司申请"。

3月29日，赵太侔、王仲裕、刘次箫、孔福民、延国符5名校董联名致信范澄川：

澄川先生勋鉴：

敬启者 日昨奉访关于捐助胶澳中学基金事，承慨允再函王云五部长，为更进一步之协助，高谊隆情，至深感纫。胶中校董会致贵公司函，及丁鼎丞（注：丁惟汾，其字鼎丞）先生致王部长函均已办妥，并奉上即请惠予分别核转，毋任祷幸。

4月1日，范澄川致信丁惟汾：

> 敬启者　三十六年三月二十九日青胶（校）字第二
> 号大函奉悉，所嘱再捐贵校基金金圆币九千万元一节，
> 业已电上海敝总公司请示。除俟奉复再行函达外，相应
> 复请查照为荷。

在同一天，为资金所困的丁惟汾分别致信青岛黄海渔业股份公司及公司董事长程义法，请其"惠捐胶澳中学国币五千万元"。

4月4日，黄海渔业股份公司回复："暂不捐款。"不知何故，董事长程义法半月前明确表示"允捐"，现突然变卦，让望眼欲穿的丁惟汾、李树峻、王仲裕等人空欢喜一场。

胶澳中学决策层为经费竭蹶寝食难安，富有戏剧性的是，7月28日凌晨校舍的一把大火，给了校方募捐更充足的理由，他们忽由谦卑商请变成理直气壮地索要，僵局很快扭转。

《平民报》《军民日报》等青岛本埠多家报纸均留有关于胶澳中学凌晨大火的报道：

> 七月二十八日晨二时四十分左右，武定路29号胶澳
> 中学因电线走火以致酿成大火，遂延及国立山东大学先
> 修班职员宿舍及厕所。时为深夜，火光熊熊，四邻及
> 全校师生一并惊醒，该校师生不顾携拿物件皆只身逃
> 出，四邻害怕燃及，皆纷纷由屋内向屋外搬物……计胶
> 澳中学焚毁底楼一间、二楼三间、三楼二间共六间，价
> 约二千五百万元。胶澳中学家具被毁约值五百万元，书

籍约值一千万元；山大先修班家具约三百万元，衣物约四百万元。

8月7日，奉市政府指令，市财政局核查胶澳中学电线走火，认定"焚毁地板门窗约值两千万元"。

11日，中国纺织建设总公司电复青岛分公司：

> 青岛私立胶澳中学函嘱补助九千万元一节，已提经董事会第二届董监事第二次联席会议议决，"本公司前已捐助，现可不必再捐"等语记录在卷，相应请查照推却为荷。

中纺公司电文说得清楚，让青岛分公司"推却"胶澳中学9000万元续捐的要求。

中纺公司态度明朗，胶澳中学深知一味催逼青岛分公司于事无补，此事姑且放下。

接下来，胶澳中学将索捐目标转向第九区机器棉纺织工业同业公会，通过它向中纺公司施压。

8月29日，胶澳中学校董会董事长丁惟汾致第九区机器棉纺织工业同业公会：

> 本年七月二十八日夜，因邻校火警波及，虽扑救尚早，而本校办公室全部暨图书家具等皆被焚毁，按现值估计修复补充费用约需一亿五千万之谱。本校经费向极支绌，遭此意外损失，更感无法补救，校务进行竭蹶万状，素仰贵会热心教育，拟请惠予捐助国币五千万元，俾资首

倡，藉谋弥补，用特函恳至，希查照办理，实纫高谊。

从信函中看出，丁惟汾在隐瞒事实，嫁祸于人，且夸大火灾损失——火灾系自己校舍电线走火，他却说成邻居起火殃及；胶澳中学所有损失4000多万元，他夸大为修复补充费用约需1.5亿元。

收到丁惟汾信函后，第九区机器棉纺织工业同业公会立即召开会议，商讨决定将国币5000万元捐款分摊，中纺公司青岛分公司下属8家纺织厂共计摊派4431.1377万元。如此巨大的款项，青岛分公司"未敢擅自专理"，经理范澄川立即电请上海总部。

获悉胶澳中学"遭遇火灾损失甚重"，加之经济部部长王云五从中不停地协调，中纺公司董事会议决，一次性捐助胶澳中学基金暨修建费两项，共计9000万元。

11月14日，中纺公司给青岛分公司转来国币支票一张，数额为9000万元，由其转付胶澳中学。

19日，欣喜不已的丁惟汾致函范予遂表示感谢："关于本校函请中纺公司捐款事多承费神进行，始获圆满，感何可言。该款九千万元于本月十七日如数领到，并以董事长名义具函申谢矣。"

21日，胶澳中学校董会董事长丁惟汾亲自致函感谢中纺青岛分公司：

> 敬启者　查敝校经费支绌，复于本年七月二十八日惨遭回禄，损失綦重，迭经请贵公司捐助基金暨修建费两项，顷承惠允并案捐助国币九千万元整，业经如数领讫，

缅怀仁风，铭感无既，除刊册纪念外，先此函申谢。

　　胶澳中学还向青岛市教育局、山东省教育厅索要补助费，虽电函呈文频仍，无奈青岛市财政入不敷出，省教育厅厅长李泰华又擅长打"太极拳"，胶澳中学最终分文未得。

　　1946年10月28日，胶澳中学开学典礼第二天，校长李树峻即呈文市政府教育局，请求该局按照"1923年胶澳中学创办后胶澳商埠督办公署每月补助六百元"的先例，自1946年9月起，每月拨给补助费国币600万元。

　　本校系党国先进丁惟汾暨王乐平诸同志发起创立于民国十二年，经请胶澳商埠督办公署拨给汇泉校址，并特准按月发给补助费六百元。至十五年张宗昌督鲁，反对民党，横施摧残，遂将胶澳中学改为市立中学，迄今二十年。而本校师生在抗战期间，分赴各地效力于军政党各界，杀敌报国，为国捐躯者有之，殚智尽虑，卓著勋劳者亦不乏其人，本校实为革命之学府，不啻于北方之黄埔军校，历史悠久，成效卓著。

　　今当建国伊始，教育实为当务之急，树峻承校董事长惟汾之命，来青筹备复校，业承贵府贵局拨给现址，已报到新生二百八十名，计高中二班，初中三班，校职人员业已聘就，已于本月十日正式上课。惟在复校伊始，费用浩繁，万物奇昂，尤感拮据，拟想贵府贵局追念本校缔造之不易，援前补助旧例，斟酌现在物价，自本年九月份起，按月拨发补助费六百万元，使本校得以继往开来，遗绪不坠，不胜待命之至。

在呈文中，李树峻极尽夸大贴金之能事，称胶澳中学"不啻于北方之黄埔军校"。但财政资金艰困的市教育局始终未解其囊。

1947年4月6日，省教育厅厅长李泰华来青岛视察私立正中中学，李树峻借陪同之机，向厅长提出由省财政厅每年拨付胶澳中学补助费，李泰华当即表态"俞允照办"，李树峻欣喜不已。5月初，经校董会同意，李树峻呈省教育厅"赐予拨发补助费每年一千万元"。省教育厅很快以厅（教）字1757号指令，未复批准。

"阅命之下，至深惶悚。"5月7日，李树峻不屈不挠，再度呈文李泰华，省教育厅置之不理。此事一搁近半年。

11月4日，胶澳中学复校筹备委员明少华从教育部档案中查悉，1926年6月私立青岛胶澳中学未停办前，山东省教育厅每年拨补助费大洋1000元。

11月9日，他第三次呈文省教育厅，"恳请钧厅体念本校复校之不易，准予援照以前补助费，参照现在物价，自本年起每月发给补助费一千万元"。

然而，他得到的仍是兜头一盆冷水。

11月29日，李泰华厅长回复，寥寥数语，却如重锤："呈悉。本省经费支绌，中央对于本省教育经费预算内所列私立中等学校专款亦予以剔除，此请未便照准，仰即查照。此令。"

尾声

1947年10月1日，胶澳中学开学。此时，学校有高中2个班、初中3个班，共计学生320余人、教职员24人。因为复校两周年庆典在即，开学后的校园内即笼罩着一片喜庆气氛。

10月27日上午，胶澳中学复校开学两周年庆典在校礼堂举行，校长李树峻主持。校董蔡自声、刘次箫报告校史，重点讲述了王乐平、丁惟汾、于沐尘、陈雪南、隋即吾、李代芳、王弘仁、高春如等人创办学校时的艰苦努力情形，听者动容。

复校筹备委员会王弘仁称，该校创办实际由刘次箫负责，他本着革命精神创办该校，因军阀张宗昌"横施摧残"，1926年被迫改为市立中学。1946年在丁惟汾、范予遂诸人倡导下，李树峻校长在极其艰苦的条件下仍本革命精神恢复该校，希望同学继承革命精神，牢记光荣历史，努力学习，恪守本职，造福人类。最后，校友赵世伟致辞，勉励各同学，感谢诸老师。

为扩大生源，增加收入，1948年1月10日，胶澳中学在《平民报》等报纸连续发布招收插班生100名的广告。

5月5日，为缓解经费压力，校长李树峻又一次致函省教育厅，请求每年拨给补助费1000万元，仍未获准。

6月30日，因学校资金面临中断之虞，李树峻紧急致电尚在南京的丁惟汾。

丁委员鼎丞钧鉴：

　　学校经费王仲裕兄允自四月份起按月由公司拨给一千万元，五月期满，公司坚不允拨，员工开支无着，群情惶惑，请迅电予拨发，以解燃眉。

从急电中可看出，此时胶澳中学所属胶澳实业公司经营陷入困境，资金链面临断裂。

8月1日下午1时，因操劳过度，此前一直患有肺病的李树峻在寓所博山路60号病逝。2日，丁惟汾自南京致电，由国民党青岛市党部代译：

诸同仁：

　　惊闻子刚校长仙逝，曷胜痛悼。除电刘代校长次箫
尅日到校主持校务外，仍希共策共进行为荷。

　　3日，胶澳中学全体师生怀着悲痛心情，将李树峻安葬于青
岛市第一公墓。

　　8月11日，胶澳中学董事会请董事、国立山东大学训导长刘
次箫代理校长，23日正式聘任为校长。

　　10月3日，胶澳中学校长刘次箫呈文市教育局，请予援案自
本学期起发给本校补助费：

　　本校本学期招生编级以后，现有各年级高中四班，
初中八班，共计学生六百八十人，较上学期增加九十
人。惟查本校经费向不充裕，兹以班次加多更感拮据，
拟请钧局准予援案，自本学期起发给本校补助费，俾资
维持，理合备文呈请鉴核，迅赐拨给。

　　1949年2月28日，胶澳中学校长刘次箫公函国立山东大学
"拨借本校第三院礼堂及德平路体育馆及楼房"。

　　3月3日，国立山东大学校长赵太侔回复：院礼堂可暂借使
用，惟本年暑假期间本校拟开设学习班，如再有其他事项须用礼
堂，届时应请交还备用。至于德平路体育馆及楼房，因本校教员
宿舍正感缺乏，须自留居住，歉难拨借，但楼房之体育场本校暂
不需要，贵校如临时借用可为，惟四周看检台请妥为保护。

德平路楼房未能要来，刘次箫并不放弃，3月13日致国立山东大学校长赵太侔，请求将德平路体育场旁、胶澳中学教职员宿舍楼下的一处闲置住房拨借本校教职员作宿舍。

青岛市档案馆内未见赵太侔对此函件的回复。

5月4日，刘次箫辞去国立山东大学训导长职务，该校体育主任宋君复接任，刘次箫专任教授；同一天，刘次箫还辞去私立青岛胶澳中学校长之职。

6月2日，青岛解放。16日，青岛市军事管制委员会文教部接管青岛中正中学、青岛胶澳中学、青岛崂山中学等三所私立学校。

是年秋新学季时，青岛礼贤中学、文德中学等12所私立中学获准开学，胶澳中学、中正中学、崂山中学不在此列。

私立青岛胶澳中学已退出历史舞台。

私立青岛大学创建始末

1923年3月，北洋政府教育部职员李贻燕在青岛教育调查报告中郑重提出应于青岛设立大学一所。

这份《调查青岛教育报告书》记述了1897—1923年青岛各级各类教育的沿革与状况。调查报告结论部分如是记述：

> 青岛为天然文化中心点，德国前此办理大学，其发达成绩即可预知。应于此地设立大学一所，以便各省子弟入学；离政治中心较远，学者可得安心讲学，而学子亦可得安心求学，俾斯麦兵营若能扩充甚为适宜，若重新建筑，则湛山临海一带山麓亦甚宽旷。

李贻燕不仅给出创办青岛大学的理由，而且还圈定了具体校址——俾斯麦兵营（今中国海洋大学鱼山路校区）。鉴于此时该兵营为军队所占用，李贻燕退而求其次，提出重新建校的大体位置——湛山临海一带山麓。

沿着李贻燕提出的创设青岛大学思路及其落脚点——俾斯麦兵营，新任胶澳商埠督办高恩洪与青岛有识之士一起，开始了一所城市大学创建的呼吁、奔走与运作。一年半后，瓜熟蒂

私立青岛大学校门

落——是为私立青岛大学。

"应于青岛设一国立大学"

李贻燕撰写《调查青岛教育报告书》时，青岛建置仅32年，且其间又遭遇德占日据，故其称青岛教育"尚在幼稚时代"。接下来，李贻燕笔锋一转，列出青岛教育"大有改良、扩充之余地"的理由：

> 青岛气候温和，地处中国沿岸中心点，水陆交通，均极便利，北京、南京、汉口、上海各地新闻、邮件，26小时以内均可到达。而社会习惯与京津沪各地大不相同，比较的旧式腐败习惯尚未沾染，与其接触亦比较淡泊，而此地又乏青年堕落之机关，山明水秀，诚理想的文化都会之惟一候补地。

基于此，李贻燕认为，应增加青岛地方教育经费预算，小学教育、社会教育、职业教育改良增设自不待言，更重要的是，"中央政府应于青岛设一国立大学，不特为收回青岛之一大纪念，而齐鲁于中国历史上为圣人之邦，阐扬文化，昌明教育，亦国家应负之责任也"。

在李贻燕看来，"中央政府"在青岛设立大学，一则可作为1922年12月10日青岛回归的纪念；二则青岛地处"圣人之邦"，创办大学，阐扬文化，也是国家应尽之责。

有档案文献称，教育部深韪李贻燕之说，但创办大学需要不菲资金，从何而来？为此，提议仿照青岛德华大学的经费筹措先例，由教育部和山东、直隶（今河北）三方共担。后因北洋政府内争不断，决策者无暇顾及，此议不了了之。

"青岛设立大学"之说渐趋沉寂时，因缘际会，再成热点。这一次，话题主角为是年65岁的晚清政治家、思想家、教育家康有为，话题地点由北京转到青岛。

《青岛教育长编纪事》记述，1923年6月2日，康有为自济南来青岛，暂住在好友、胶澳商埠督办公署顾问陈干家中。康有为有创办曲阜大学之意，并草拟了大学章程，章程中把青岛列为曲阜大学预科候选地。青岛特殊的人文地理环境，加之陈干有在青岛创办大学的建议，改变了康有为原有的想法，转而认为在青岛创办大学更为适宜。

6月15日，康有为与家人通信商谈拟在青岛购置房产（注：今福山支路5号康有为故居纪念馆），顺便提及在青岛创办大学的设想。不久，在给表弟方子节的信中，康有为详谈此事："吾拟开一大学于此，就近收得万年兵营（日占青岛时期名称，即俾斯麦兵营）为之……扶杖看云望海之暇，与天下之英才讲学，远胜沪上矣。"

俾斯麦兵营外景

此时，万年兵营为北洋陆军孙宗先部占用。让持枪的大兵拱手让出，像浮萍那样飘零至青岛且已年迈的康有为无能为力。没有现成的校舍，康有为只能对着一纸蓝图唉声叹气。

《胶澳志》载："本埠接收之初，土匪蜂起，（山东）督军田中玉派第十旅旅长孙宗先为临时剿办岛匪司令，至是乃将剿匪名义撤销，仍派孙宗先为胶防司令驻青保护，由督办公署月给津贴五千元。"

孙宗先任胶防司令并率部驻扎俾斯麦兵营的时间是1923年3月，与李贻燕奉命前来调查青岛教育在同一时期。

在俾斯麦兵营创办青岛大学，是英雄所见略同，还是康有为承继李贻燕之说？目前未查到明确的档案解释。

"以设立大学为当务之急"

自1924年4月起，在"青岛创办大学"之说再度兴起。令李贻燕们意想不到的是，它很快地进入操作层面，而且时不我待，环环相扣，半年后即结出硕果。

这一切缘于北洋政府交通总长、代理教育总长高恩洪执掌青岛。

高恩洪出任胶澳商埠督办在1924年年初即已传出。1月30

日，青岛总商会会长张俊卿与理事朱子兴、宋雨亭、杨少衡等人联名致电高恩洪的举荐人、洛阳巡阅使吴佩孚，表达对高恩洪的欢迎之情。

> 顷闻高恩洪总长简授胶澳商埠督办已经国务院通过，青岛商民极表欢迎，急盼高督办早日履新，以慰众望。

3月18日，北洋政府大总统曹锟签署命令，"特派高恩洪督办胶澳商埠事宜"。24日，高恩洪复函青岛总商会，先是矫情扭捏，继而表露干事创业的决心。

> 费到大函，过承奖饰，捧读之下，无任感惭。洪息影海滨，聊自养拙，出当大任，实违素心。但以诸公属望之殷，乡邦关系之切，何敢爱惜羽毛，不为牺牲。顾念胶澳为特别商埠，内政外交，事繁责重，端赖诸公不弃，示我周行，俾自遵循，应免陨越，是所厚望。稍事摒挡，便当起程，用□谆嘱，先复鸣谢，余俟面谈。

3月31日，胶澳商埠督办公署训令财政局等单位，高恩洪遵照大总统令于4月1日10时接任视事。4日，胶澳商埠督办公署将高恩洪上任这一信息函告青岛总商会等组织。5月5日，德国驻济南领事馆向德外交部电报"熊炳琦辞胶澳商埠督办、高恩洪继任"。

上任伊始，高恩洪"即以设立大学为当务之急"。

高恩洪的大学情结可从8个月后其在私立青岛大学开学典礼

上的讲话中管窥一斑：

> 本埠地贯南北，舟车四达，山水幽雅，气候中和，于此设立大学发展文化，最为相宜。
>
> 即以全国大学区而论，北方之京津，西北之西安，东北之沈阳，西部之成都，中部之武汉，东南之沪宁，西南之东陆，南部之广州、厦门，官立、私立均有大学之设。本埠为东部要区，沿海重镇，自然亦可成立一大学区域，既可承继礼仪之邦荣誉之历史，又可为国土重光之纪念。

对于创办大学的地点（俾斯麦兵营），曾为提议者李贻燕顶头上司的高恩洪自然明了，因此无需前期调研，付诸实施即可。私立青岛中学校长孙广钦得知高恩洪的意图，也积极张罗起此事，并联合有"青岛刘半城"之称的刘子山与高恩洪进一步协商、筹划。

正所谓"凡成大事者，须天时、地利、人和"。"人和"初具，"天时""地利"接踵而至。

5月，胶防司令孙宗先升任第五师师长，移驻潍县，王翰章接任胶防司令。趁其新来乍到人生地不熟，高恩洪果断出手，以"商埠不应驻兵"为由致电蓬莱同乡、有师生之谊的直鲁豫巡阅使吴佩孚，请将胶防司令部及驻青军队一律移驻潍县，并取消其每月津贴。深知"世界竞争端赖学术"的吴佩孚慨然允诺，于是驻青刚满一个月的王翰章及其部下不得不打点起行装。

创办青岛大学的先决条件——场地——俾斯麦兵营腾出来了，相关工作进行得如顺水行舟。

5月22日，应高恩洪之邀，李贻燕离职教育部，前来青岛出任胶澳商埠民政科学务股股长。

29日，胶澳商埠督办公署在俾斯麦兵营成立私立青岛大学筹备处，并召开筹备会议，与会人员公推高恩洪、邵筠农、宋传典、傅炳昭、张德纯、刘子山、王子雍、宋雨亭、于耀西、孙炳炎、孙广钦等11人组成校董会，负责筹备事宜。校董会推举孙广钦为筹备处主任，邵筠农、孙炳炎为副主任，推举青岛知名人士王西园、王莶卿等29人为董事，聘请国内学界名流梁启超、蔡元培、张伯苓、黄炎培、颜惠庆、顾维钧、罗家伦等24人为名誉董事。根据《大学令》（注：1912年10月颁布），校董会确定私立青岛大学以"教授高深学术，养成硕学宏才，应国家之需要"为宗旨，规划文、理、法、商、工、医、农林七科。根据青岛工商发展之需和学校自身条件，决定先从实用学科办起，"设立工科以适应工业的兴起、机械的制造；设立商科以适应贸易的发展、经济的竞争"，工商两科所开课程除专业课外，国文、数学、英语、日语为必修课，另有法律、逻辑、世界史等选修课。待工科商科走上正轨后，再开设其他科，最终目标是发展成一所综合性大学。

会后，高恩洪捐出大洋1万元，刘子山捐出大洋2万元，作为筹备费用。对于筹建一所大学来说，这远远不够。相关人员想到庚子赔款，并议定由青岛总商会出面争取。

6月19日，青岛总商会召开常务董事会议，决定分别致函驻青美国公使施尔曼、北洋政府外交总长顾维钧，请求交涉拨给庚子赔款创办青岛大学。

信函内容如下：

为庚子赔款业经贵国宣布退回，规定用途亦希敷国施之教育，高谊盛情，至为感荷。

一、青岛在国际上有重大之价值。

二、青岛为最新商埠，交通便利，大学设于此地亦有发展之机。

三、青岛有种种专门设备，如码头工程、铁路工厂、农林试验场、轮船等，均可予学生以练习之机会。

四、青岛当局现正计划创办大学，已勘定万年兵营之房（可容学生二千余人，建筑费百万元）作为校舍，若以赔款办大学于此，自可得有利之协助。

五、收回青岛为华会结果，如在青设大学，无异在此建一华府会议之纪念品，而永久表彰贵国在国际上之荣誉。

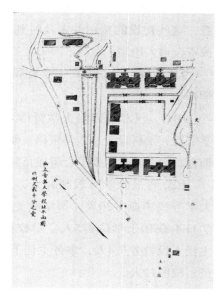

私立青岛大学
校区平面图

在信函最后，会长隋石卿，常务董事吕月塘、宋雨亭、朱子兴、张俊卿、王莅卿、侯建堂等依次签名。

申请庚子赔款创办青岛大学的信函如石沉大海。校董会最终决定：开办费用由自己募集，"经常费由督办公署、胶济铁路局补充，青岛绅商捐助"。

8月11日至13日，私立青岛大学在青岛、北京、南京、济南四地同时进行招生考试。首届录取工科、商科新生各40人，学制4年。学生主要来自山东、江苏、湖南、广东等15个省市。此外还有9名留学生。

21日，私立青岛大学董事会举行会议，公推高恩洪为校长，聘请孙广钦为校务主任、李贻燕为教务主任，并接收私立青岛中学为附属中学，报请省督办府备案。胶澳商埠督办公署每月拨款1万元，胶济铁路局每月拨款6000元，青岛士绅富商每月捐赠4000元，作为该校活动费用。不过，从后期的档案来看，这些初设的费用并未及时到位，否则私立青岛大学就不会被资金逼入绝境。

9月15日，私立青岛大学首届学生入学。20日，私立青岛大学开学。

10月，《私立青岛大学暂行大纲》颁行，共9章15条，对办学宗旨、学科设置、入学资格、学位授予、常设机构、校董会及训育、图书等专门委员会组成及其主要职责均作出明确规定。

私立青岛大学有教师38人，其中北大、清华、燕京、北洋大学等校毕业生20人，留学欧美获硕士或博士学位者13人，留学日本获硕士学位者5人。学校行政机构较为精干，仅在教务主任下设教务员4人，事务主任下设事务员、会计员、图书管理员、校医12人。

25日上午，私立青岛大学举行开学典礼，胶澳商埠督办、校长高恩洪在致辞中讲述创设经过：

> 鄙人到此以来，即以设立大学为当务之急，但当时苦无相当地点。适值陆军撤防，腾出此广大之校舍，是以联合同志，积极进行。筹备以来，煞费苦心，而近日幸告成立，欣慰之心，莫可言喻。
>
> 但是，目下尚在草创时代，经营缔造尚须有相当之时日，校内一切校务固由本校校董等召集办理。而诸生多半来自远方，自有远道而来之目的，既入本校则校运之荣枯、校誉之降替，有极密切之关系及重大之责任，此点诸生应当注意及之。

最后，高恩洪郑重告诫："本校为新创之学校，诸生为新来之学生，一切当以实事求是、日新又新为前提，一洗各地不良之陋习，蔚成本校特有良好之校风，为全国青年之模范，为将来国家有用之长才。"

不久后，时局发生了急剧变化。始于9月的第二次直奉战争历经一个月，冯玉祥囚禁曹锟，直系军阀败落。10月底，王翰章奉命率第五师1500余人返回青岛，出任胶澳商埠戒严司令。

11月2日，青岛平民教育会在私立青岛大学校园举行首届联合运动会，15所公立、私立中小学参加，参加运动会的学生近2000人。运动会于上午9时开幕，下午4时结束，共设表演、运动项目64项，到会来宾约1万人。"散会后，由会长奖给各校银牌一面，以志纪念。"

联合运动会给私立青岛大学校园带来喜庆热闹的气氛，但校长高恩洪的内心却是忐忑不安。5日，因直系军阀兵败，高恩洪被解职并押送济南。6日，王翰章代理胶澳商埠督办。数日后，王翰章突然去职，由驻青东北军渤海舰队司令温树德兼任胶澳商埠督办公署督办。

11月15日，温树德致函青岛总商会："现胶澳商埠督办高恩洪因故去职，所遗督办一缺业经推举执事继任，树德即于本月十五日就职。"

高恩洪虽在胶澳商埠督办任上只有八个月，以悲剧谢幕，但颇有作为。《胶海关贸易报告》总结称："（高恩洪）勤求治理，政绩可观，尤于教育一端，锐意进行。"

时局动荡，高恩洪被羁押，私立青岛大学受到严重影响，校董事会紧急决定，由孙广钦暂代校长。21日，校董事会公推校董、山东省议长宋传典出任校长。

29日，私立青岛大学就校长变更一事致函青岛总商会：

> 本月二十一日，本校董事会公推校董宋传典为本校校长，即于是日到校视事。相应函达即希查照。

宋传典到任后很快离去，开始了长达半年之久的请假。

确立政府补助费标准

温树德兼任胶澳商埠督办后，将高恩洪每月设定给予私立青岛大学1万元补助费减至1000元。随后，胶澳商埠督办公署以1136号函告私立青岛大学：

> 业经酌定补助敝校经费，自本年十一月起每月给予

补助费一千元，应即按照领款手续每月到署具领。

12月26日，该校派会计宋百原持证据到公署申领11月、12月补助费共计2000元。28日，胶澳商埠督办公署只拨给私立青岛大学11月份补助费1000元。

翌年2月16日，寒假结束刚刚开学的私立青岛大学致函温树德："业经开学，百端待理，惟财政支绌，势难进行，恳乞将（民国）十三年度十二月份补助发拨。"

18日，遵从温树德之命，商埠公署给私立青岛大学拨发上年度12月份补助费，但仅给了500元。

余款500元迟迟没有收到，28日，私立青岛大学以公函第4号请求温树德签发上年度12月份余额及本年度1月补助费共计1500元。

> 本校经费竭蹶早已洞鉴，此期开学多日，一切支出俱仰借贷，债台垒垒，会计仰屋罗掘俱穷，应付乏术，仰承贵署每月资助千元，否则水穷山尽，势陷停顿。我公仗义，于前自当鼎力提携，十三年度十二月份下期补助费五百元、十四年度一月份补助费一千元望速发拨，以资维持而利进行，无任感盼之至。

3月2日，温树德批示督署财务科："查核拨发。"

1500元补助费到账后，私立青岛大学趁热打铁，向商埠公署申请领取二月份补助费：

> 敝校外债既多，支出又繁，一月份补助费应付各方

尚称艰窘，教职薪俸尽归缺如，刻因上课已久，二月份期又届，教职用费俱感困迫，薪俸一项碍难延宕，贵署维持教育之热忱，久为中外人士钦佩，二月份补助望即拨发，以利校务之进行而符贵署提高教育之雅意。

补助费申领磕磕绊绊，教职员月薪按期发放已受到影响。但此时比申领补助费更为棘手的设想来了——私立青岛大学搬出万年兵营，将该兵营改建为青岛市民卫生医院。这一设想是武夫们一拍脑门而定，好在该设想只在军方和胶澳商埠高层间讨论，没有传至坊间，否则肯定会在私立青大校园内引起轩然大波。

1925年4月，张宗昌任山东军务督办，初来乍到即令以普济医院常年经费改设山东陆军总医院，将万年兵营改设青岛市民卫生医院。

5月14日，奉张宗昌训令，第一军后方医院院长唐斌儒担纲山东陆军总医院和青岛市民卫生医院改组事宜。

消息传至胶澳商埠督办公署，举座皆惊。因为此时私立青岛大学已在万年兵营开学大半年之久，一旦腾出来办医院，师生们如何安置？督署大员们无计可施，遂于5月15日令督办公署秘书处会务部就此提交议案，邀请各界商讨公决。

查普济医院系地方病院性质，并有外交关系，昨准张督办来咨，拟将该院常年经费改设陆军总医院，并拟将万年兵营改设市民卫生医院等因，事关重要，应否划拨均与地方公益及本埠行政关系甚巨，且万年兵营久已拨充青岛大学校舍，究应如何处置，必须集思广益，妥筹办法，以资应付，拟请讨论公决举行。

5月18日，胶澳商埠督办公署秘书处致函青岛地方检察厅，请其派员于本日下午4时参加督署特别会议，一起详细讨论"改组陆军总医院及市民卫生医院"办法。

5月23日，第一军后方医院院长唐斌儒奉张宗昌令前往普济医院"接收视事"。随后，已执掌普济医院的唐斌儒公函告知青岛地方检察厅等驻青单位。

唐斌儒调查后深知，将万年兵营腾出来改建市民卫生医院不可行，此事姑且放下，私立青岛大学由此幸运地逃过一劫。

"万年兵营改设青岛市民卫生医院"之设想酝酿讨论时，私立青岛大学尚不知情，教学秩序仍正常进行。4月中旬，校园里樱花盛开，私立青岛大学公布学校组织章程。该章程在《私立青岛大学暂行大纲》基础上，就课程设置、入学、转学、学业成绩考察、奖惩以及宿舍、请假、教室、图书室、自习室等方面，制定一系列管理规章制度，并成立体育会、音乐会、教员会、职员会等群众性组织，为之一一制定章程。

27日，私立青岛大学致函青岛总商会，请其校正本校章程一览表：

> 敝校自去秋成立以来，于兹数月。始以政局影响，辗转迁延，迄未将章程公布。兹幸各方赞助，于本期开学之后整顿，擘画始行，拓辟臻棘，渐就轨道。兹当一览表初事杀青，特行奉上一份。唯以匆促草就，星误之处滋多，即希台端勿吝金玉，予以教正为感。

本月及下个月，私立青岛大学没有领到胶澳督署的补助费，师生们或许不会想到，拖欠，甚至连月拖欠，渐成常态。

6月上旬，私立青岛大学以第24号公函请求温树德及胶澳督署："兹届六月，所有四五各月补助合行缮具领单即希拨付。"对此，温树德无暇顾及，因为下令武力镇压青岛日本纱厂工人大罢工，制造致14人死亡、17人重伤、无数人轻伤的"五·二九惨案"，温树德深陷在全市乃至全国民众一浪高过一浪的口诛笔伐中。青岛时局急剧动荡，爱国学生走向街头游行抗议，私立青岛大学校园也不安起来。"维稳"成了头等大事，远比申请拨款重要得多。

"经费竭蹶"艰难度日

私立青岛大学没有等来温树德签字的补助费。进入7月，胶澳商埠督办公署易名为胶澳商埠局，由原直隶北洋政府改为山东直管，赵琪取代温树德出任胶澳商埠局总办。

7月5日上午11时，私立青岛大学校董会假天津路东华旅社召开会议，出席者22人，文书委员长高宗山主持。会上，校董们公推青岛大学顾问刘大同、胶澳商埠局总办赵琪、胶济铁路局局长赵蓝田、秦莱峰秘书长等为学校名誉委员，公推校董高宗山为教务长，顾问孙广钦为特别委员、事务长兼私立青岛女子中学校长，公推前教育部次长、校董全绍清担任副校长，特别委员李琴轩担任临时副校长兼预科校长。

会后，私立青岛大学校董会致函青岛总商会，同时通报对校长宋传典"久假不归"的处理意见：

民国十三年冬，本大学校董会董事长兼校长高恩洪因故离青，校董委员等数人公议，由校董宋传典临时负责维持校内现状，该校董竟久假不归，半年未曾到校。除由本大学校董会文书委员长高宗山函促该校董即日销假到校外，若再有人逾越范围，不经本大学校董会正式依法公举而滥充校长者，大学校董委员等决议正当之法律手续限制之。

私立青岛大学校董会遂向胶澳商埠局申请4月、5月、6月三个月份的补助费。鉴于"财政奇绌"，已是私立青岛大学顾问的赵琪只批示拨付4月份的费用。

7月31日下午2点，私立青岛大学校董会遵照暂行大纲第13条在本校召开校董会，与会校董19名，会上选举于耀西、赵琪为正副董事长，并检举高宗山伪造校董会印文在外招摇违法的证据，当即公决除名，并声明对高宗山假借校董会名义在外种种行为概不负责。

8月2日，私立青岛大学校董会致函青岛总商会，汇报会议情况。

高宗山被开除，教务长一职很快由林济青接任。林济青上任伊始，请托青岛盐务稽核支所所长李植藩出面，通过胶澳商埠局审计股负责人周淼通融总办赵琪，尽快将温树德任内的欠款补发。

李植藩不辱使命，8月19日，致函周淼：

兹启者 青岛大学自开办以来，迄今已阅数载，教务长林济青君学识优长，教授有方，故学生英文国文等科成绩斐然。所需校费由贵局酌予补助，仰见总办兴学育才之意。台端热心教育，向多赞助，尤所钦佩。兹闻该校因经费竭蹶拟暂停办，青岛夙号开通，大学作为育才之地，似宜继续维持。用特不揣冒昧，敢乞转陈总办，仰准酌发经费，俾资开支，庶诵弦不至中辍，行见莘莘学子群送讴歌，不仅弟感激不已也。

再据林济青兄云，本校自赵总办莅任后，蒙按月发款补助，实深感纫。惟前督办任内尚积欠校费数月，拟请转商将该款补发一部分等语。可否准如所请，并祈卓裁。专此，函恳即请勋祺，惟照不具。

接下来的档案证实，赵琪没有给周森和李植藩面子。因为政局更加动荡，胶澳商埠局入不敷出，拖欠补助费甚于前任，有时甚至连续拖欠5个月。索要无果，私立青岛大学只能靠借贷苦苦支撑，以致债台高筑。

9月8日，私立青岛大学新学期开学。教职员工们返校后，得悉胶澳商埠局仍没有拨付补助费，人心惶惶。校方决策层焦虑不安，以公函形式恳请赵琪在"经费竭蹶、无为难炊之际""即谅苦衷"，先拨付5月份补助费：

敬启者 前上二十六号公函谅已早蒙洞鉴，敝校限于定章业于九月八日上课，唯是开学伊始，需款孔多，如无维持方法即陷停顿之境，种种为难情形前函俱经详陈。我局长提携教育素具热忱，敝校维持尤承鼎办，前蒙贵局月拨千元，校务赖以顺利进行。今时届九月，五月份补助费尚未发给，处此经费竭蹶、无为难炊之际，唯有再向贵局呈请，望即谅苦衷，先于发给本年度五月份补助外，再将六七八三月赐拨，俾使维持而利进行。

公函送达半个多月后，仍不见补助费到账，校长宋传典坐不住了，亲自致函赵琪：

> 敬启者　顷闻青岛各教育机关经费均已领出，惟青岛大学每月由贵局补助一千元，自五月份起尚未发给，本校经费窘迫，待哺孔殷，因特函恳请迅饬该管刻查核照发，以资救济，而利进行，至所感盼。

收到宋传典的信函后，赵琪翌日回复：

> 悉台呈。本埠财政历任积欠甚巨，以致各机关应领经费未能如期照发，殊甚抱歉，并饬科勉将贵校五月份补助费先行筹发。

5月份的补助费在信函飞驰中终于解决了。6月份的补助费如何催要？经过一番思量后，私立青岛大学决策层商定邀请教育局局长陈命凡出面协调。

作为教育局局长，陈命凡自然深知私立青岛大学经济状况之窘困，于是致函赵琪："教育为立国之本，如因此而辍弦诵不亦深负我公提携爱护之本意，谨具函请将本年度六月份补助费迅予拨发。"

两天后，胶澳商埠局给教育局发来第193号指令：

> 呈悉。现时财政奇绌，支应浩繁，实为无款可拨，

一俟稍裕，即行照付，仰即转知。

11月27日，因"外债追逃临门"，加之有"他校之津贴均已发至七月份"的传闻，宋传典再次致函赵琪。

> 青岛大学经费支绌，贵署之补贴费已拖至六月之多，刻因市面金融紧迫，外债追讨临门，难以应付。闻他校之津贴均已发至七月份，青岛大学刻仅领至五月份，同时教育机关，独使该校向隅，未免有失公允。为此，特恳俯念困难情形，将该款即拨下是所切盼，立候示惠。

收悉当日，赵琪即在信函上批示："筹发1000元。"30日，他复函宋传典进行解释。

> 接奉台函诵悉，本埠财政竭蹶，收支不敷，近月以来感受军事影响益形，罗掘俱穷，所有本埠教育经费同一积压，对于贵校绝无有所歧视。兹承台嘱，准予日内筹发一千元，藉应急需，谨先布复，统希谅照并请台安。

现存档案显示，胶澳商埠局在12月上旬支付私立青岛大学6月份的补助费。

12月23日，私立青岛大学致函赵琪，恳求迅将8月、9月、10月、11月、12月五个月份的补助费合并拨发：

敝校自秋季开学迄今数月，一切支出咸由借贷，以致债台高筑，周转不灵，此种情形已经陈明在案。前承贵局将七月份补助费全数拨发，诚属格外提携，敝校不胜感激。惟以年关在迩，讨债者踵门而至，罗掘既穷，应付不暇，再三筹思，惟有恳祈贵局对敝校仍予维持，迅将八、九、十、十一、十二五个月补助费合并拨发，以济燃眉而解倒悬，不独敝校感戴，即数百学子亦受惠实多矣。

接到私立青岛大学的来函后，胶澳商埠局迅速回复：

接准贵校来函内开：以八月至十二月五个月补助费五千元，需如数拨发等因，并附请款凭单五纸到局。准此。查本埠财政局向属收支不敷，近受军事影响，尤形竭蹶，积欠各项经费均难按时发放。所有贵校欠领各月补助费，应即竭力筹措，陆续支拨，以维教育。

胶澳商埠教育局1925—1926年教育发展纪要载："私立青岛大学由前任（高恩洪）组织成立，内分商工、铁路、管理三科，计有学生九十余名，常年经费五万五千余元，前已得有补助费年额一万两千元。"

常年经费5.5万余元，已得年补助费1.2万元，尚有年4.3万余元差额需要学校自行解决，这对私立青岛大学来说无疑是个巨大的"窟窿"，"拆东墙补西墙"，依靠借贷填"窟窿"，校董会的窘迫可想而知。

1926年3月18日，新学期开学在即。因债务累累、教职员薪金数月未发的私立青岛大学不得不寅吃卯粮，呈请总办赵琪给予协调，尽快将本年度5月、6月、7月三个月份的补助费共计3000元提前拨发。

> 敝校经费竭蹶，早为洞鉴。上学期一切支出多系贷借，下学期开学在即，教职员薪金积欠数月，以故债务累累，会计仰屋，罗掘俱穷，应付乏术。兹者山穷水尽，势陷停顿，素念我公热心教育，自当鼎力提携。本年度五月份补助一千元，及六七月份两月两千元望速并行拨发，以资维持，而利进行，无任感盼之至。

是月31日，胶澳商埠局终于筹措资金，给青岛公立、私立各校及通俗图书馆、讲演所发放1925年11月份的经费或补助费，共计8311.25元。

私立青岛大学资金时断时续，熬过了1926年，走过了1927年。其间，为领取补助费，私立青岛大学与胶澳商埠局函件往复频繁，费用支付常常一波三折，大致情况与1925年类似。

因资金严重吃紧，私立青岛大学员工薪水较同类学校偏低。大致情况是：校长月薪350元，校务主任、教务主任和学有专长的教授月薪200元至300元，一般教师月薪100元至200元，教员及职工月薪30元至80元。

在这三年间，私立青岛大学在校生有退学的，也有转入的，最少时80人，最多时达122人（《胶澳商埠行政纪要续编》：1925年私立青大在校生80人，1926年90余人，1927年秋因开设铁路管理专业在校生增至122人）。

补助费中止被迫停办

1928年2月，刘廷琛编著出版《私立青岛大学一览》，书中详细记录了私立青岛大学组织架构、专业课程设置、入学资格、学费、学分、成绩考查以及请假、实习等各种规则。

本校以"研究高深学术发展，思想陶冶性情，养成适用人才"为宗旨，设立校长一人、校务主任、教务主任、庶务、会计、学监、舍监、文牍各一人。

专业：暂设土木工程、铁路管理、商科三科，修业时间均为四年。除本科外，暂设预科，修业三年。

入学资格：新制高级中学毕业或大学预科毕业，持有毕业证书报考本校入学试验及格者；本校预科生肄业满期而考试及格者。

考试科目：本科预科考试科目除国文、中史、中地外，其余各课目均用英文考试。

学费：本科三十一元（包括学费十五元、住宿费六元、杂费三元、试验费一元、预偿费三元、体育费三元），预科二十七元，本科旁听四十五元，预科旁听三十九元，本科补习四十元，预科补习三十七元。

学分：工本科以习满一百八十分为及格，商本科及铁路管理本科学生以习满一百七十四分为及格，预科第一部以习满一百三十七分、第二部以习满一百四十分为及格。

规则与简章：共包括职员会规则、教员会规则、请假规则、教室规则、实验室规则、实习规则、打字室规则、操场规则、食堂规则、试场规则、寄宿舍规则、盥洗室及便所规则、图书室规则、浴室规则、消夏团规则、海水浴场规则、体育会简章、音乐会简章及附则等44章。

3月，南京国民革命军北伐攻入济南。4月，日本海军第二遣外舰队和陆军第六师团以保护侨民为由入侵青岛，并沿胶济铁路西犯入侵济南。5月3日，日军向驻守济南的北伐军发动进攻，残杀中国军民。蒋介石奉行对日退让政策，下令中国军队不准抵抗，致使驻守济南的中国军队被日军缴械，外交部山东交涉专员公署被日军包围，交涉专员蔡公时惨遭杀害。日军在8天中屠杀中国军民6000余人，制造了震惊中外的"济南惨案"。

"济南惨案"发生前后，济南一带的学生避乱转入青岛求学，私立青岛大学学生日益增多，经济不堪重负，"罗掘俱穷"，不得不向总办赵琪告急，请其出面协调由省税项下每月再拨600元补助费。

1929年1月18日，私立青岛大学致函胶澳商埠局总办赵琪：

自济案发生后，吾东全省学校俱受影响，一般青年旷学废业盖已经一年矣。独青岛一隅，僻处海滨，士民安堵，晏然无惊，学校林立，弦诵不辍，中外人士咸比以世外桃源……以敝校而论，学生人数日益增多，良以济省各校分解星散，负笈来此者甚众，而学生成绩亦比往岁为优，此深可庆幸者也。无如经此困难，学款奇绌，省款既不能接济，学生收入原自无几，自六月间势已不能支持，幸得贵局援手，许将旧时积欠按月补领，所以维持到今者，贵局之力也。今则又将告罄矣。预算本年每月开销所差尚多，各方筹划罗掘俱穷，解散既属可惜，开办又无余力，计之复之，不得已仍向我公告急，可否准由省税项下自二月份起，每月按拨六百元以为补助费。

1月26日，宋传典又以私人身份致函赵琪，请其鼎力玉成：

贵局每月补发该校积欠补助，现虽发清无妨，已函恳瑞泉总办准将补发之数为续，青岛大学常年补助每月按一千六百元，如荷下发则该校现状尚可支持。吾兄热心教育，夙所钦佩，对弟此举谅表同情，祈于总办鼎力玉成，俾达目的则感激者不仅弟一人。

2月2日，赵琪回信宋传典报告喜讯："前准该大学函请重以雅命，业蒙由省局收入项下每月补助洋六百元矣。"

一周后，胶澳商埠局复函私立青岛大学，称："省款不能接济，于兹困难，势难支撑，拟请由省税项下拨款补助等情，自属实在，暂准。自本年二月起，每月由本局经省税项拨洋六百元以为补助，贵校经费于每月抄备具钤领赴本局财政科俟发可也。"

胶澳商埠局的复函，令私立青岛大学群情振奋，在宋传典授意下，私立青岛大学致函感谢："拜读之下，全体师生无不感戴。敝校前进之发展，学业之进步，皆贵局热心教育，鼎力维护之所赐也。派本校会计主任宋百原于每月抄备钤领取。"

4月15日，南京国民政府接管青岛，任命陈中孚为接收专员，青岛进入南京国民政府统治时代。私立青岛大学又处在生死存亡的边缘。

26日，私立青岛大学公函第130号向青岛接收专员办公署申请4月份补助费："查敝校三月份省款临时补助费业经具领，兹届四月秒合行缮具收据并派本校会计主任前往具领，希查照核发，实纫公谊。"

青岛接收专员办公署财务科代理科长余畋拿不定主意，30日向接收专员陈中孚请示：

> 案查接管内青岛大学以经费支绌曾经前商埠局核准，自本年二月份起，皆由省税项下每月拨给补助费洋六百元，二三月业经照拨在案。兹据该校来函呈请领四月份补助费等情，应否继续原案照发之处，伏乞代科长转呈专宪批示祗遵。

5月2日，陈中孚在批示中向余畋发问："以后是否省税仍归本署办理？"

当日，余畋呈文答复："卷烟特税、烟酒税、印花税三项业经胶东财政特派员公署陆续接管，本署不再过问，惟该各项税款在经管期间尚有结存之款，业将司法机关四月份接济费由该项结存款下拨付，其五月份以后以函知停止接济在案。兹据私立青岛大学请领四月份补助费可否亦由省税结余项下发给，再五月份停拨以示一律之处未便擅专，合签请鉴核示遵。"

3日，陈中孚批示："四月份仍由省税结余项下照给。"

6日，青岛接收专员办公署致函私立青岛大学：

> 迳复者　案准公函第130号内开，以四月份省款临

时补助费六百元前届应领之期，嘱照核发等因。准此。
查各项省税业经本署胶东财政特派员公署陆续接管，所有在该项税款项下拨付各款已自五月份停止。

自5月份起，青岛接收专员办公署对私立青岛大学停止拨款。失去补助费的私立青岛大学只得停办，在校学生按大学结业处理。

6月3日，著名教育家、曾任北京大学校长的蔡元培莅青，偕眷借住在私立青岛大学女生平房宿舍内（即今中国海洋大学档案馆）。他对青岛优美的环境、宜人的气候倍加赞赏。鉴于军阀割据，战乱频仍，济南是四省通衢，兵家必争之地，而青岛地处东海之滨，战乱较少波及，所以他力主山东省政府将正在着手筹办的国立山东大学迁往青岛。

南京国民政府教育部采纳蔡元培的提议。鉴于青岛已成为直属行政院管辖的特别市，山东省政府便指令将国立山东大学筹委会改为国立青岛大学筹委会，除接收原省立山东大学校产外，还在青岛接收私立青岛大学的校址和校产。

13日，教育部聘请何思源、王近信、赵太侔、彭百川、杜光埙、傅斯年、杨振声、袁家普、蔡元培等9人组成国立青岛大学筹备委员会，并推定何思源为筹委会主任。20日，国立青岛大学筹备委员会在济南召开第一次会议，本省委员何思源、袁家普、赵太侔、王近信、彭百川等5人出席，外省委员未及出席，推选何思源为主席。会议除宣布国立青岛大学筹备委员会正式成立外，还讨论了办学经费来源、大学基金以及筹委会秘书人选等事项。翌日，何思源、赵太侔等即赴青岛接收私立青岛大学校产，29日接收完毕。

7月2日，私立青岛大学印发第137号公函，称"所有一切校产、校舍、账册、图表暨学生名册、器具、书籍等均已于二十九日点交于贵会（注：国立青岛大学筹委会）"。至此，私立青岛大学退出历史舞台。

消失的青岛火车站天桥

以1924年为起点，70年间里，青岛火车站北端、横跨胶济铁路线上曾先后出现三座天桥，分别是1924年10月11日竣工的定安桥（20世纪30年代改称国民桥，1942年3月日本占领军授意拆除）、1947年11月4日竣工的泰云桥（定安桥旧址以南）和1970年4月30日竣工的跃进桥（拆除泰云桥后重建），它们是市区通往西镇的重要人行通道。

1990年，因扩建火车站，跃进桥被拆除。1993年7月，在该桥以北处开挖的"泰云地下通道"启用。至此，三座天桥被写进历史的记忆里。

定安桥（国民桥）

定安桥自1924年10月11日竣工，到1942年2月被列为危桥停用，同年8月拆除，共存在了近18个春秋。

1922年12月10日后，由胶澳商埠督办公署负责青岛城市管理运行，山东省省长熊炳琦兼任胶澳商埠督办。

1924年2月，因抵制北洋政府直鲁豫巡阅使吴佩孚提出的由胶澳商埠督办公署向商家借垫洋50万元，以此作军饷、开拔费、修船费，换取背叛孙中山的温树德率粤海军北归，熊炳琦遭解职，吴佩孚遂保荐其蓬莱老乡高恩洪执掌胶澳商埠。3月18日，大总统曹锟下令特派高恩洪督办胶澳商埠事宜。4月1日，高恩洪赴青岛接任。

"该处（注：西镇）一带商民为数万住民来往市内，走越铁道极为危险，绕越车站又极为不便。"有人请求高恩洪在火车站北端、横跨胶济铁路线建设天桥。曾任交通总长的高洪恩自然知道交通便利之重要，遂令胶澳商埠工程事务所技正实地勘察，认为"诚有筑桥之必要"。

具体是何人向高恩洪建议修建跨胶济铁路天桥，1948年9月1日的《青岛健报》给出答案：聊城人王朝佑。

《青岛铁路分局志（1899—1990）》载："1924年7月，胶澳督办公署、胶济铁路管理局、青岛总商会三方决议，在天津路路口建跨越铁路天桥。"

建设天桥需要资金，而胶澳商埠督办公署早已捉襟见肘。

资金紧缺，督办公署想到了青岛总商会："此项木质天桥所需经费由官商各半分摊，已将此意通知各商遵照。"

《青岛通鉴》载，10月11日，天桥建成，接通云南路与大沽路。该桥长190米，宽4.9米，共21孔，全部为木结构。因该桥由高恩洪拍板建设，其字"定庵"，故取其谐音，名为"定安桥"。

天桥竣工后，督办公署工程事务所致函公署财政科，请其通知青岛总商会速来结算：

> 查定安桥业已竣工，统计全部工料费17934.658元，业已列具决算详细呈报在案，该项经费闻系官商分摊，现在工程已竣，所用一切费用急需开支，相应函请

贵科函知商会，迅将该款尅日解署，以便转发敝所而资结束，即希查照见复。

随后，胶澳督办公署以第1026号公函，致青岛总商会，请其承担一半工料费："前来查该桥早经竣工，急待清算工款，所有贵会所行分担之一部分计洋8967.329元，希速拨交，以便转发给领等因。"

10月24日，青岛总商会呈复督办公署：

奉此，敝会查前次各商筹集桥工款项系在山东银行存储，兹奉前因，除遵谕将应摊桥工一半经费洋8967.329元，由敝会函致山东银行如数拨交钧署。

11月8日，山东银行以第3118号公函，致督办公署财政科：

迳启者　贵科前由敝行所假用之定安桥款，现经总商会如数拨来，即请从速转账，以免尊处利息吃亏，而清手续为荷。

是日，转账完成后，胶澳商埠秘书长袁荣叟、胶澳商埠督办公署财政科致函青岛总商会："为定安桥款由山东银行拨付业经照办。"

在建设天桥"官商各半"中尝到甜头的胶澳督办公署得寸进尺，要求负责定安桥电灯装设的胶澳电汽股份有限公司全部"免单"。已在建桥时被总商会劝捐600元的胶澳电汽股份有限公司怎肯就范？

10月13日，一名叫张慰世的职员给高恩洪送来一份呈文：

> 据工程事务所呈称，天津路口定安桥电灯装设工事费洋494.058元，该电灯系公用性质，且为西岭交通要道，将来西岭一带之装设电灯者必因此桥而增多，是于该公司营业上实不啻于重大利益，此项装设费应否承认全数付给之处，请示遵行，等情。查该桥电灯既属公用性质，装设费可否令其照免抑或全数照复，理合请钧座批示。

在今天读来，"免单"的理由有些牵强甚至可笑——因为定安桥装设路灯，西岭一带装设电灯必将增多，将为胶澳电汽股份有限公司带来重大经济利益。

但这一理由得到了高恩洪的认可。呈文末页，他挥笔写下："宜应减免或减半。"

拿到高恩洪的批示后，工程事务所所长赵蓝田立即致函胶澳电汽股份有限公司："查该桥电灯既属公用性质，装设费一项关系公益，应请免费，以完善举，而维交通。"

面对赵蓝田装设费全免的要求，胶澳电汽股份有限公司拒不接受，遂呈文请高恩洪"体念商艰，将设备费如数发给"。

> 查定安桥虽属公益之建设，然本公司已捐款六百元补助建设之资，所有桥上电灯设备费殊难再为负担。况本公司系纯粹营业性质，电灯材料及人工均有血本关系，尤难承认，务乞钧署体念商艰，将前项设备费如数发给，实为德便。

高恩洪阅后，或认为言之有理，或动了恻隐之心，于是郑重批示："如数照发，以示体恤。"

《胶澳志》大事记中如是记述："台西镇与市内之交通，因有青岛车站互于其中，往来者必须绕越车站南端之费县路或小港沿北端之莘县路，至为不便，故高恩洪创建此桥，于莘费两路之间，自大沽路通云南路辟一新道，交通大为利便，台西一隅日有起色。"

1929年4月15日，随着北伐胜利，南京国民政府接管青岛，一些有"北洋"色彩的东西开始被清除——带有高恩洪个人印记的"定安桥"更名为"国民桥"。

桥名虽改，但青岛民间还是不忘高恩洪的业绩。1942年，台西镇商会代表曾如是记述：

> 吾西镇一区经胶济铁路中断之后，幸有高公恩洪鉴及与青市前途发展考问乃倡建定安桥，此为民国十三年也。该桥落成后，青市商民莫不歌功颂德，感戴高公之卓见伟举，至今念念不忘，缘因此桥定基之后，非但商民得蒙便利之惠，而逐年亦可免除数十市民葬身车轮……

而这一时期，青岛本埠报纸是这样记载国民桥的："该桥原建于高恩洪时代，原名定安大桥，桥身通体木质，长662英尺，两端桥头以沙石筑坡面，与路面相衔接。东连马路四条，计有天津、北京、大沽、肥城各路，两端直达西岭云南干路，为本市中心与台西镇唯一往还要冲。因桥下贯通胶济铁路，故桥上只限于行人及人力车。"

横跨胶济线的定安桥让台西居民出行安全便捷，但其弊端显而易见："每当桥下蒸汽式机车喷着汽雾从桥底通过时，桥上行人避之不迭……"

定安桥（国民桥）毕竟是一座露天木质桥，常年经风吹雨淋日晒，加之时局动荡、日寇侵占等失于维护，到1940年时已是千疮百孔、骨架受损，沦为危桥。

青岛本埠报纸记述，国民桥年久失修，且桥身又系木质，1940年夏频遭风雨灾害，桥身略现倾斜，伪市警察局深恐有危险发生，遂令饬桥上禁止行人逗留乘凉，以免增加重量，发生倒塌事故。

1941年入夏后，青岛阴雨连绵，该桥梁柱已朽，经不住风雨侵蚀，8月20日晚8时25分，桥中央忽然向下陷落，一时行人大惊，相向两旁退下。约二分钟后，桥中央三孔完全塌下，所幸未伤及行人。定安桥塌陷后，胶济铁路局立即赶派工人清除完毕，胶济线火车通行无阻；伪市警察局则函知伪市建设局，速勘查修建，以利交通。

因"修理则耗费巨款"，定安桥修缮迟迟不见行动。1942年2月，桥两端出入口被封堵。日本占领军、青岛停车场司令官樱井麟次郎见状，遂以"妨碍防谍及警备"为由，授意伪市政府拆除。

1942年3月19日，樱井麟次郎以"青岛停司第40号"函，致伪青岛特别市市长赵琪：

> 迳启者　兹因在青岛车站境内架设之定安桥，对于防谍及警备上障碍极多，且目下因有危险已禁止通行，为此函请贵署务希速为撤去，如决定撤去并将撤除日期

预为示复为荷。至于桐第4271部队及日本宪兵队青岛
队业已联络完竣。

从信函中不难看出，樱井麟次郎对拆除国民桥绝非一时心
血来潮，而是有所预谋——他已替伪青岛市政府向相关部队、
宪兵队打了招呼，并提出将拆桥日期提前告知，明显的先入为
主，牵着伪市政府的鼻子走。

日本占领军提出书面要求，作为傀儡市长、仰日本人鼻息
的赵琪岂敢不从？他立即以第1413号训令，让伪建设局牵头，
会同伪警察局办理。

案准青岛停车场司令官青岛停司第四十号函请撤去
定安桥等因，准此。合行抄发原函并译文令仰该局会同
警察局，迅为核议呈复，以凭办理为要。

在令伪建设局、伪警察局着手拆桥事宜后，4月4日，伪青
岛市政府以1414号公函，致日本兴亚院华北联络部青岛出张
所，报告"撤去青岛站境内之架设定安桥"。

5月6日，兴亚院青岛出张所回复赵琪："关于撤去青岛站
境内架设定安桥一项，就防谍及保安各情形观察，实为军方之
希望，务希贵署速为撤去。至于陆海军方面，现已联络完竣。
关于撤去日期有与各机关联络之必要，务祈决定后将日期函示
为荷。"

接到第1413号训令后，伪警察局局长傅鑫呈复赵琪。呈文
中，傅鑫无视台西镇一带民众因桥封而绕行的苦衷，轻描淡写
"亦不过行人多走几步而已"，"如予以拆除，于交通尚无甚

窒碍"，并称"停车场司令官提议拆除该桥不无见地"。

此桥近因日久失修，诸多破坏（栏杆破坏数处），深恐发生危险，业将该桥两端堵塞，禁止通行，并经建设局核议修理，有案在此。桥堵塞期间，经职局调查，所有市民来往则均由费县路或山西路、河北路登陆铁路桥洞绕行，交通虽少感不便，亦不过行人多走几步而已，且桥面积狭窄，仅能容纳行人，车马则难通过。况车站境内防谍警备事关治安，尤属重要，停车场司令官提议拆除该桥不无见地。

如同一丘之貉，伪建设局局长姚文尉在呈复赵琪时称，"权衡重轻，自以拆除为宜"。

奉此，查定安桥之建筑原为联络西镇区与海滨区之重要交通，无如因袭木质建筑，经过十七八年之风雨剥蚀，现在磨损甚巨。为免危险起见，早经禁止通行，修理则耗费巨款，处理此桥非修即拆，长此搁置，断乎不可……惟是既承青岛停车场司令官认为对于防谍及警备上障碍极多，有拆除之必要，权衡重轻，自以拆除为宜。

封堵定安桥不仅不修缮，而且还要拆除，台西一带民众闻听此消息后，纷纷来到台西镇商会，动员会长刘子儒等出面，呈文伪建设局、伪警察局和伪市长赵琪，恳乞修理，以利交通而便商民。

　　本年二月间，突然禁止通行，谅系小有损毁。但在此区区数十日禁止通行期间，吾西镇全区十万商民即有市乡之感，致使向称绝美之青岛市骤然缺陷，商民到会一再声请，转恳钧署俯赐修理。伏维我市长向抱爱民护商之热忱，更值大青岛计划发展之初期，对于恳乞修理国民桥，以利交通而便商民之请求定能早期实现，如此不独市民利赖即，青市前途亦庆幸无极矣。所有恳乞修理国民桥，以利交通各缘由，理合具文呈请钧署俯赐恩准，不胜屏营，翘企盼祷之至。

　　日军要拆桥，台西民众则吁请修缮通行，伪警察局局长傅鑫犯难了，便请示赵琪："嗣奉钧署训令，以准青岛停车场司令官函，为便利车站境内防谍警备计，嘱撤除该桥。兹据刘子儒等人呈请放开该桥，以利交通，究竟应如何办理之处，理合备文呈请，伏乞鉴核，指令祗遵。"

　　4月13日，赵琪以青岛特别市第2056号指令，令姚文蔚、傅鑫：一、拟具拆除计划、拆除日期迅予呈署，以核便向关系方面联络；二、该桥为西镇与市内交通要路，拆除自不能隔断交通，应由建设局推测台西镇将来发展情势，拟具适度规模之地下道建设计划，呈复致署，以凭核夺。

　　姚文蔚奉令行事，迅速将赵琪要求落到实处。

　　奉此，遵经饬由主管科股核办去后，兹据土木科转呈工程股股长桥本兴雄签称，查国民桥原系建设于铁路之上，与铁路交通运输有密切关系，若拆除施工时，似应与铁路主管机关方面协商，因之与华北交通会社工务段接洽，该桥拆除工程恐波及铁路交通运输事业，若在工作中万一发生事故责任，诚为重大，应加以相当考虑，该工务段对此拆除工程希望自负责任，将该工程委托交通会社办理……前来查所称各节确系实情，自应照办。准转函华北交通会社办理，以期妥慎，实为公便。

以上呈文显示，日本华北交通会社工务段故意夸大拆桥风险，并以"恐波及铁路交通运输事业"相要挟，以此承揽拆除活计。

阅览姚文蔚呈文后，赵琪批示："该项工程委托华北交通会社负责办理自无不可，惟拆除预算及拆除后废料处置，应如何规定办法，原呈文俱未述明。又开工竣工日期，亦须事先规定，统仰该局于文到三日内，妥与该公司联络呈复到署，以凭核夺。又地下道之建筑计划并应迅速拟呈，勿延为要。"

对赵琪批示中的要求，姚文蔚一一回复。

拆除预算及拆后废料处置。经与华北交通会社青岛工务段段长交涉，该桥拆除工程费概算共需7983元，如将拆桥所得材料按现市价估算约值5700多元，尚缺2193元。若由军方命令华北交通会社施行，且拆除所得材料无偿交付对方，市公署可不担负任何费用。

关于工程时间，自开工之日起，约需20日即可完全拆除。

关于建筑地下通道计划，已饬令本局设计股迅速办理，另行呈复。

呈文末，姚文蔚建议赵琪派员与日本军方交涉，争取军方下令由华北交通会社负责拆桥。如此这般，"本署即可不负任何费用，而达施工之目的"。

最终，赵琪采纳姚文蔚的建议，7月6日，他以伪青岛市政府第2881号公函，致兴亚院华北联络部青岛出张所所长，请其"向日本军方面接洽，命令华北交通会社予以撤除，并将施工及竣工日期见示为荷"。

就这样，在颟顸跋扈的日寇与奴颜婢膝的伪政府勾结下，定安桥消失了。

泰云桥

定安桥拆了，伪青岛市政府规划的地下通道直至抗战胜利时也未见影儿。

"胜利后，市民咸感定安桥的重要性。"1947年6月，台西区参议员在市参议会上建言市政府，迅速予以修建。市政府允准，即令市工务局负责测绘、估价、招标。7月5日开标时，"惟是日开标结果均超原预算甚巨"，特依章规定最高标价以4亿元为限，重新进行投标，同盛营造厂等6家建设单位竞标。

7月10日，在市工务局会议室，泰云路木便桥工程再次当众开标，山东审计处派员会同检标。孰料，四家投标营造厂弃权，达不到"开标时须有半数（三家）以上方够法定数目"的要求，只剩下两家不能实行开标手续。后经山东审计处和市政府会计处会商，以比价方式决定承标人，结果同盛营造厂以3.92244亿元最低标价获得承建该项工程权，市工务局遂与其签订修建合同。按照合同约定，同盛营造厂应在三日内开工，但因所需木料青岛市缺乏，须由该厂赴福州等地采购，待木料购齐即可正式开工。

7月13日，《平民报》以《泰安路木桥正在采购木料　短期内可望动工》为题，报道泰云桥建设进程。

11月3日，《青岛公民报》刊登《泰云桥竣工　市内西镇交通称便》一文：

> 国民桥旧址迤南，泰安云南两路间之木桥全部工程
> 告竣，市内与西镇交通已重获恢复往日之便利。该桥将
> 命名为"泰云桥"，刻正呈市府核示中。

和定安桥一样，泰云桥也是木质天桥。不过，其质量远不
如前者。《平民报》对此留有记录：

> 泰云桥骨骼却不及国民桥来得强壮、结实，行走其
> 上，吱吱作响，像是悲哀的呻吟。

泰云桥"骨骼不结实"为20年后再遭拆除埋下了伏笔。

主持泰云桥设计及修建的市工务局技正王兴仁，向青岛各
报记者畅谈泰云桥重建背景以及选择木制的原因：

> 该桥关系市内与西镇交通至巨，复员建设此为刻不
> 容缓者，故工务局对此甚为注意，列为三十六年度中心
> 工作。本人初奉张益瑶局长之命，主持该桥设计工作，
> 就青岛都市计划中车站位置及目前经济环境详加考虑比
> 较，以暂作半永久性之木桥为宜。

在抗战复员建设时期"经济穷劣情形下"，建设这座半永
久性的木桥，政府部门也颇感吃力，他们先后向胶济铁路局、
善后救济总署鲁青分署"化缘"，前者"拨给废钢轨为该桥计

泰云桥

划中之顺梁"，后者"以工赈方式协助面粉四百大袋"，促使该桥顺利完成。

泰云桥竣工了，与民众的兴奋相左，媒体则为经济凋敝、时局动荡而忧思。

《平民报》如是写道："但到泰云桥中间最高处，俯视、左顾右盼后，就有今昔沧桑之感。马路两侧店铺不再繁荣，桥下的火车少了，难胞们的呼号取代了负货工人的壮歌。"

11月4日，泰云桥正式开通，"而今自晨至夕，又是行人络绎，熙熙攘攘"。

市工务局以"木便桥系临时建筑，则国民桥之名称，未便沿用，即以两马路泰安路、云南路取名，命名为泰云桥，以示区别"。

泰云桥开通后，时有马车、货车通行，负责管理交通的市警察局担心长此下去桥梁承受不住，遂于11月15日以（户）字第1762号公函致市工务局咨询。17日，工务局局长张益瑶回复：“该桥只准同行自行车、人力车（洋车），其余马车、货车及汽车等应绝对禁止通行。”

得到市工务局明确答复后，市警察局以“少数行人在泰云桥上斗殴或载运笨重物品，以致有伤桥面”为由，在桥两端设立牌示：1. 禁止车马通行（除自行车、空人力车）；2. 禁止携带危险物品通行；3. 禁止任意抛弃果皮等废物；4. 禁止置放笨重物品。如有违者，一律严办。

马车、货车桥上行得以明令禁止，但日益拥挤的人流一个半月后已使杉木、松木铺就的桥面板受到严重磨损。无奈之下，市工务局呈文市政府，请求将桥面改铺柏油。

泰云桥自开通放行以来，至今已一个半月。经调查所得，平均每小时来往八百六十九人（自行车及人力车在外），行人非常拥挤，行动迟缓，若到春暖事忙之时，拥挤之状更不堪睹矣。人行迟缓，足与地之摩擦机会愈多，桥面板原为杉松铺成，经一个半月之摩擦，已现露相当损耗。故为防止计，拟请改铺柏油桥面，是否有当，签呈鉴核。

行人拥挤、行走迟缓让管理部门头痛不已，更有甚者，有人在桥面设摊卖烟酒。

1948年3月11日，市工务局致函市警察局局长黄佑，请其“饬属严予禁止”：

泰云桥为市中去往西镇交通要道，开通以来，行人甚繁，每分钟约有七八十人，近有烟糖小贩在桥上设

摊，不惟妨碍交通，且易发生危险，拟请贵局饬属严予
禁止，以利行人，而维安全，相应函达烦请查照，予以
办理。

收到信函后，市警察局迅速回应：泰云桥上禁止设摊，禁
止叫卖；行人过桥应迅速通过。并通过报纸，广而告之。

1949年6月2日，青岛解放。

1955年4月11日，市政府建设局决定对泰云桥修补加固。此
时的泰云桥因长期失修，"柱廊、桥面板、栏杆等已有腐烂损
坏现象，油漆也开始脱落"。

修补工程计划于5月13日完工，负责施工的第一道路工区职
工为喜迎"五一"国际劳动节，决定开展劳动竞赛，最终在4月
30日下午5时30分全部完工。

20世纪80年代的青
岛火车站天桥

《青岛日报》以《实现了节前完成泰云桥修补工程的诺言》为题，报道火热的施工现场：

> 在讨论高空作业时，原计划用吊板高空作业，既不安全，又不方便。因为这座桥处在交通要道上，妨碍机车来往。后来，职工们选用吊架施工，吊架可以随时起落或移动，既不妨碍机车通行，同时又加快施工速度。原计划4月23日完成五个主要桥孔修补工作，到4月20日就提前完成。
>
> 接着，职工们开展劳动竞赛，挑架刷柏油工作计划每工15平方公尺，实际达到了35平方公尺。4月28日除桥下半部工程结束外，桥上照明电线修补好，并进行桥面修补和刷油漆……

跃进桥

1968年11月，青岛市政工程管理处工程队拆除泰云桥，在西接云南路、广州路，东接济南路、北京路、天津路、大沽路、肥城路、泰安路等6个路口处，开工建设横跨胶济铁路、西镇至市区的人行天桥。

该桥结构形式为桥梁工人首创的钢筋混凝土双曲拱桥，具有中国独特风格和民族特色。桥身3孔，桥长132.24米，宽5.38米，主拱圆净跨52米，横跨6条铁路线，边拱圆跨15.38米，人均设计荷载每平方米350公斤。上部构造为：主孔采用等截面悬链线，边孔采用等截面圆弧线双曲拱；下部构造为：石砌重力桥台，两边孔桥台基础采用混凝土灌注桩。

1970年4月30日，这座大型双曲拱桥建成，名曰"跃进桥"，工程决算为28.70万元。

5月1日，《青岛日报》以《青岛首座大型双曲拱桥——"跃进桥"建成》为题进行报道。不久，作为标志性建筑，"跃进桥"被国营青岛卷烟厂注册为商标，蓝色图案、红底金字"跃进桥香烟"一时畅销青岛及周边地区。

1980年代末，因胶济铁路复线建设和青岛火车站扩建工程之需，"跃进桥"被拆除。取而代之的泰云地下通道于1990年1月18日开工，1992年12月25日竣工。由于治安、管理等问题一直得不到妥善解决，迟迟未能开通，给附近居民出行带来极大不便，有的市民每天提心吊胆地往来跨越铁路线。

1993年7月24日，泰云地下通道通过青岛市重点工程指挥部等部门验收，25日正式开通。

1997年12月上旬，泰云地下通道泰安路出口处顶部出现严重漏水，大量污水流入通道内，积水将整个通道路面封住，行人临时用砖头铺路，才得以勉强通过。经查，渗漏热水管道属于铁路部门管理，由于铁路方两部门责任不清，渗漏问题迟迟得不到解决。

1998年1月3日，市南区城管、公安等部门联手对泰云地下通道进行为期半月的专项治理，取缔长期占据通道的大量非法摊点。在此项治理活动中，青铁机务段解决了通道渗水问题。

2004年7月15日至30日，因胶济铁路电气化改造，泰云地下通道暂时关闭。

为满足作为2008年奥运会分会场的要求，2006年11月20日零时，青岛火车站正式停用，青岛客站改造工程随即启动。

2007年6月20日，青岛火车站改造工程泰云地道开工，施工单位克服地质复杂、地下管线多、施工场地窄小、周围施工环境差等困难，通过采用挖空桩防护、铆固喷浆、钢轨防滑桩等多项防流砂措施，连续奋战4个月，按期完成施工任务。

2007年11月12日上午11时30分，泰云地道正式启用。根据青岛火车站长线方案，青岛火车站改建为6站台10股到发线，泰云地道向云南路方向接长31米，并拆除原直通式出口，新建侧通式出口。

万余市民追悼孙中山先生

1925年3月12日上午9时30分，中华民国与中国国民党的缔造者孙中山先生因患肝癌医治无效，在北京逝世。

孙中山先生逝世后，各地国民党组织广泛发动和组织群众，举行一系列悼念活动。据葬事筹备处统计，3月至5月间，30多个大中城市及许多县城举行了各种形式的追悼大会。

或许是12年前青岛之行缘故，青岛民众追悼孙中山活动轰轰烈烈。媒体评论称："实为1922年12月10日接收青岛后破天荒之胜事。""此次追悼会为接收二年来空前之大会也。"

"人山人海""几无隙地"

为举办追悼孙中山先生大会，"以伸哀意"，3月23日，青岛市各界发起设立青岛市民追悼孙中山先生大会筹备处。翌日起，该筹备处致函驻青机构、单位，请其选派代表参加筹备工作，并提供挽联、祭品。兹抄录筹备处致青岛警察厅的公函：

> 敬启者　前临时大总统、共和元勋孙中山先生逝世，中外震悼。本埠亟应筹开追悼大会，以伸哀意，昨经各界同仁发起，设立筹备处于湖南路西首中国青年

会，公推筹备员着手进行。特此函达，即请贵厅选派代
表参加筹备，无任感荷。如有挽联、祭品并希于4月5日
以前迳交敝处收存备用。

4月6日，《中国青岛报》在八版发布"青岛市民追悼孙中
山先生大会筹备处"通告：

　　青岛市民追悼孙中山先生大会定于四月十日上午十
时假齐燕会馆举行，凡我中外各界同仁届时务希早临，
共襄盛事。如有挽联、花圈及其他祭品，请于四月八
日以前送交湖南路西首中国青年会内，敝处收存备用为
荷。

追悼大会日期临近，"筹备员即已开始奔走，竭力张罗，
布置极为周详"。

10日，《中国青岛报》在本埠新闻栏显眼位置刊发《今日
市民追悼孙中山》："追悼大会定于今日上午十时在齐燕会馆
举行，闻本埠军政长官及各机关各团体领袖均齐，外侨亦加
入，日美领事亦到，日领事并送祭文、挽联、挽幛等，各团体
各学校均放假入会，军政商学各界亦一律下半旗。"

10日一早，市民追悼孙中山先生大会筹备处又发出通知，
要求："凡在青岛的人，不论中外男女，请都赶快到会。我青
岛各界全人，届时想必踊跃加入，参与盛会，一则表示哀悼中
国国家元首之意，亦可藉以增加国际光荣。"

该通知还详细地介绍了追悼会现场的布局等：

该会筹备处所收挽联至昨晚止，已有数百幅，除本督坐办王司令及其他各机关团体领袖或个人所送外，并有外侨送者数十幅，一律悬挂会场。该会场西辕门适当要冲，高扎松坊，上有"悼念孙中山先生大会"字样，系松边白布圈制，每字三尺见方，并悬"三民主义"匾，两旁是乡民公会挽联。门内北边设招待室，又东辕门悬"五权宪法"匾。场之中靠北向南设祭堂，堂门上悬"普天同哀"四字，两边悬市民追悼大会挽联，语为："乃圣乃神乃武乃文出乎其类拨乎其萃；自东自西自南自北就之如日望之如云。"又堂内置孙中山先生遗像，供以鲜果花圈等，场中挽联边挂，几无隙地。场之东旁高地上设演说台，台后设架，上书开会秩序。又该会筹备处已制有纪念片，以便届时分赠与会人员。该片一面即中山先生，一面即中山先生主义，并有中山先生传略、遗嘱等印刷品。此外，其他团体亦有印送宣传品者，共计十余种。至与会各团体并自备黑纱缠臂，表示哀悼云。

11日，《中国青岛报》在本埠新闻栏显眼位置刊发《市民追悼孙中山先生之胜况》，称"当时人山人海，会场几无隙地，可见青岛市民对孙中山先生之热忱"。

青岛市民追悼孙中山大会之日，会场设在馆陶路齐燕会馆，门前高扎松坊，大厅悬中山遗像，并列花圈、鲜果等祭品，当时前往追悼者，左臂裹黑色布，络绎不绝，有各校学生、机关职员及士农工商各界均有代表。

是日十时，振铃开会。首由青岛市民会长酆洗元君报告开会宗旨，继奏雅乐、献花，私立济众医院院长李筱坡读追悼文，日领事堀内谦介、青岛大学刘次萧、杨湘浦等诸君读追悼文，青岛大学学生唱追悼歌，青岛时报主任高春如君通告会场全体人员向孙中山遗像行三鞠躬礼，再奏军乐。继由农林事务所李可良君、高春如君、鲁佛民君，四方工会代表，女界联合会代表李淑芳女士，电话局女子进德会代表任女士，督署梅翻译等相继演说，言辞慷慨，淋漓尽致，对追悼先生之感情和盘捧出。当时鼓掌之声如雷，不绝于耳。当演说时，即由华德泰照相馆——照相，以作纪念。

至十一时四十五分，振铃散会。

《中国青岛报》还刊载了胶澳通信社的报道，两篇稿件大体相同，详略有别。

开会正当时间为上午十点，至九时四十分，齐燕会馆内外已无隙地，可见市民同心，中外俱烈。约略算之，总在万人左右，实为青岛接收后破天荒之胜事。

十时振铃开会，首由筹备主任报告宗旨，次则各国领事相继演说，我国官厅首领除高坐办尚有三四人登台演说，公民团体演说之最为痛快淋漓、句句动人者为私立济众医院院长李筱坡，大意不外述中山先生一生之事迹、一生之主义、我等市民追悼之心理、国人之钦佩，最后希望继续先生未能达到目的之主张。

追悼会现场"极大的不痛快"

青岛民众追悼孙中山，虽"实为青岛接收后破天荒之胜事"，但观察者们还是感觉到了"极大的不痛快"。

11日，《中国青岛报》二版头题刊登署名"青人"的评论文章——《昨日追悼会上的感触》。文中称："记者参加昨日追悼会的意思，不是仅为追悼孙中山而往，却想藉此机会观察民众心理和民众对于孙中山先生的感想。结果，记者感觉极大的不痛快，为社会民众进步计，不得不提出来报告给大家。"

接下来，记者列举种种致"极大的不痛快"的因素，诸如参加的人很不纯粹，学生占多数，有充数之嫌，各机关和其他团体的均占少数；有些言论纯粹是看热闹的性质，拿民众心理依附在割据军阀身上，全不思伟人的荣辱等。

当然，大多数青岛民众心里对孙中山先生是充满爱戴的。

青岛筹备和追悼孙中山大会期间，一些单位和个人纷纷撰写挽联。《中国青岛报》在七版副刊《消闲录》上择优刊登，并连载刊发唐尧钦撰写的《哀孙中山先生文》。

11日，《中国青岛报》刊登青岛新学生社为孙中山逝世敬告青岛青年学生的来信。这封600多字的信件可视为孙中山逝世后，青年学生群体团结一致继承先生遗志的表态。

　　全国被压迫的青年同学们尤起（其）是青岛的青年同学们，中山先生对于我们多么有望、多么推重，我们应如何起来奋斗，把救国的担子担在肩上……继续先生事业而努力奋斗，比追悼先生更为重要。我们觉得先生死后，我们所负的责任越发加重，我们青岛的青年学生，应联合起全国的青年学生及一切被压迫的民众，共同继续先生事业而努力奋斗，以达到我们最后之胜利。

信的末尾附有口号："打倒帝国主义，推翻军阀；中山虽死，而他的主义和精神不绝；全中国被压迫的青年学生团结一致奋斗万岁。"

4月11日，青岛市民追悼孙中山先生大会筹备处登报致谢中外各界：

今天本会承各友邦领事及各友邦侨民到场追悼我们中华民国的孙中山先生，本会谨代表青岛全市中华民国人民敬致谢意。

本会自筹备以来，承本埠海陆军及各长官赞助进行，本会谨代表青岛市民全体敬致谢意。

至此，青岛市民追悼孙中山先生活动结束。

1929年4月15日，随着南京国民政府接收青岛，胶澳商埠局更名为青岛接收专员公署。为纪念革命先驱孙中山先生，5月22日，青岛接收专员公署发布训令，将第一公园改名为中山公园，将原山东路改名为中山路。

"现德丸" 沉船始末

1927年9月17日下午2时，黄岛以东、青岛小港口外10余海里处，一艘名为"现德丸"的木质客轮摇摇晃晃，艰难行驶……

突然，木船停滞，船身倾斜、下沉，船上传来一片哭喊声……

"贪利重载" "不顾人命"

一艘名为"运发诚"的商船听到"现德丸"上撕心裂肺的呼救后，立即报告胶澳商埠局水上警察厅第一署小港分所。接报后，20多名水警搭乘"运发诚"前往施救，至事发地点时，"现德丸"船体已沉入水中，仅露出舵楼，美海军舰艇及附近商船见状亦赶来搭救，当场救出100余人，打捞尸体20具，其余乘客或漂流海里，或溺毙舱内。最后，"现德丸"轮被拖至小港口内。

水上警察厅扣押"现德丸"船长监谷长荣、轮机长川端利吉（均为日侨）。两人供称，"现德丸"由红石崖载客来青岛，有持船票的乘客250人、无票孩童100余名，载重逾量，船底漏水，遭遇险情。

获救者告诉水警："我等初次上船已300余人，后有舢板追呼，'现德丸'船长见客心喜，尽数载来，中途，船忽然进水……"

水警将119名获救者安置在青岛客栈公会，随后而来的日本驻青总领事馆人员将监谷长荣、川端利吉具文保去。

水上警察厅进一步调查得知，"现德丸"专门往来于青岛、红石崖、塔埠头、灵山卫四处，以搭载乘客为业，船主为日本人仓谷普吉，船上有日籍船员、华人船员各2人，船票代售点为吴淞路日商中村组。该船为木质构造，使用煤油发动机，总吨位19吨，登记吨位10吨，海关限制只准载客150人，已年久失修，船底有漏孔，此次搭载应在400人以上。灾难发生后，共救出121人（含船长、轮机长），已打捞出尸体158具。

溺毙158人，尚有下落不明者在打捞——"似此莫大惨剧，俱系该船长贪利重载，不顾人命所致"，水上警察厅与青岛客栈公会会长邢元汾、钟毓祥等悲愤难已，遂将"现德丸"肇事情形呈报胶澳商埠局，请予"严重交涉，以重人命"。

"现德丸"超载沉没时，胶澳商埠局总办赵琪尚在省府济南列席财政会议，并有重要公事准备与督军张宗昌、代省长林宪祖接洽。闻听发生重大灾难后，"遂急急于皓（注：19日）晨抵青"。

实际上，早在18日下午1时，胶澳商埠局就以总办赵琪的名义致电省府，报告沉船灾难：

> 日轮现德丸十七日下午一时，由红石崖装载男女老幼三百余口开赴本埠，行至黄岛，因船主贪图厚利，载重逾量，以致沉没。当经设法搭救，未被淹毙者百余

人，落水者约二百人，各难民现在小港设法收容，抢天呼地，惨不忍闻。该船主仓谷普吉如此草菅人命，除向日领事严重交涉并将已救出难民妥为安置外，仅先电陈。

接悉电文后，省督军张宗昌立即以"特急"形式电复：

巧电悉。 日轮贪利重载逾量，致遭沉没，溺毙乘客，责在该轮，应即严重交涉。对于被难者，务令从优抚恤，以重人命，而儆贪顽，一面仍由该局妥为设法安置，极力救济为要，特复知照。

19日上午，由济南抵达青岛后，赵琪径直赶往胶澳商埠局办公室，详细询问"现德丸"轮肇事经过，认为"日轮贪图厚利，草菅人命，无任恻恻，非严重交涉，不足以安亡魂"。

日驻青总领事矢田部保吉探知赵琪返青，当日下午3时即来胶澳商埠局求见、道歉，"并报告已将该船主及轮机长管押办法，并拟将该轮拍卖，所得价款悉数赈济被祸难人"。

少顷，日本居留民团、日青岛海事协会负责人也赶至胶澳商埠局求见赵琪道歉，表示"亦愿发赈"。

日本人告辞后，赵琪"怒气稍平"，便召集胶澳商埠局警察厅厅长、港务局局长、秘书长、财政科科长等人携带现洋，分乘汽车赶至灾民临时安置点——大港第六号仓库，逐一抚慰，并向获救者和死者家属每人发放现洋5元。对于已打捞上来的尸体，赵琪等人决定逐一赠送棺材，入殓后掩埋于湖岛，并拍照作记号，以便认领。

近下午5时，赵琪回到胶澳商埠局后派人联络各剧团演剧筹款助赈，商讨举办赈济大会。一切安排妥当，赵琪致电督军张宗昌、代省长林宪祖，报告"现德丸"事件处理经过：

> 巧电奉悉。经与日使署严重交涉，顷据日领来局声称，已将现德丸船长、轮机长管押，依法判罪，并拟将该轮拍卖，所得价款悉数赈济被灾雁民等语。日本居留民团及海事协会亦来表示设法救济。琪躬往肇事地点及被难灾民收容所，分别查视抚慰，并拟演戏救赈。再现由水内救出男女老幼一百一十九口，捞出尸体一百五十八口，尚有不知下落者，现正设法打捞。除分别妥为安置赠棺装殓，尸此附陈。

对"现德丸"沉没这一重大灾难，《胶澳志》的记述是："现德丸"号原由海关限制只准载客150人，迩来红石崖一带集有赴关东难民甚多，争欲上船过青赴东，船长贪载，违章多至400余人，孩童暨行李重量尚难稽考。驶至小港口外10余里，全船沉溺，现场救出男女121名，先后捞获大小男尸92具，大小女尸99具，漂沉无踪者不可胜计。

"现德丸"沉没究竟致多少人死亡？胶澳商埠水上警察署最终统计："淹死者共245人。"

"募集捐款，救灾恤怜"

9月21日，驻青胶东防守司令祝祥本、海军第一舰队司令沈鸿烈与胶澳商埠局总办赵琪、青岛总商会会长隋石卿商定，倡议各界为"现德丸"灾民募捐。据此，9月23日、24日、25日，每晚7时起在新新大舞台（位于今平度路）义演，座席分一等、二等，票价分别为二元、一元，所收募款悉数赈济灾民。新新大舞台除邀请名伶演唱外，还敦请票友出演名剧，并安排魔术、大鼓等表演项目。

看到青岛各界为"现德丸"灾民募捐，寓居青岛的日本各组织也效仿起来。

22日，日青岛海事协会、青岛居留民团等5家单位联名发布为"现德丸"难民捐款启事。翌日，创刊于1915年1月25日日本人投资的报纸——《青岛新报》在显眼位置刊登募集吊慰"现德丸"难民捐款启事。

"现德丸"超载沉没获救者中，不少人拟来青岛中转闯关东。对于"将来过境赴关东之难民"，胶澳商埠局谕令政记轮船公司，由其电报调拨轮船前来小港口轮流低价运送。同时，制定船舶限制载客规则。

据查，1927年，山东一带军阀混战，加之旱灾、蝗灾并发，灾区遍及56个县，占全省面积的60%；灾民达2086万人，占全省总人口一半以上。为寻求生存，大批农民弃田抛宅，逃荒东北。胶济铁路调查报告统计，1927年，平均每天从青岛前往东北的农民有3000人左右，"诚可谓惊人之数目"。是年，山东闯关东者多达84万人。

"惩办船长，赔偿损失"

日轮"现德丸"违章造成重大灾难，惩凶、索赔顺理成章。为此，胶澳商埠局与日驻青总领事馆进行一轮又一轮的交涉。但最终结果是，狡黠的日方以"业务上过失致人死亡"，判处船长监谷长荣无罪。

9月21日，在将"现德丸"轮严重超员致沉没事实调查清楚后，胶澳商埠局致函日本驻青总领事馆，"请惩办现德丸船长等及赔偿损失"。

据此查，贵国商轮现德丸即已年久失修，航行本属危险，该监谷长荣身为船长不知人命重大，竟敢蔑视定章，滥载乘客至超过客额二倍以上，以致中途沉没，使我国二百余名无辜之人命、可怜之孩童俱死于非命。该船长罪有应得，责无旁贷，其应受法律之处分固属毫无疑义，而现在死者埋葬生者抚恤所需费用，该船长亦不能辞其责。应请贵总领事将该船长等依法从严治罪，并责令赔偿此次肇事我国所有之损失，以昭烱诚，而示大公。除关于贵国商轮嗣后应如何严行取缔另行照会外，相应函达即希查照办理并迅速见复为荷。

27日，面对措辞严厉的胶澳商埠局第249号《公函日领事请惩办现德丸船长等及赔偿损失由》，日驻青副领事川南面见赵琪，称："对于此案负责任者，正按司法手续审理，并船主业已宣言，愿意尽全力表示诚意吊慰遭难者，本国及本埠本国侨民正在募集义捐。"

10月3日，鉴于日方处理"现德丸"事件没有实际行动，胶澳商埠局再次送达《公函日领事对于处分现德丸情形请速见复由》，质问日驻青总领事馆，应负责任之船主等如何严加处分、如何责令赔偿。

查本案淹毙难民二百数十余名之多，凡有血气无分国籍莫不同深惨痛，贵馆既按司法手续审理，究竟现已进行至何等程序、所有应负责任之船主等如何严加处分、如何责令赔偿？时逾半月，来函并无切实办法，似与人道主义有悖。目下被难者及其遗族之善后救济诸事宜待款孔殷，即希贵总领事特予注意并希见复。

一味拖延终究不是解决问题之道，10月6日，日驻青总领事馆遂在本馆内开庭审理船长监谷长荣，并邀请胶澳商埠局派员旁听。庭审中，早已得到暗示的监谷长荣推诿责任，推翻供词，判决结果未能当庭宣布。事后，日领事将"该船长供词推诿未能判决各情形电达胶澳商埠局"，并故作诚意姿态，函请中方"代为传唤遇难生存者及在红石崖巡视现德丸之中国巡警数名充作证人，并将本案淹毙难民之姓名籍贯等见示，以凭参考，而资判断"。

胶澳商埠局只得代为传唤证人、抄送淹毙难民清册。嗣后，日领事馆第二次、第三次开庭，均邀中方派员旁听，但"仍以证据尚不完备，未能判结"。

10月9日，日驻青总领事馆致函胶澳商埠局，报告驻青日侨民为"现德丸"死难者捐款情况，并请商埠局查收捐款转为分配。在进入庭审关键阶段时，日方突然抛出捐款及分配事项，似有转移视线之嫌。

> 业据青岛日本居留民团、青岛商业会议所、青岛新闻报社、青岛海运组合、青岛海事协会等机关发起，向侨民等敛来捐款共计日金九百七十元五角八分、银元一千一百二十一元八角、铜圆八枚，并附捐款人名清册

一册，呈请分配遇难者及其遗族，请即查收转为分配，并将处理捐款办法见复。

收到日本侨民捐款后，胶澳商埠局转交青岛总商会，由其负责分发给死难者家属。

11月15日，胶澳商埠局致函日领事馆，对日侨民募集恤金救济被难家属表示感谢。

"现德丸"事件发生两个月，始终没有彻底解决，远在济南的张宗昌、林宪祖等按捺不住了。11月16日，山东省政府致电胶澳商埠局总办赵琪：

> 案查日轮现德丸违章过载沉没肇祸一案，情节重大，咎由归日方负责任，迁延已久，迄未解决。该局提出二次抗议后，日领事有无答复，对于惩办船主轮机长、价卖该轮及责由日轮担任相当罚款等项，日方究竟如何办理未据呈报。事关重要，碍难久悬，仰该总办迅疾切实交涉，务期迅速正当解决，以平众愤。

省署专电督办，赵琪怎能怠慢，他随即与日领事进一步交涉。日方以公函（第300号）答复："现德丸沉没一案船长等无力筹措现金，拟将该船适宜处分，以便抚恤被难者之遗族。至本案关系者，目下仍在继续审理。"

17日，日驻青总领事馆派主事冈部计二前来胶澳商埠局接洽移交"现德丸"事宜，商埠局遂派员偕同冈部计二赴小港码头接收，该船最核心机件——柴油发动机一部尚在。接收完毕，商埠局将"现德丸"轮交付青岛总商会保管，并下令如价格合适可将其卖掉，所得之款用来抚恤死难者家属。

18日，胶澳商埠局致函日驻青总领事馆："已将现德丸船只交由商会处分。"并重申："惟本案船长负有重大责任，既系贵馆仍在继续审理，务请迅速从严办理，以重人命而平公愤。"

22日，胶澳商埠局向济南送达《呈省政府交涉现德丸沉没经过情形由》，详细记述自10月3日向日驻青总领事馆提出二次抗议后双方的交涉过程，涉及派员旁听庭审船长监谷长荣、日领事馆请求代为传唤证人、送达侨民捐款以及接收"现德丸"轮并委托商会出售等情节。

此后，有关"现德丸"事件的追责归于沉寂。

宣判无罪，抗议声起

12月21日，胶澳商埠局致函日驻青总领事馆《对于现德丸船长等请速秉公判决由》：

> 十一月十六日，接贵馆函第300号，现在时隔多日，此案审理想已完竣，究竟如何秉公判决亟盼知其详细，相应函达即希查照见复为荷。

27日，日驻青总领事馆以公函（第364号）致胶澳商埠局："关于现德丸一案，业务上过失致死之被告人、船长监谷长荣业经依法审理完竣，12月17日宣告判决，按照本国诉讼法第362条，已将该被告人宣告判决无罪。"

胶澳商埠局大员"接阅之下，不胜骇异"，遂于1928年1月28日致函日总领事馆进行抗议，指出对"现德丸船长等判决无罪，实为非法判决"，并以大量事实证明日领事馆袒护"现德丸"船长，判决为"业务上过失致死"，系依据无足凭信之片面供词，并对判决书内诸多不当之处予以驳斥。

胶澳商埠局一再重申"不能认为结案之定谳"，但日方最终未对肇事者监谷长荣、川端利吉等人作刑事处罚，此案最终不了了之。

定居青岛的著名作家王统照此时开始创作青岛题材的小说、散文和诗歌。小说《沉船》即取材于"现德丸"事件。

亡羊补牢，限制载客

"现德丸"额定载员150人，竟然塞进400余人，超员如此多，相关职能部门是如何监管的？胶澳商埠局怒不可遏，向港政局下达第2419号指令，令其复函胶海关税务司"查验疏忽各职员，查明依法惩办各在案，所有送交客栈公会各难民"。

接到指令后，港政局港务科科长吴应辉予以回应："胶海关税务司现已派员前往各轮船查验载客数目，不得超过限制。本局亦应派员会同该关办理，以示慎重。"

港政局采纳了吴应辉建议，立即致函胶海关税务司：

> 贵关既又派有专员，敝局亦应加派专员会同办理。兹派敝局港务科及监视股职员各一人，佩戴敝局徽章每日前往码头办理，务查船舶限制载客事宜，相应函达查照，即希饬知，新派各员会同接洽办理，以昭慎重，至纫公谊。

胶澳商埠局意识到，"船舶贪利违章逾量载客，船长阳奉阴违，以人命为儿戏"的根源是载客规则缺失。为惩前毖后，避免"现德丸"惨祸再演，遵奉省政府电令，商埠局敕令青岛港政局明定限制船舶载客规则："凡未装载者须以规定人数装载，其已装载者并须复加检验，果系遵照定章方准出港；对于装运过境难民，无论轮船、帆船尤须特别注意，特令警厅选派长警随时负责取缔，以免危险而滋事端。"

10月16日，胶澳商埠局指令港政局呈送限制船舶载客规则，相关人员审核后，提出修改意见：

> 第三条"呈报港政局"字样下修正为"俟派专员认真复查核与该船舶规定之人数不超过时得准其出港"；第五条"一经查觉"句下修正为"得处以一千元以下之罚金或勒令停航若干日"。

结合修改意见，港政局立即对限制船舶载客规则进行修补完善，确认无误后，当日即在全市布告：

> 查向章船舶载客人数均有定额，所以防滥载而免危险用意至为周密，乃近来各船舶往往视为具文任意装载，本年九月十七日竟有日本商轮现德丸以总吨数十九吨、定额一百五十人，载至超过二倍以上客商，遂致半途沉没，淹毙难民二百四十余名之多，言之殊堪痛恨。兹本局遵奉山东省政府电令，特制定限制船舶载客规则七条，以资取缔。除令饬港政局嗣后照章认真办理不得稍涉疏忽外，为此布告仰各该船舶务即切实遵照，慎勿故违致干罚办。

胶澳商埠港政局限制船舶载客规则共分七条，主要内容包括：凡船舶载客不得超过在船籍港主管机关规定之人数；凡船舶应于开驶前将所载旅客人数缮具报告单呈港政局，俟派专员认真查核与该船规定人数不超过时准其出港；港政局如认为船舶所呈报告载客人数确已超过规定时，得令其减少搭客至该船规定人数时方准出港；如船舶载客人数虽经港政局查核后，而有私自多装不顾生命危险时，一经查觉处以1000元以下罚金或勒令停航若干日；如船舶确因私自多载旅客致发生危险时，其一切损害应由肇事船主或该船公司及代理店负完全赔偿之责。

规则既已出台，胶澳商埠局令饬港政局对红石崖、塔埠头一带严查，以防船舶载客违规，港政局以经费无着为由，呈文商埠局仍安排海西区警察署办理，以免重复执法。

11月11日，胶澳商埠局训令警察厅，要求认真稽查各船载客事宜：

> 胶澳区内红石崖、塔埠头等处时有难民由此出口，船舶载客亟须认真稽查照章限制，曾经令饬港政局派员前往办理。兹据该局复称，该处稽查轮船载客事宜，向由海西区警察署巡官办理，该局若另行派员经费无着，着请转令该厅仍饬该处巡官办理，以资熟手等情。除指令照准外，合亟令仰该厅选派得力巡官，分驻红石崖、塔埠头等处负责办理，取缔来往轮船帆船及舢板等载客事宜，勿令超逾定额致滋事端，是为至要。

延伸阅读

1927年：灾祸频发

1927年，青岛发生多次灾祸：火车相撞，日军强占青岛，驻青岛日本海军寻衅滋事殴打人力车夫和警察，客轮沉没……民众多灾多难，官府交涉受辱。

两列车于湖岛相撞

是年3月9日，即旧历二月初六日，两列火车在青岛郊区的湖岛相撞。

当日凌晨，从济南开往青岛的6次混合列车因机车蒸汽不足，被迫停靠在离四方车站不远的湖岛村旁的线路上烧汽。

这种混合列车由"马笼车"改装，票价较低，主要拉载从鲁西南到青岛乘船出关、北上谋生的灾民。

蒸汽不足停车烧的原因真是荒诞：车过城阳站，司机与列车长擅离职守，将所有工作交由司炉一人承担。车过沧口站，一面烧火，一面开车，司炉很快力不从心。待上坡时，蒸汽压力下降，司炉擅自决定将车停在湖岛村南面的弯道上，继续烧锅炉增压。

此时，视察胶济铁路的交通部次长郑洪年乘坐的4次快车到达沧口车站，由于6次混合列车停在前方而无法开出。在胶济铁路局车务处副处长钱宗渊等人的催逼下，沧口站副站长李衍林违章取出路签，4次快车开出。5点钟，在拐过第二个大弯道接近湖岛村时，司机范麟洲发现前方停有一辆列车，当即判断此时紧急刹车已来不及，在将闸把扳到"紧急停车"位置后便跳车逃命。紧接着，4次车撞上6次车尾部，3节车厢被撞出轨道，乘客死伤惨烈。郑洪年所乘的头等车因挂在车尾，并未受伤。

经查，当场轧死31人，伤40余人，因重伤致死者5人。惨案发生后，社会各界共捐款5000元用于赈灾，除商会和外来者（注：非胶济铁路系统人员）捐款作为补助死伤难民家属抚恤金外，其余捐款用作办理追悼会。3月22日，湖岛列车肇事死者追悼会举行，除青岛各界外，北京交通部、济南总商会等也寄来挽联，各方所送花圈、松亭、松牌等甚多，遇难各家属均着孝服，哭声震天，情形甚为惨烈。本埠报纸以《湖岛难民之追悼会　凄惨情形令人泪落》为题予以报道。

胶济铁路管理局赔偿遇难者每人300元和枕木棺椁一口。全家遭难及尸首无法辨认的被埋葬于湖岛村附近。

以保护侨民为由，日军强行登陆青岛

6月1日，日本海军第二遣外舰队以保护侨民为名突然侵入青岛。"保侨"的理由出自国民革命军轰轰烈烈的北伐。

1927年3月24日，国民革命军北伐占领南京。5月初，北伐进入第二阶段，逐步向山东逼近。一直对中国虎视眈眈的日本人思谋借机制造事端。

5月28日，日驻青总领事矢田部保吉前往胶澳商埠局面见总办赵琪，称日本拟拨派陆军2000名于本月31日抵达青岛，查看情形再行开往济南。

赵琪当场严词拒绝，并要求矢田部保吉迅速致电本国政府"中止此举"。送走矢田部保吉，赵琪深感"事关重要"，分别向山东保安总司令张宗昌、代理省长林宪祖紧急电报请示如何办理。

30日，矢田部保吉再次面见赵琪，告知日军来青岛保护侨

民事宜。因尚未接到省署电复，赵琪拿不出具体应对措施，唯有重申"严词拒绝"。矢田部保吉离开不久，省政府电令到了，胶澳商埠局据此紧急拟定公函，当日送达日驻青总领事馆，抗议日本出兵山东。

就在胶澳商埠局向驻青日领事馆提出抗议时，日本海军第二遣外舰队已接近青岛，在海上待命。

6月1日，日本海军陆战队2000余人，由司令官乡田督率擅自武装登陆。

得知日军"猝然武装上陆，派行通衢"，胶澳商埠局迅速致函矢田部保吉，进行"严重抗议"。

日军在青岛武装登陆的消息传至省城济南，引发社会各界关注。2日，山东省议会、省总商会、济南商埠商会、省教育会、省农会联名致电胶澳商埠局，请其尽快与日驻青总领事交涉，务必使日军撤离。

因与日驻青总领事交涉一事忙得不可开交，且没有实质性结果，直到7日，赵琪才一并回复省议会等单位："本局正在继续严重抗议。"

8日，胶澳商埠局警察厅人员向总办赵琪报告：本埠湖南路日本两级学校驻有日本陆军100余人，并在校内设置无线电台一座。另外，太平路大饭店（今栈桥王子饭店）东区添设军用电话电线，可由大饭店直通太平路日本陆军步兵33旅团司令部。

10日，日军登陆青岛市区已是第10天，仍无撤离迹象，山东保安总司令张宗昌、代省长林宪祖心急如焚，电饬赵琪"赓续严重交涉，务期迅将来鲁日军撤退，以维主权而固邦交"。

11日，胶澳商埠局致函矢田部保吉，请其电请日本政府迅速撤兵。

此前，对胶澳商埠局接踵送达要求撤兵的公函置之不理的矢田部保吉，面对此次公函附带的张宗昌、林宪祖电文，终于作出回应。11日，在送达胶澳商埠局的第156号公函中，矢田部保吉狡辩称："贵国自动乱以来，外国侨民常不得充分之保护，当此北方战乱迫切之际，关于敝国侨民生命财产之安全，实不能不怀危惧之念。"

　　在公函中，矢田部保吉倒打一耙，称"出兵紧急自卫侨民，经商埠局总办充分谅解并有案"。

　　赵琪对"经总办充分谅解"一说怒不可遏，在当日的复函中，他痛斥矢田部保吉"（此说）殊与事实不符"。继而重申，国民革命军北伐以来，山东保安总司令暨代理省长迭次严令军警，切实保护外国侨民，因此本省保护措施异常周密，侨民安谧无异于平时。况且，青岛并非战事区域，在青岛侨民生命财产从来没有因南方战事而发生危险，为何援引南京、汉口事件，作为派兵青岛的口实？日兵来鲁全省人民异常愤激，无论如何仍希望日本政府尊重中国主权，迅速撤回来青岛军队，以安民心而固邦交。

　　日军登陆青岛市区并在日本两级学校、居留民团等处设置天线电台，国内各派军阀为争夺国家话语权激战正酣，无暇顾及；省府大员无计可施，仅能程序化地命令胶澳商埠局出面交涉、抗议，赵琪犹如过河之卒。面对虎狼之师横行街衢，赵琪抗议之声式微，日军则变本加厉，谋划沿胶济线向济南进发，这令胶济沿线的各县惊恐不安。

　　6月26日，淄川县农会商会自治筹备处十一区电函张宗昌、林宪祖："顷闻日本派兵开抵青岛并有再缘胶济铁路之说，听之下无不惊骇。伏思青岛及胶济路自华府会议协定交还后，系吾国完全领土，邦交攸关彼义，应切实尊重，今忽借口保护侨民突然派兵违背条约侵犯主权，是可忍孰不可忍，群情激愤，誓死力争，为此恳请我省长与日领事严重交涉，并电外交部再提抗议，务达到撤回日兵保我主权疆土。"

张宗昌、林宪祖阅后紧急电令赵琪速与日驻青总领事严重交涉。

6月29日，胶澳商埠局公函矢田部保吉"迅予撤退，万勿再向胶济铁路沿线移动"。

翌日，胶澳商埠局以第425号公函，抗议日军设置无线电台及军用电台。函中称："贵国军队来青，本局迭次函请转电贵国政府迅速撤退，不意时隔多日，非特无撤退军队之表示，反于军事交通机关如无线电台、军用电话等类任意设置，殊使本局益滋疑虑。上项电台电话关系我国交通行政，至为重要，贵国此等设置实不得不认为侵犯我国主权、蔑视鲁案条约之行为。为此，提出抗议，希即查照转饬将上项无线电台军用电话速行废除，并将撤退军队之根本问题迅速办理，以维邦交。"

骄横跋扈的日驻青总领事馆无视胶澳商埠局送达的第425号公函，继续我行我素，升级挑衅。

7月13日，商埠警察厅呈报总办赵琪：日军陆战队在武定路15号院内设有临时无线电杆，与该路16号日本小学校楼上所设电杆互相联络，警员向驻扎该校日军交涉，令其拆除，对方置之不理。

16日，赵琪致函驻青日本总领事矢田部保吉，称装设临时无线电杆"殊为蔑视我国主权，为此再行照会，希即查照先今各函，将前设置无线电台及此次添置电杆一并迅予撤除"。

日海军街头逞凶，殴伤拘捕警察商民四人

胶澳商埠局唇焦舌敝，抗议日军登陆青岛、在市区设置天线电台、装设临时无线电杆等侵犯中国主权的各项事宜尚未有半点进展。

7月20日下午5时许，市场三路日本电影院门前，叶沛由等数名人力车夫看到三名日本海军士兵自明星咖啡馆走出，便追上去邀请他们乘车。日本海军拒绝后对叶沛由群殴。在附近值勤的警员潘明治见状迅速赶来制止。日本海军丢下叶沛由拥上来殴打潘明治，并将其警服撕烂。潘明治挣脱后打电话向警署第一分驻所报告，巡警孙延寿奉命迅速赶往现场。此时，日本海军尚未离去，见到孙延寿后群起殴打。孙延寿、潘明治寡不敌众，脱身后向第一分驻所奔跑。日本海军尾随追赶，至市场二路39号日商中井商店门前时拦下孙延寿、潘明治二人，继续殴打。孙延寿鸣笛示警，劝业场岗警吕嗣元等人闻声赶到，不知从何处赶来的数名日本海军拦住吕嗣元，将其用绳子捆起来后实施群殴。

见有同伙赶来助战，那三名日本海军狂妄至极，竟将孙延寿、潘明治、叶沛由及附近的水果贩子韩德祥一并架上汽车，然后开往位于胶州路上的警署第一分驻所。至分驻所门口时，两名日本海军下车突然袭击，将正在执勤的警员高顺昌所持的三八式步枪及子弹20粒、皮腰带1条、子弹盒2个夺去。汽车继续狂奔，至海泊路第一分驻所宿舍时，民警陈子德因病卧床猝不及防，被日本海军一阵狂打，之后被架上汽车。临行时，日本海军将宿舍内的三把警刀一并掳去。汽车最后开至湖北路与中山路交界的日本临时居留民团。

就在日本海军对青岛警察围追殴打、劫掠物品时，商埠警

察厅迅速将案情报至商埠局。总办赵琪担心事态恶化，急电呈报山东督军张宗昌、代省长林宪祖。电文最后称："查该日本海军司令似此强暴无礼，几视青岛为其征服地，凡有血气莫不同深愤慨，除将详细情形查明续陈并向日领严重交涉外，谨此电陈。"

赵琪等人拟发急电时，事件在持续升级。得知日本海军与青岛警察发生冲突，数十名日兵奉命紧急赶到胶州路东端，并在第一分驻所、市场三路"满布散兵，如临大敌"。在堂邑路执勤的警署第五分驻所警员王进庆见此情形，连忙进入附近的电话局打电话报告本署。王进庆放下电话走出电话局时，数名日兵一拥而上，将其佩戴的二六式手枪及警刀一并夺去。

第二警署代理署长孙秉贤接到王进庆电话后，立即派巡官徐震汉驰往肇事地点。此时，巡警吕嗣元受伤严重，躺卧在马路上。徐震汉拦住一辆汽车将吕嗣元送往附近的博爱医院治疗。在打电话向厅长详报案情后，孙秉贤驰往市场三路查看现场，随后赶至日本居留民团看望被扣押的孙延寿、叶沛由等人，日兵"拒不放进"。后经胶澳商埠局外交科与日驻青总领事馆交涉，日兵所设岗哨"旋即陆续撤去"。当晚8时许，秩序始告恢复。

翌日，赵琪就"日兵殴警一案严重交涉"致电张宗昌、林宪祖："胶澳商民对于此案异常愤慨，推举代表百余人来局请愿要求：一、惩凶；二、抚恤；三、道歉，并担保以后不再发生此等不法行为；四、赔偿损失；五、惩办纵兵殃民之海军领袖。除向日领严重交涉外，谨此电陈。"

22日，山东省府以第10568号指令电复胶澳商埠局："查此案关系国权情节重大，仰即遵照先后电令切实办理，务期正当解决，以维邦交，并候电外交部暨特派员查照。"

23日，胶澳商埠局总办赵琪照会日驻青总领事矢田部保吉，提出五项要求：1. 日本海军司令对于所辖部曲事前既疏于约束，临时复故纵行凶，应请贵国政府予以相当处分；2. 此次行凶兵士应从严惩办；3. 中国官厅因此次事件所受之损失，应由日本给予相当赔偿；4. 关于此事应负责任之日本海军方面，应向中国官厅表示歉意；5. 在日本军队尚未撤退以前，应由日本负责者担保嗣后不再发生此种行动。

对于赵琪提出的五项要求，矢田部保吉"恒据其片面之理由设词推诿"。后经胶澳商埠局"再四与之严重谈判，并以青岛商会、农会、教育会等团体迭请据理力争，群情激愤，已达极点"施压，矢田部保吉始对"我方原提条款始大致承认"，遂于8月12日签订解决办法。

七月二十日所发生冲突事件殊为遗憾，兹经双方讨论，解决办法如左：

一、所有关系本案之非法行为者，应即查明惩办之。至于人力车夫将来之取缔，中国官厅应自动的施行一种相当之方法。

二、第二署第一警察分驻所所受损失及中国方面受伤入院之医疗费应由日本方面负担赔偿之。

三、中国警察之枪械及其他物件应由日本送还。

四、海军当局对于分驻所之行动向中国官方表示歉意。

8月13日，遵循"解决办法"第四条"海军当局对于分驻所之行动向中国官方表示歉意",日本海军第二遣外舰队参谋、海军中佐越智孝平,在驻青日本总领事馆主事冈部计二陪同下,来到胶澳商埠局向总办赵琪道歉,称:"该军兵士于不应侵入中国警察分驻所而竟侵入之,甚为遗憾,请特予鉴原,勿因此事介意于怀,致伤双方之友谊。此次该军行动绝非故怀恶意或别具其他预定之计划,在此郑重声明。"

15日,赵琪向省政府呈报"办理日军殴伤民警一案已经解决",呈文中详细记述日方代表致歉以及赵琪答词,省政府据此回复:日本海军兵士肇事案,我方提出条件既经日领签字解决,即应依照履行,仰将逐条履行情形续报备核,勿稍含混,是为至要,并候电外交部暨特派交涉员查照。

16日,胶澳商埠局致函警察厅:"一俟日领馆送还枪械及一切物件到署时,应即点清领收具报。所有应由日方负责赔偿之损失及医疗等费并应迅即开列,估价清单取具病院单据呈送来局以凭核办。"

警察厅将详情一一落实后向商埠局书面汇报,并附医药费清单、物品损失评估清单。

胶澳商埠局复核后批示道:"应由日方负担之医药费及损害赔偿各款饬属向日领事馆接洽,如数收讫,并由商埠局转发伤者。"

至此,日本海军逞凶殴伤青岛警员、商民以及抢劫物品一案接近尾声。寓居青岛的现代文学作家王统照以该事件为题材写就短篇小说《海浴之后》。

进入8月底,国民革命军北伐行将结束,日军"保护侨民"的借口失去基础。加之胶澳商埠局"迭次严重抗议",国内抵制日货浪潮迭起,日军决定自行撤离。8月31日,日驻青总领事矢田部保吉前往胶澳商埠局面见总办赵琪，称："敝国前次派遣来青登陆之军队，现已奉到敝国政府命令饬即撤退，并已备妥船只，准于9月10日前一律撤退。"

9月5日，第一批登陆青岛的日军撤离。当天，胶澳商埠局将日军"10日前一律撤退"的消息以训令形式告知商埠局附属各机关及青岛总商会、教育会、农会及其他团体。

8日，日军全部撤离完毕。胶澳商埠社会秩序恢复正常。

鲁西贫民出青岛 "闯关东"

1927年元宵节刚过，青岛火车站、大港码头以及该区域周边的街巷，到处是扶老携幼，抱着拖着大小不一的包裹、箱笼，逶迤前行的逃荒人群，哀愁写在了每个人的脸上。

他们主要来自鲁西、鲁南各县。就在一个月前，他们遭受了数十年未见的水灾。

1927年1月20日《大公报》报道，1月18日，即农历1926年腊月十五日，鲁西南曹州、巨野、济宁、嘉祥、金乡、郓城、鱼台等地"急降大雨，历一昼夜始止，乡间房屋多半倒塌，人民流离失所"。此前数年，该地"旱涝交乘，战祸不断，土匪横行，黎民盖藏已尽"，经此暴雨，1927年伊始即"饥民遍地"。

搭上性命的争渡

为了活命，贫民们在苦苦捱过一年中最重大的传统节日——春节后，即收拾家当准备背井离乡"闯关东"。

自鲁西、鲁南各县颠沛流离至省城济南，然后经过10余小时的火车颠簸抵达青岛站。接下来，有川资的投奔客栈住宿，无川资的呼儿唤女，在车站、桥下、码头等避风处拥在一起御寒过夜。

无论是住客栈的还是露宿街头的，所有的贫民都在望眼欲穿地等待船票。那些代售船票的客栈，贫民们不知前往打听了多少回。因人多船少、船狭，未能挤上船的贫民只能唉声叹气继续滞留。一波又一波的贫民接踵而来，青岛火车站至大港码头一带到处是黑压压的涌动的人潮。

2月26日，一个女贫民争抢上船时，被洪水出闸般的人潮挤压而死。此前，有奋不顾身刚登上船的贫民被人潮冲撞出船舷落水溺亡。

27日，胶澳商埠局闻听噩耗急令港政局调查并处理后事。

28日，港政局呈称："该妇上船被挤毙命已由检察厅验明收殓。"商埠局大员阅后回复："近来上下搭客往往随意乱挤，既于观瞻不雅，尤易发生意外，业经令行该局妥为制止，仍仰遵照前令，饬属严切取缔，以重人道而维公安。"

同一天，胶澳商埠局命令警察厅取缔轮船无限制载客，严查客栈敲诈勒索甚至虐待"贫苦客人"：

> 案据调查员报称，本埠往来轮船除在船售票外，多由客栈代售船票，乃近来售票时往往不问该船舱位容积，仅数售卖漫无限制，以致搭客上船后船狭人多，拥挤不堪，甚至有人失足落水、被挤毙命事情，种种惨状不忍目睹。

> 各客栈对于贫苦客人住宿者时加虐待，请予设法禁止等情，据此，查客栈招揽客商首重和平，轮舶载客例有限制，似此任意卖票欺凌旅客实属不遵定章，有乖人道，殊非营业所宜。合亟令仰该厅即便遵照，严切取缔以便行旅，并将办理情形具报备核。

3月6日，是"二十四节气"的"惊蛰"。从这一天起，北方地区陆续进入春耕时节。"一年之计在于春"，熟谙农事的鲁西贫民们加快"闯关东"步伐。青岛码头早已人满为患。胶澳商埠局一面"迭经派员抚慰"，一面与航运企业的代表——政记公司高管磋商，请其速调"宏利""得利""广利""同利"四轮来青岛运载贫民。时值军阀混战，征调船只频繁，一次请派四艘轮船专运贫民，航运公司岂敢自作主张？胶澳商埠局只得于3月14日致函胶东护军使署作解释，请其"免征宏利等四轮，以便输送贫民"。

> 本省济西各属因年来连被兵灾水患，难民今春携家由青赴东谋生者已达三万余人，在济南候车待发者据报约有一万余人，在籍整装预备续出者约四五万人，而滞青候船者现有五六千人之多。人数既众，资斧无几，且行程稽延，春兴耕作时机稍纵即逝，损失堪虞。迭经派员抚慰，情形殊堪悯恻，应速设法亟为拯援，业经敝局商请政记公司，电调宏利、得利、广利、同利四轮迅速来青，专为往复装载此项难民赴东谋生，以资救济之用。惟现值军队征调之际，恐不免有需征轮运输之时，拟请饬属设法另征他轮代替。对于上列专调四轮，概准轮班通行，以利民生。

在得到胶东护军使署允准后，胶澳商埠局当即致电政记公司，请其将以上四轮进入青岛港的日期迅速告知。

为准确掌握青岛港内各船实际载客量，3月16日，胶澳商埠局致函胶海关，请其一一查实。函中称，前期发生难民拥挤落水溺亡、挤死等惨剧后，警察厅、港政局奉令严查各船搭载人数，严禁超载。"惟恐该厅、局等奉行过严反致舱位过闲，不克充量装载难民，致增向隅守候之苦。"为此，请派员随时审查各轮实际载量，"务期人数适中，庶免过犹不及之弊"。

减免票价，体恤贫民

3月26日，胶澳商埠局总办赵琪收到大连山东同乡会会长迟子祥的电报。迟会长告诉他，近期赴东北三省谋生的山东贫民经过大连者每天数以千计，不少人"鸠形鹄面，惨不忍睹，甚有鬻子女以作路资，因老病而填沟壑者"，大连山东同乡会同人见此惨状，竭尽所能，张罗救济，派专人接送上船下车行动不便者，并对无钱住店的贫民进行收容。连日来，同乡会积极向铁路局申请，对山东难民予以车票减免。铁路局经商讨后，决定对15岁以下、60岁以上的难民免票，妇女半票。4月1日起，该优惠政策在大连、营口两地实行，期限为3个月。

迟子祥恳请赵琪将此利好消息上报山东省政府，由其"通饬各县，晓谕难民俾知"。

3月28日，赵琪向代省长林宪祖汇报此事并恳请林省长"饬胶济铁路局核议，对于难民于一定时间酌量减收车价，以恤灾黎，并请通饬各县晓谕周知"。

4月2日，代省长林宪祖电复赵琪："已饬胶济路局核议减价办法。"

受铁路减免火车票价格的启发，山东省政府萌生让"各船行磋商减轻船价"的想法，遂以第3031号训令命胶澳商埠局调查落实。

胶澳商埠局奉令行事，安排警察厅派员前往摸底。两天

赵琪

后，第一区警察署署长欧阳籍、第二区警察署署长刘荣华先后呈报调查情况：青岛销售开往大连四等船票的航运公司共有三家，分别是政记公司、日商经营的大连汽船会社、阿波共同汽船公司。三家公司负责人均表示，他们耳闻目睹，深知背井离乡赴东北谋生计难民的苦痛和窘迫，因此发售各客栈开往大连的四等船票每张已降价为大洋1元5角，眼下实在不能再降了，再降价意味着亏损；而销售该船票的客栈老板纷纷诉苦，称他们销售的四等船票虽每张加价1元，即大洋2元5角，但对购票住店的贫民不再收取房费、饭费。况且，派店伙计接站、送码头也需要花费，"以现状言之，实在有绌无盈"。

航运公司、客栈与胶济铁路不可同日而语，前者纯属民营性质，盈利生存为其第一要务，政府机构不能强行命令，况且其中还有两家日资公司；后者则是官办性质，对数万贫民降低票价不至于伤筋动骨。

5月26日，胶澳商埠局将船行、客栈难以下调船票价格的调查情况详报省政府。省政府因财政资金捉襟见肘，无力对船行等下调票价予以补贴，无可奈何之下只能救令胶澳商埠局严令警察厅署对船行、客栈"加以查察，以免暗中增价"。

京奉铁路、津浦铁路等也相继给鲁西灾民减免票价，经各级地方政府层层传达后，贫民们尽知"北往之资斧胥无远道之忧"，于是争相举家上路，"闯关东"在齐鲁大地风起云涌，"络绎前往者日达数千。"

"闯关东"潮又至

1927年6月末，随着暑季临近，鲁西贫民"闯关东"大潮渐息，青岛火车站、大港小港码头由喧嚣渐趋安宁，胶济铁路局、胶澳商埠局及警察厅、港政局等部门终于可长舒一口气了。

1927年是近代山东少有的多灾多难的年份，天灾、人祸、外患，交织缠绕。

《山东近代灾难史》载："1927年入夏后，亢旱异常，继而蝗蝻大起，夏麦秋禾，悉遭巨灾。"11月10日，《申报》报道："鲁西南曹、兖两属16县，发生70年未有之蝗灾，禾粒无收，兼遭烽燧，饿殍填塞。中四县灾情尤奇重，草根食尽。"

华洋义赈会报告，本年度山东灾区广及56县，受灾900余万人。11月18日，《晨报》报道："山东灾区60县，灾民900万。"

有了春季乡民们踏出的"闯关东"路径，鲁西南各县贫民面对旱灾、蝗灾导致的颗粒无收，擦干眼泪后坚定地上路了。

中秋节（公历9月10日）后，在东北的寒冷天气尚未来临时，青岛火车站、小港码头、大港码头及其周边路段，到处聚集着扛着箱笼、背着包裹前来中转"闯关东"的贫民，老幼跟随在身边。老人愁容满面，孩子眼神迷茫，壮年人则是一脸焦虑。这样的场景简直就是春天时的翻版。

9月17日下午1时，载着大批"闯关东"贫民由红石崖驶往青岛的日轮"现德丸"号，行至青岛港外黄岛以东距离小港口10余海里处，因船客过多，进水下沉，淹毙乘客245人，"实为空前未有之大惨案"。

溺亡的死者家属们撕心裂肺的哭喊声没有吓住蜂拥而来的贫民。

市内街头、码头依旧涌动的贫民，以及触目即是四处露宿的贫民家庭，让上任未久的警察厅厅长王庆堂"心殊不安"。

王庆堂，字子余，山东历城县人，行伍出身，1927年7月11日履新胶澳商埠局警察厅厅长。因为与大批灾民是半个老乡，桑梓情深的王庆堂积极为滞留青岛的灾民改善窘况。

9月19日，王庆堂呈文总办赵琪："西来难民日见其多，考其所至，目的地皆系关东大连营口一带，惟以资斧有限，惨苦状况实有不堪言喻者。"他建议由青岛总商会出面，"酌量集款，略备食粮，俾其果腹"。同时，恳请总办饬令港政局暂借一处仓库作为容纳难民之所，并向海轮公司交涉，难民船票一律以半价购买。

赵琪阅后，当面指示港政局长腾出港口第6号仓库作为难民临时收容所；对于船票按半价购买一事，赵琪深知不可行，于是另辟蹊径，下令由港政局牵头，会同警察厅、总商会商洽对贫民设法进行救济。

9月30日，面对屡屡发生的客栈勒索难民案件，王庆堂怒不可遏，命令警察厅张贴布告："一经查觉或由被害人告发定必尽法以惩，不稍宽贷。"

　　我东不幸荒旱连年，内地难民为衣食所迫，以致背井离乡，四出旅食。而来青转赴关东谋生者尤为络绎不绝，扶老携幼，露宿风餐，种种惨状，目不忍睹，稍有人心，莫不同深怜悯，共谋救济。

乃本埠客栈乘此时机，视为生财之捷径，多派栈伙四处揽客，不顾房屋大小能否容纳，只图住客之增多。得随贪心兜揽时婉言温语，尽属慈悲，抵客栈后则任意勒索，视同鱼肉。或代购船票任意加价，或勒索房费尽量宰割，种种敲剥不一而足，言之实堪痛恨，若不严加取缔，何以恤灾黎而维人道？

除分令各署随时查察外，为此布告本埠各客栈栈伙人等一体周知，嗣后如能痛改前非，剔除积弊，本厅不究既往，倘仍以乡愚为可欺而供其鱼肉，须知本厅长视民如伤，嫉恶如仇，一经查觉或由被害人告发定必尽法以惩，不稍宽贷。

因为胶澳商埠局有春季应对大批贫民出青岛闯关东的经验，加之警察厅厅长王庆堂积极协调，并率部属竭力维护，一波又一波的鲁西贫民总算顺利地登上开往大连的渡轮。

增加船只航次加紧运送

灾难频仍的1927年终于过去了，孰料1928年的山东又以重大灾害启幕。

2月，黄河凌汛壅塞，利津一带淹没村庄60余个。

4月，华洋义赈会称："延续上年灾难，山东最困苦之灾民，计有千万以上，约占全省四分之一。其中，三百万赴外省就食。"

农历二月二（公历2月22日）前后，"闯关东"大军已是浩浩荡荡，贫民们的想法高度一致：天气开始转暖，东北大地业已解冻，要在春耕春播时节之前赶过去。

青岛火车站、大港小港码头又变得喧嚣起来，到处是黑压压的人群。

3月8日下午6时，到大港二号码头送客人的胶海关税务司人员记录了一组悲怆凄惨的灾难镜头：

> 将至泊船处时，见有多数难民在码头上站立，拥挤纷乱，断绝交通，港警驱逐殴打，妇孺倾跌，危险堪虞，睹此情形，遂绕道上船。夜间一时半，又送客至码头，见新疆路两旁便道仍有多数难民，坐卧行走，客多船少，彼此争先固系人情之常举，但该难民等露宿风餐、饥寒交迫，情形甚属可怜。

这名税务司人员翌日即将所见情形上报给所在单位。当日，有民本情怀的胶海关将情况反馈给港政局："兹为图谋难民及交通上便利起见，谨以所见奉告，如贵局有善法可以维持，责成当事人设法妥为管理，使难民行动得保安全，不致多尝苦况。"

港政局对此情况非常重视，为厘清责任，立即派员详细调查，并于3月15日呈文商埠局，请其训令胶澳商埠过境难民临时救济会妥善统筹安置，让过境贫民顺利出青岛。

呈文称，本年入春以来，难民过境迭，仅2月27日、28日两天，由胶西乘火车来青者计有6列车4000余名，下车后即住在码头界内6号仓库。后因人数众多，又将第13号仓库开放，使难民暂行分住。现查，开赴海北船舶无多，多数难民一时恐难出境，因此库内不敷居住，露宿于空地者甚多，情势堪怜。虽有海西区派警察10余名、本局派有巡逻班港警数名共同维持秩序，无奈人数太多，诚恐易于发生意外情事，况且难民救济会对难民下车久暂、登船先后均无预案处理。

经查，难民均由胶济铁路车运来青，持有路局与各船行所发的联票，大都直入群集码头不入客栈。该联票究竟与哪家船行联合售发？每天有无人数限制？经函询胶济铁路管理局得知，该项小工联运减价票系该局与大连汽船会社、政记公司定约发行，大连汽船会社指定"大连丸""天津丸""长平丸16号""共同丸21号"等五船、政记公司指定"安利""广利""春利"三轮轮流往返大连、青岛之间运送。因难民乘车来青源源不绝，码头内已滞留4000余名，若每天仍照常运输来青，难民必然日多一日，人数既多，则码头秩序不宜维持。

鉴于此，港政局一面函请胶济铁路管理局迅速与各船行接洽，通过采取减售车票措施减缓难民来青，一面恳请商埠局安排相关部门在码头附近选择一二处较大房屋作为临时难民收容所，将过境难民暂时收容，使其不再受露宿风餐之苦。同时，与政记公司等商定增派专运难民船只，并增加航次。

总办赵琪批示港政局再拨仓库两处收容滞留码头的难民，同时令过境难民临时救济会与航运公司商讨增加航次。

3月28日，过境难民临时救济会向赵琪报告：港政局所拨仓库四处已足备难民临时遣送之用，无须另筹建筑或另拨官产收容难民。至于增船专运难民，已由该会与政记公司商妥可随时发船运送，"当无停留拥挤之虞"。嗣后，如天气原因临时发生运送困难情形时，当与港政局、政记公司随时接洽，妥筹办理，以策安全。

过青岛"闯关东"难民骤减

4月11日，大连山东同乡会会长迟子祥电函赵琪说，山东难民源源而来大连，同乡会不得不第三次向铁路局请愿减免难民车票，铁路局慨然延期至本年度3月底为限。自1927年3月实施减免车票，一年来，铁路局"牺牲大洋不下80余万元，所经过难民总在百万人以上"。

近两月来，冻解，春回，来关东的山东难民"平均每日恒达3000人左右"，大连山东同乡会再次向铁路局申请继续给予减免票价，铁路局4月10日函复不再减免。为此，恳请赵琪"迅出晓谕，将前项情形布告未动身之难民，自行筹备川资，以免中途拮据，踌躇无告"。

在电函最后，迟子祥报告了一个令人心安、如释重负的信息："旬日以来，此间难民步见稀少。据报纸载，省西各县由津浦路转乘京奉免费车直接北往，如果属实，岂惟难民之福音，亦敝会稍纾困难得卸仔肩，从此可告一段落矣。"

当日，赵琪批示："除分令警察厅及过境难民临时救济会传谕北往难民知照外，理合据情转呈钧署察核，通令各县晓谕北往难民一体知照。"

《山东近代灾难史》载，1928年7月，暴雨引发山洪，山东安丘、临朐等地遭巨灾，溺亡1.8万人，无家可归者3.2万人。"入秋，旱灾、蝗灾又至，山东各县泰半罹灾。鲁西东昌、冠县一带，鲁南曲阜一带皆为灾祲綦重之区。""胶东一带，亢旱不雨，田禾枯萎。"

灾害叠加之下，生活难以为继的贫民们在秋后接踵"闯关

宋雨亭

东"。因为自4月初起，"省西各县由津浦路转乘京奉免费车直接北往"，这波自青岛乘船赴大连"闯关东"的贫民以青岛周边县为主，因此人数大减，成群结队逶迤街头、滞留码头的情况不再出现。

11月17日，农历十月初六日，天气渐冷，尚有部分赴关外谋生的难民滞留青岛，饥寒交迫，不少人染患疾病。胶澳商埠过境难民临时救济会见状致函青岛总商会，请其出面呈文胶澳商埠局，由商埠局训令普济医院、传染病院接纳患病难民入院治疗。

总商会会长宋雨亭接到过境难民临时救济会的求助信函后立即呈文赵琪，文中写道："素仰总办慈惠灾黎，无微不至，理合据情转请俯鉴前因准予令饬该两院。"

赵琪阅后在呈文上挥笔写道："令仰该院即便遵照办理，可也。"

人力车夫罢工

1930年7月15日上午7时，青岛荣泰昌车行刚刚开门营业，人力车夫王发表即匆匆赶来修理黄包车，并交纳了15天的车租——3角——这仅是淡月时一天的租费。

"现在车辆应用材料奇贵，车租如此交法我实在难以支撑下去，你不必拉我的车了。"面对区区3角钱，车主王箴三面露愠色："6月30日，车行收到市社会局、市公安局联合发布的公告，每日车租按4角来收！"

闻听此言，王发表悻悻走出荣泰昌。不多时，青岛人力车夫工会整理委员会（以下简称"工整会"）委员刘长生率领30多人气势汹汹地赶来，强行拉走王发表待修的黄包车，并对王箴三拳打脚踢。

此时，又一车夫前来修车，刘长生追上前去问："你交多少车租？"车夫回答："3角5分。"话音未落，刘长生等人一拥而上将其痛打一顿。

这是青岛市档案史料中记录的1930年夏天青岛人力车夫罢工事件的一个片段。文中的王发表是否受人指使来车行寻衅滋事，史料中没有分析。

互不相让

是年5月上旬，人力车夫与车主因车租调价引发纠纷时，国民党青岛特别市党务指导委员会、青岛特别市政府社会局、公安局即派员分头展开调查。现存于青岛市档案馆的这些调查报告揭示了纠纷发生的原因及经过。

报告显示，人力车租在日占青岛时期（1914年至1922年）每天为日金6角。青岛回归后，胶澳商埠督办公署警察厅减为3角5分。1926年时，因车捐增加，车租随之上涨为5角。1928年8月，胶澳商埠局饬令人力车同业公会将车租减收5分，以6个月为限，嗣后改为4角5分。

青岛车行收租分为两季：旺季（官厅案定每年5月至9月）时，每天按4角5分收，但大多数仅收到4角；淡季（10、11、12月至次年1、2、3、4月）时，车主体恤车夫，仅收2角5分或3角。"主雇间相沿已成习惯，且相安无事多年。"

进入5月，车行按惯例上调车租，人力车夫工整会却坚决反对，认为"车行系擅自增加租金，只同意缴租三角"，并呈文请市党部出面交涉。

人力车夫工整会突然打破沿袭多年的行业规则，主要是同情人力车夫——他们入不敷出，生活窘迫。

青岛市档案馆保存的两份人力车夫生活概况明细表折射出1930年前后人力车夫们生存维艰的状况。

一份是1930年7月，市社会局王弘仁的调查（其时，青岛市有人力车夫2500人）：

一名普通人力车夫日收入：旺月时约1元5角，淡月时约1元或八九角不等。

普通晴日收入约1元，雨日按官厅规定，（车租）照平时加二成，其实不能一律办到，不过雨日可多拉座，可收入1元七八角不等。

最低生活费：每日4角5分。

会费：每月2角。

另一份是1931年1月，市社会局以200名人力车夫作样本，进行为期两周的调查，结果如下：

1929年：青岛车夫每人月均收入28.38元，月均支出33.76元，月亏5.38元。

1930年：青岛车夫每人月均收入27.36元，月均支出29.71元，月亏2.35元。

结论：人力车乘租价目应否分别改订，尚须从长计议。

人力车夫风餐露宿，整日奔波，依然食不果腹。其实车行也处在煎熬中。

再看市社会局王弘仁对人力车行作的调查：

青岛人力车行

车行家数：286家。

每家车数：一二辆、十辆、数十辆、一二百辆不等。

车辆价值：新旧两种，平均每辆99元上下。

车捐：每年分4期，每期3元。

修理费：每年每车大修需11元6角。

增租理由：金价暴涨，导致各种修理材料价昂，消耗繁多，不得不按规定租价（每日4角5分）收缴。

面对前来调查的市公安局人员胡宗成、市社会局人员陈克曜减租要求，人力车行均表示：在车捐递增情况下，单纯减车租是不公平的，"若再令减少至车夫愿纳之租（3角），实无力营业"。

接下来，围绕减少车租，市社会局、公安局与人力车同业公会进行了一番讨价还价。

6月9日和17日，陈克曜两次前往人力车同业公会，请其劝说车行实行折中方案——每日车租减为3角5分左右。同业公会推脱不下，便召集全体车行会议，大伙"拒不接受"。

6月30日，特别市政府发布公告，称"仰仍遵照本府第1454号指令转饬车行等，每日车租至多不能超过四角，勿得擅自增加"。

布告如同一纸空文——人力车同业公会仍请求按规定租价收缴，车夫则一再请求按3角缴纳。

7月2日，陈克曜会同市公安局督察长董荣卿，劝令人力车同业公会转饬车行暂仍照3角5分左右收租，公会答复"只允不超过四角"。

3日、5日，市社会局第二科科长董志道传见人力车同业公会全体职员，以车夫生活困难为由，责令将每日车租减为3角7

分，公会以车行全体不同意强硬拒绝。

21日，市社会局人员和董荣卿再赴人力车同业公会交涉。公会权衡再三，最终答应将车租减为3角8分。当他们满怀欣喜地赶到人力车夫工整会时，得到的答复是"坚决不接纳"。

自7月中旬起，针对车行拒不实行"车租三角"，人力车夫工整会委员刘长生、朱喜祯等三人煽惑部分人力车夫对车行和车主进行打砸，车主们遂呈文向政府求救：

> 刘长生等人怙恶不悛，如不严行禁止，恐有命案之虞。社会局调解车租之际，行业公会曾未超过三角，对此，车主们忍痛茹苦已月余。然车夫蛮横对待仍不得免焉。敝同业步步引退，刘长生煽惑车夫则步步追逼，人力车业无立足之地也。

为此，人力车同业公会吁请市社会局，在其收取车租时派人前来，"一则查看车主、车夫双方情形，二则以维营业而示体恤"。

人力车夫、车行因租金发生纠纷乃至冲突，有深层次原因：一是1930年5月，蒋介石、阎锡山、冯玉祥、李宗仁之间进行的中原大战犹酣，战争导致黄金和日用品价格大涨，市民生活日益窘迫，以车代步者减少，人力车出现供过于求现象；二是1929年、1930年，青岛市区新增公共汽车，增加出车班次，执行低价票，且招手即停，影响了人力车夫们的生意。

生意锐减时，人力车夫们曾将怒火发泄到公共汽车上，他们捣毁车辆，殴伤司机。

1930年2月2日，《申报》刊发新闻：

> 人力车夫与永兴公共汽车上月三十日发生冲突，捣毁汽车三辆，殴伤司机尹启东，为首肇事张安等三人，经解法院讯办。三十一日人力车全体罢工，并举代表五人谒当局，要求三项，当局接受一条，晚即复工。二月一日晨八时，又捣毁一辆，肇事张成荣认过保释，风潮至今尚未根本解决。

罢工潮起

虽然相关部门费劲周折进行调解，但车行苦于生计始终不允，当"租金三角"的诉求难以实现时，人力车夫们便釜底抽薪——罢工。

7月21日上午，青岛大街小巷上平时随处可见的黄包车一下子变少了，千余名车夫丢下车子聚集到市党部和市社会局请愿，要求车租仍按3角缴纳。

面对突发的罢工风潮，当局判定其背后必有人煽惑和组织，公安局随即将"活跃分子"人力车夫工整会委员刘长生传讯看管。

22日，《青岛民国日报》《申报》等刊发青岛人力车夫罢工的消息：

> 青岛黄包车夫今晨突然开始总罢工，市内已无车影。原因车夫要求将每辆每日租金四角减为三角，全市车夫集中于市政厅前大坪熟议，社会局正在奔忙调停。

罢工首日，市社会局紧急派员会同市公安局督察长董荣卿极力调解，劝说同业公会、车夫工整会互相让步，并极力劝慰车夫即日复工。

人力车同业公会最终同意将车租减为3角8分。站在车夫一边、希望通过化解纠纷提高威望的国民党青岛市党部训练部部长吴任沧亦表示认可，但人力车夫工整会坚决不接受。

"人力车罢工事关本市交通及贫民生计，自应早日解决。同业公会已让步至三角八分，车夫仍不肯遵照，收租范围如何规定殊感困难。"在调解时，市社会局相关人员颇感棘手。

"二十二日继续罢工，并发生暴动，车夫遇有包车、马车及公共汽车即行毁击，人畜多被毁伤。岗警出而制止，亦被殴打。又在临清路、清平路一带，捣毁了日本人自用人力车八辆，并涌至市公安局要求释放刘长生。"在给国民政府行政院院长谭延闿的呈文中，青岛特别市市长葛敬恩如是表述。葛敬恩并称"数种报纸从而和之，聚众千数拦阻交通"。

葛敬恩在呈文中还提到共产党"遍发传单"确有其事。《青岛工人运动史（1897—1949）》一书载，为鼓动人力车夫进行斗争，中共山东省委书记任国桢亲自执笔撰写《告人力车夫书》，安排相关人员散发到各处，同时派出省委职工运动委员会负责人孙劲文深入一线，组织车夫集会，向他们宣讲党的政策和斗争策略，教育引导车夫成立罢工委员会，并派代表到汽车、马车工人中，到各工厂中进行联络，争取工人阶级广泛援助，同时组织募捐队，成立纠察队。孙劲文的动员号召让到会的人力车夫兴奋起来，表示要广泛集合同行参加示威游行。第二天，孙劲文首批集合20多名人力车夫，正准备分头召集时被市公安局侦知，公安局遂派保安队赶来驱散车夫，并逮捕孙劲文等人。鉴于此，省委安排街道支部党员陈少敏、董汝勤、李文美等前往人力车夫家中，发动数百名妇女儿童赴市政府集会，并要求政府尽快放人。

曾参与此事的陈少敏晚年写有《回忆青岛人力车夫斗争家属请愿》一文，兹摘录整理如下：

> 对人力车夫的斗争，党是通过职工运动委员会来领导的。职工委员会是市委的一个部门，简称"工委"，对外则名"互济会"。职工运动委员会负责人是孙同志（真姓），名字记不得了。当时，我是职工运动委员会委员。孙同志（注：应为孙劲文）个人分工是领导市区码头工人、搬运工人。在斗争过程中，他曾在野外召集人力车夫开会，并作了讲演……

> 对家属请愿一事，省委当时有过报告，那是任国桢写的……市委研究过，一方面要估计到5000人力车夫罢工表示出的反军阀、反国民党统治的政治意义，一方面要注意缓和人力车和公共汽车之间的矛盾。汽车是先进的交通工具，将来革命成功了，落后的交通工具就会被淘汰，我们还是要坐汽车的。因此，我们引导人力车夫反对国民党政府。有一天晚上，我带着一些传单，有个警察跟在我后面问："大嫂，你上哪去？"我转了几个弯跑了，碰见一些人力车夫坐在那里聊天。我说："你们在这里干什么，应该起来斗争。"接着，我把传单撒给了他们……

当日下午2时，市公安局督察处查获少许《告人力车夫书》，内有"打倒压迫工人的国民党公安局""打倒欺骗压迫工人的公安局"之语。

23日，《申报》报道："青岛市府以三角八分调解无效，车夫要求：1．车租仍付三角。2．释放被押车夫工整会委员刘长生。22日，车夫千余人向党政各方请愿，仍无结果。"

是日，罢工和暴动如常，"砸车、伤人、阻断交通等事情迭有发生"。

人力车夫罢工愈演愈烈，有人乘机动员产业工人援助参与，焦头烂额的市社会局得到情报后赶紧派员前往四方、沧口一带工厂密集区明察暗访。

24日，鉴于"前方讨逆军情紧急，后方治安重要，罢工容易滋事"，市政府布告：暂定每日车租为3角8分，即日复工，倘再有煽动情事，即以扰乱后方论罪。

市政府还向车夫们传递参照其他城市妥拟租价的信息："车租价额市长本旨原拟参照各市情形，及劳资双方状态妥为规定，以期善后。各市情形由市府电询，并由社会局派员将以前所查车主购备车辆及种种损耗，每年需费、赢利并车夫生活状态，每日所得，再行复查估计，开一清单。拟一俟查竣后，再行妥拟租价，候市府核办。"

为防止枝节横生，24日凌晨4时起，市社会局人员分四组前往车夫集中居住地，会同前来的市公安局警员分头召集车夫剀切劝告，说服动员。

市社会局人员动员复工，人力车夫工整会委员和干事则强令车夫停业，双方进行新一轮明争暗斗，复工一时陷入僵持状态。市府大员闻讯震怒，遂令市公安局警察保安队、海军陆战队四出弹压，捕获主使人员及不复工车夫百余人，解公安局讯办。

25日早晨5时，市社会局派员10余人前往奉天路、山口路、登州路、聊城路、甘肃路、金乡路及小港一带，分别召集车夫重新劝导。"本市第一区、第二区各处车夫均陆续复业，惟有台东镇尚未一致恢复。是日下午，孙通等12人乘坐人力车前往考察情形，并藉以引导车夫，使其减少戒心。"

葛敬恩在给谭延闿的呈文中称，"因防范甚严及主使分子陆续捕获，罢工风潮暂告平息，25日复业者有三分之二"。

政府刚柔相济，恩威并施，人力车夫虽陆续复工，但危机仍未消除，甚至在潜滋暗长。

26日，《申报》报道："青市人力车夫罢工四日，经社会局派员各路劝导，二十五日已有半数复工。是日晚，大港外港等处，有人运动援助人力车夫罢工工潮，市上流传各业大罢工说。"

党政纷争

26日，人力车夫罢工请愿卷土重来。自人力车增租纠纷起，一直暗自较劲的国民党青岛市党部和青岛特别市政府争权夺利之势浮出水面，并呈公开化、白热化状态。

对于青岛特别市政府、市党部状况，有必要在此作一简要介绍。

1929年4月15日，随着北伐胜利，南京国民政府接管青岛。4月20日，确定青岛为特别市，属行政院直辖。6月27日，南京国民政府任命马福祥为青岛特别市市长。马福祥因军队编遣事宜未了结，暂未到任。7月2日，青岛接收专员公署改为青岛特别市政府，国民党市党部党务指导委员兼青岛市宪兵司令吴思豫代理市长。11月11日，马福祥到任视事。翌年3月10日，马福祥调任安徽省政府主席，葛敬恩接任青岛市市长。

蒋系国民党由于在青岛没有根基，接管青岛后把反蒋的国民党改组派清除掉成为当务之急。经过拘捕改组派首要分子、重新登记党员和核发证件、培训等，到是年8月下旬，国民党市党部已把改组派排挤出了青岛政治舞台。但改组派盘根错节，势力犹存，他们不甘失败，遂潜入台东、沧口、四方等工业区，鼓动工人罢工，挑起事端。

1930年5月，青岛人力车增租纠纷发生，改组派暗自叫好。国民党青岛市党部则颇为踌躇：如果强行制止，改组派和共产党就会利用工潮，使自己失去群众从而边缘化；如果迎难而上对车夫疏导，平息纠纷，反可提高自己的威望。经过一番权衡思量后，国民党青岛市党部坚定地选择了后者。车租纠纷乍起，他们就站在较弱势的车夫一方，不支持行伍出身的市长葛敬恩采取武力镇压。

26日上午8时，人力车夫代表100余人陆续来到青岛市党部请愿，要求：1.车租仍收3角。2.释放被捕车夫工整会委员及车夫。嗣后，他们遭到武装警察的抓捕。"市党部对此深为不满，恐风潮不免因此扩大也"，青岛市党政矛盾由此激化。

27日，《申报》报道了车夫请愿和被抓捕经过。

（市党部）训练部秘书周申甫出为劝说，此应静候市府解决。车夫正准备回家，不料甫出市党部大门，即有二十余人被警察拘捕，送往公安局羁押，其余车夫遂不敢外出。此时，党部周围满布警察，荷枪实弹，由市党部外出者，必先行盘诘，然后放行。至午后二时，周申甫在党部门前摄影，亦被警察拘捕，送往公安局。

下午三时零五分，忽有保安队第二队长朱侠、公安局督察长任东英率保安队数百人，全副武装，便衣警察数十名，手持绳索，一拥而上，先将市党部包围，朱、任二人即率武装警察十余人入内搜查。市党务指导委员会李翼中、吴任沧两委员见形势严重，恐激出意外，即赶至大礼堂与朱侠接洽，谓俟与葛市长面商后，再为处理。朱侠以已奉市长命令拒绝，双方辩论许久，毫无结果。吴、李两委员遂说"任你们办就是了"。朱侠遂下令将前后门把守，警察均上刀实弹，当将车夫全数拘捕，用绳反缚，押往公安局。

27日，青岛市党部通告各界，即日起暂时停止工作，"此举对市当局攻击颇力，惟一部分党员，闻将另有声明"。

对于抓捕请愿车夫引发的党政纷争，市长葛敬恩在给行政院院长谭延闿的呈文中叙述极为详细，这使得该呈文看起来更像是一份辩解书乃至告状信。

二十六日，公安局第二分局第三分驻所巡官欧阳钦报告称，市党部守卫张海泉面称，适逢党部委员传谕，本日本部召集车夫中坚分子开秘密会议，如各警士回局报告，定必严重罚办等语。警士以事出意料，恐关系治安重点，未敢缄默，特此报告。巡官当即遣赵汝芳先往保护，并维持秩序。旋据报称，车夫均在该部开会，秩序尚好。惟党部委员等看见巡官前往面现惊诧，谓：并未通知，奉何人所派而来？巡官回答：车夫前来集议，恐妨碍秩序，因负有保护党员维持秩序责任，循旧例前来，而该委员坚不准进内，遂外出。

旋据岗警吴纪中报告，南海沿栈桥有人力车夫二名，将号衣脱下前往党部，不久仍回栈桥，向各车夫交耳接语，各车夫遂拉空车他往，当即将该二人传送至分局。讯悉，一名李文富，一名胡中振，因市党部召集秘密会议，奉到意旨告知各车夫仍然罢工。分局以事关后方治安问题，况近奉中央明令，停止一切活动之际，倘有意外举动发生，影响前方战事。且连日发现共产党授助人力车夫罢工传单多件，万一乘虚而入，危及地方治安，于是请示市府，市府以风潮甫息，恐再酿事端，当即饬令公安局派警前往，将煽动工潮之主谋分子传案侦查，并函请市党务指导委员会查照。去后，旋据该局呈称，当派督察长任东英、第二保安队队长朱侠率警前往办理。兹据复称，职等会同第一分局局长孙秉贤前往投函，并用和平态度说明来意，孰料市党部委员李翼中、吴任沧及党员等非但弃市府公函于不顾，及怒气勃发，咆哮如雷，始向职等推打，继而辱骂，李翼中当场公然骂职等什么东西，并有拼命等语，彼此无礼，职等始终用和平语言声明理由，并求该委员等谅解。正在诉说之际，室中之车夫忽然大哗，竟以暴动，职等遂即用善言劝导，各车夫务要安心，近奉中央明令，在此军事特殊时期，一切停止活动，希望大家客客气气，到公安局问几句话，并无恶意。正劝导间，吴任沧委员劝各车夫向外冲出，形似潮涌。职等开始在该部门外用和平举动，将该车夫代表等传送第三科收案，计八十二名。此次传送车夫仅在大礼堂内办理，至该部办公室及其部分，并未涉足，事后请该部委员签字或盖章证明，被拒绝，随即回局复命。

市府为大局计、为地方计，不得不将罢工风潮于最短期内解决，至任何方面加以诬陷之词，无暇顾惜。

葛敬恩在呈文中称，市公安局随后对82名车夫隔离讯问，分情节轻重斟酌办理，以明真相。29日，将情节较轻者杨友月等人释放，情节较重者尚有数十人暂押审讯。对未释放的车夫，市政府给每个家庭发放维持费4角，以示体恤。倘无枝节发生，日内即可取保释放。

《申报》报道："二十七日晨，人力车夫全部复工，工潮已平息，市上亦极安静。"

善后处理

28日，青岛市政府强行停刊国民党青岛市党部掌控的《青岛民国日报》等报纸，然后电报"中央政府"。其停刊的理由是"颠倒是非，污蔑政府"——"市指委李翼中密集车夫重煽工潮，并利用民国日报、青岛民报、国民社尽力宣传，冀乱听闻，颠倒是非，污蔑政府，谨遵总座谕准办法，暂令停刊，并禁发扰乱传单，静候中央处分。"

次日，《申报》就此刊发消息："青岛市府因民国日报、青岛民报登载车夫罢工案，有污蔑政府语，二十八日公安局派警察便衣队在该报馆门前守候，制止送阅，并令该报二十九日起停止出版。"

几乎与此同时，市社会局下达措辞强硬的布告，并函请市公安局协助："每日车租暂照三角八分，有超收者从严核办。"

迳启者　本市人力车租，前于七月二十四日奉市政府布告规定，每日暂照三角八分收缴，所有全市车夫均已一体遵照复业，深恐各该车主尚有增收车租情弊，致滋事端。除由敝局随时派员调查外，相应函请贵局令饬各区分局，倘查有车主不遵命令，仍按四角收租，或增至三角八分以上者，即予从严核办，以儆效尤，而弥纠纷，至希查照办理为荷！

人力车夫工潮引发青岛特别市党政纷争事受到举国关注，"党政两方因误会而引起暗潮，各执一词，电呈中央，报告经过情形"。

青岛市档案馆存有双方呈报"中央"的电文，致电时间均为7月26日，电文分注"火急""国急"。

是日上午，葛敬恩致电国民政府主席、行政院院长：

顷电计达，本日上午工整会胁诱车夫领袖八十余人，密集党部礼堂秘（注：应为密，下同）议再鼓工潮，力图扩大，分派多人阻止岗警报局，局员往查，辱骂驱出，势极严重。不得已由职府备函请商党部交出车夫，并派警在开会之礼堂门首，将各车夫带局分别劝讯。查日来兹（滋）扰之凶恶分子，殆大部在内，益信此次工潮确由此辈开会者煽惑而起。自经解散该集会后，市况渐安，人心亦定，倘无枝节，当可结束。惟顷党部自行将各室器物作为凌乱毁坏模样，摄取影片谅将入人以罪，至警队办理此事，除闭会之礼堂门首外，实未有到他处一步。诚恐以伪乱真，捏造误会。除饬局将带局各人分别留释妥慎防维外，谨此电闻。并乞将真相转呈中央党部为祷。

国民党青岛市党部致电"中央"党部、总司令：

青岛人力车夫公会贿通社会局，强加车租三分之一以上，车夫被迫罢工。市府不顾政府令誉，一味左袒资方，将车夫工会非法解散，并四处逮捕车夫，至今已达三四百名之多。本日车夫代表百余名前来请愿，市府竟饬武装保安队、武装警察及便衣侦探五百余人，将党部严重包围，请愿代表出即遭拘捕，至多数代表赵趄不敢回。迨下午三时许，该武装保安队等由长官命令，将武器实弹冲入市党部，同时蜂拥而进者，又有便衣侦探数十名，不问情由逢人即捕，被捕者更惨遭殴辱，无或幸免。本属会李吴两委员被禁锢多时，训练部秘书周申甫同志亦被拘押公安局，会内各办公室及各工作人员宿舍均以愿迹反动分子为词，遍加查抄，重要文件遗失无算，党部内外交通全行隔断，工作人员均已失却行动自由，此事全系市长葛敬恩一人所为。如此摧残劳工，制造后方骚乱，破坏党务，甘冒反动之讳，实为革命前途痛苦。恳请迅行急电制止，并严加惩办以息群愤，无任切盼。

因为一是接管青岛仅一年多根基未稳，二是中原大战尚杀得难分难解，作为后方的青岛亟须稳定，"中央政府"对青岛市党政纷争的态度是"持平调处"。

《申报》报道了"中央政府"调处青岛党政纷争的做法——工潮引起误会时，时适"中央委员"张道藩在青岛，即极力排解，并劝告双方勿走极端，静候"中央"解决；"中央"训练部部长戴季陶来电招青岛市指委委员李翼中速赴南京，垂询一切。

26日下午，国民政府文官处电复葛敬恩："奉主席谕宥午电悉，即函请中央党部电招李、杨等来京训谕。"

此前，国民政府文官处致函"中央"党部秘书处，建议"调虎离山"："为巩固后方防止反动计，可否即令李、杨等离青若干日，作为给假或调京抑另处置？"

"中央"党部秘书处欣然采纳。

30日，李翼中奉命搭乘轮船南下，"中央令双方和衷共济，万勿萁豆相煎，贻人口实"。

对于青岛市政府强令停刊的《青岛民国日报》，29日，国民党中宣部部长叶楚伧、副部长刘芦隐联名致电市长葛敬恩、青岛市党部，准予照常出版："此次纠纷，中央已决定调处办法，本部根据中央意旨，已电葛市长，恢复民国日报自由，以便照常出版，并望诸同志本巩固后方之旨，静候中央调处，免中逆方之计，而贻国人之讥。"

在国民党中宣部大员干预下，8月1日起，《青岛民国日报》恢复出版。

党政纷争平息后，青岛市政府着手解决人力车夫租金事宜。

媒体报道称，市社会局局长杨津生秉承市长体恤车夫之意，传见人力车同业公会职员，剀切晓谕，责令将车租减为3角6分。翌日，公会来函不肯照减。

此后，市社会局又传见市人力车同业公会会长姚丰亭，责令负责转商各车行容纳减租意见，以便呈报市府确定车租，"各车行坚以维持7月24日之布告为请"。

屡谈屡败，失去耐心的市社会局强制推行"日租三角六分"。8月30日，市社会局谕市人力车同业公会规定车租收费标准：

> 案奉市政府训令，查本市人力车夫因争车租罢工，七月二十四日业由本市府布告车租暂照三角八分减收，先行复业以利交通在案。本府详细调查各车行，现收车租并非一律，且有车行因顾念车夫生活艰难，收租较廉者。兹特规定本年九十两月每日人力车租一律按三角六分收缴，至九月一日以前未缴车租，仍按照三角八分收缴，以清手续，而免纠纷。合行谕饬该会转告各车行一体凛遵，勿违。

至此，人力车夫与车行之间租金之争尘埃落定。按照新的租费，为了一家人的糊口和生计，人力车夫们又挥汗奔跑在青岛的大街小巷上。

接下来的史实证明，1930年7月底，国民政府对青岛市党政纷争的解决系权宜之计。

8月15日，蒋介石的大军攻占济南后，胜券在握的南京国民政府即腾出时间和精力清算青岛党政之争，措施是：原市党部委员全部调离青岛，8月底，另派侯圣麟、梁醒方等人重组市党部；批准葛敬恩6月19日递交的辞去青岛特别市市长职务的呈文，派国民政府卫生部政务次长胡若愚接任。

9月1日上午9时30分，胡若愚乘坐"镇海"号军舰抵达青岛，开始了他短暂的市长生涯。

经历轰轰烈烈、震惊朝野的人力车夫大罢工事件后，青岛市公安局对如何管理人力车夫这一庞大群体进行反思，并琢磨出行之有效的管控利用手段。

人力车夫酝酿大罢工，市公安局作为重大警情对待时，曾对人力车行业作详细调查，青岛时有营业的人力车共2524辆，"平均每车车夫以二人计之，约在五千余人"。

"车夫人数较警察多，且昼夜驶行，耳闻目睹，所得消息，亦比警察为广，且多确切可采"，基于此看法，市公安局决定对人力车夫们集中训练教育，以期为其所用。于是，趁每年集中检验人力车"车夫随车逐日云集之际"，派警员印发"训话小册子"——发给车夫，内容包括遵守交通规则、弘扬职业道德、协助警察共同维持治安的方法，用"简单言语，详为讲解"。

市公安局还出台《训练人力车夫补助工作办法》，共16条。其中，对人力车夫协助警察工作及存心向善者，予以褒奖，分设特等奖、定期奖、临时奖三类。对报告案情救助人命及迷失小孩，并捡拾遗物报招领者予以特等奖，特等奖分奖金、奖章、奖证及通知人力车夫公会复奖四种。给予奖金者，其所属之车主、把头酌量情形并奖之；给予奖章者，应使车夫佩带在右臂，以彰善行。除劝告市民遇乘有佩带此项奖章者，务优予车资，以资奖励外，市公安局警员须率先躬行，藉以提倡；给予奖证者，市公安局应特加维护，如因过失违反交通秩序者，酌量情形，谅予罚办。

给市公安局报告案情信息、救助人命、捡拾走失儿童等既有名又有利，人力车夫们何乐而不为？《青岛警察沿革》载，

《青岛市训练人力车夫补助工作办法》实施后，人力车夫忠勤协助，历年因此破获匪盗、骗窃及救护自杀等案为数可观，并"造成车夫警察化"，市公安局拟将该做法推广至其他栈役做工人群中。

延伸阅读

罢工日志

青岛人力车夫大罢工的1930年7月，市公安局调动警力监控、跟踪、调解、抓捕，并以日志形式记录了罢工过程。如今，这份《人力车夫罢工状况日报表》静静地躺在青岛市档案馆内。

21日上午7时20分至8时31分：有车夫二三百人到市党部请愿，党部让其到人力车夫工整会反映情况，他们又在铁桥水门洞（大窑沟）及中山路北首聚集，有百余名车夫对来往的马车拦截。

22日：人力车夫罢工恐生事端，早晨5时，公安第一分局巡官孙家祥、傅炳昌驰赴商河路人力车夫工整会，该会常务委员张俊吉、朱喜祯没有维持秩序办法。至8时，车夫群众逐渐聚集，巡官婉言劝散，乃该车夫坚持欲赴市府请愿，巡官没办法制止。第一分局电请保安大队派警员迅速前来协助。

巡官沿途弹压，初未发生争端，不料罢工请愿的车夫行至临清路、清平路时突然暴动，将日本人自用的人力车捣毁6辆，日人妇女外出殊多悬念，日驻青领事请公安局迅速查照，严重取缔。

上午11时10分，人力车夫在中山路暴动，遇见马车及公共汽车即上前捣毁。12时15分，中山路上的肇事车夫结队赴市党部，在大沽路路口砸毁长途汽车1辆，车灯、玻璃俱毁，并将卖票人于春甫右眼打伤。后又在明华银行门前砸毁包车1辆。

下午1时，人力车夫们到市公安局请愿，要求释放煽动罢工的刘长生。警员答复说刘长生系奉命令拘押，不便遽行释放。

下午4时，自市公安局请愿回返的车夫行至中山路北端，见有黄色汽车2辆，当即蜂拥向前意图捣毁，幸有公安第一分局一驻所王巡官赶到排解。巡官一面令该车开回停车场暂停营业，一面制止车夫暴动，车夫们始悻悻离去。

下午4时许，人力车夫约300人在堂邑路将永兴公司黄色汽车玻璃砸碎。

下午4时40分，结队游行的车夫在馆陶路散去。

下午9时50分，公安第二分局接到人力车同业公会蔡姓人员报告，人力车夫明早五六点排队到寿张路一带，意图捣毁"赁车之家"，请电知分所加强防范。此前，巡官傅炳昌电称，车夫23日仍将在商河路人力车夫工整会集合。

23日：上午9时，第一分局报称，济南路、山西路附近，车夫百余人将马车任意捣毁，又到汽车站捣毁汽车。上午10时20分，第二分局报称，胶州路第二派出所以东，有人力车夫百余名游行，后至日本大庙（辽宁路附近）阻拦汽车。上午11时，一部分车夫在馆陶路电话局处将5号汽车水柜砸毁，价值100元，并砸碎玻璃三方。11时20分，在太平路市党部附近，将10号汽车大玻璃砸毁。

24日：第四分局巡官报称，罢工请愿车夫皆得到鲍岛人力车夫工整会的命令。分局长令各分所加派巡逻，岗警严加防范，对所有车夫居住地严加监视，继续调查有无过激分子及团体以外的不良分子加入捣乱。

当日上午，经市公安局、市社会局走访劝告，车夫出车情形甚好。下午，出车甚少，有不良车夫砸毁车辆，刀割轮胎，卸下轮轴、螺丝等事发生。

25日：第一分局管区出车900辆，第二分局管区出车约600

辆，第四分局管区出车40辆。

26日：上午9时30分，第一分局巡官报告，市党部召集车夫中坚分子一起召开秘密会议，遂派警前往调查。接下来的过程与市长葛敬恩给行政院院长谭延闿呈文内容大致相同。

27日：公安第一、第二、第四分局均报称，是日管区照常，并无事故（注：是日，人力车夫全部复工）。

1926年：人力车主请愿增租

查阅青岛市档案馆馆藏的《胶澳商埠时期文件档案》获悉，早在1926年春，青岛人力车车主就以经济不景气、车辆无序增长、原材料价格大涨等原因，联名向胶澳商埠警察厅、胶澳商埠局总办赵琪递交增加车租的请愿书。

鉴于这一时期"百物昂贵，营业维艰"，胶澳商埠局同意警察厅所采取的折中办法，即每日加增车租1角（非车主提出的1角5分）。

这份请愿书由姚丰亭等9名中国车主、田中寅吉等2名日本车主联名，提交日期为1926年4月16日。

请愿书称，青岛在此前出纳各费以金洋为本位，出租价目及车夫营业价目一律以金洋支付。车租定为每天金洋6角，车夫营业价目则按道路远近制牌列表，标树通衢，俾众周知。"历经数年之久，车业一部，从未发生若何苦难"。

1922年12月10日，青岛回归后，执掌青岛的中国官员"既不明从前定价情形，又不顾将来利弊"，竟将车租减为银洋3角5分，并将车夫拉座价目由日占时期金洋1角核减为银洋8分。调整政策开始施行时，所需材料、人工、伙食还没有增涨，全市1700辆人力车，"虽无利可图，尚不致大受亏损"。

令人力车车主不能容忍的是前任胶澳商埠警察厅长程立核减车租后，允许新增800余辆人力车。其时，青岛市区人口9万多，按平均每50人需车一辆计算，每日所需车辆不过1800部，全市累计有人力车2500多部，车主、车夫经营艰难可想而知。

另外，因为车辆供过于求，营运竞争加剧，恶性循环开始形成，车主、车夫双方交困，"几有同归于尽之势"——"车夫终日勤勤，所得无几。除每日糊口外，即无余款缴纳车租。各车主因车租收入维艰，缴纳车捐、维修车辆及一切开支均感困难。"

其经营维艰，还受到青岛经济萧条影响。

1924年秋，青岛人力车同业公会召集全体车主讨论补救办法，一致决定将全市所有车辆按各家营业数目分别扣留700余辆，使2500余辆之生意重归于1800余辆。所扣车辆营业虽停止，但各车主仍按数缴纳车捐，此中忍痛及所受损失非一言所能罄述者。

青岛人力车行业"值兹苟延残喘之秋，又逢百物昂贵之际"，接下来，请愿书列举价格上涨的材料予以证实：

> 向日所用胶皮外带，每付不过十元有零，今因原料缺乏，已涨至十九元矣。裹带不过三元有零，今已涨至七元矣。白布每匹不过八元有零，今已涨至十一元矣。其他铜铁、油漆、木料、人工、伙食，无一不涨至二三成或四五成。兼之敝业所有材料，大半购诸洋商，近受钱色毛荒影响，暗中亏损，更有不堪言状者。

请愿书称，自军兴以来，澡堂、酒楼、理发店、汽车行及各种营业价格无不增涨二三成，唯独人力车租金及车价均照以前所定的价目。若不设法维持力图挽救，不但长期亏累，而且会影响每季应纳车捐及劳工生活问题。为此，他们请求胶澳商埠局迅速饬令警察厅将每日车租准予加洋1角5分，并将车夫价目表一律按照银码加增二成；另制木牌，树标通衢。

4月18日，胶澳商埠警察厅厅长程镕向胶澳商埠局总办赵琪递交呈文，称："此次各车主因本埠百物昂贵，营业维艰，据呈文及面陈各节，默察现状，尚属实情。惟每日加租一角五分，似觉稍多。兹为体恤车业，维持车夫生活起见，每日拟加车租一角……以期兼顾并筹，两无妨害。"

赵琪阅览呈文后批示：已据警厅呈拟折中办法，每日加增车租一角，以维车业而恤车夫。

被遗忘的青岛警察公墓

已有80多年历史的青岛警察公墓部分遗迹尚存，它就在青岛市市北区金华路39号汽车维修厂对面的山上，只是无人修缮，缺乏管理。

拨给官地10亩创设警察公墓

1930年7月31日，青岛市公安局第一科文书股主任骆金铭上书局长，请其呈请市政府"拨给相当官地十亩，创设警察公墓，并春秋致祭，以使死者含笑九泉，感盛德于千秋不朽矣"。时任局长余晋龢阅后批示道："所见甚是，即拟呈文请赐拨。"

1930年8月15日，市公安局向市政府呈文"拟请拨给官地创设警察公墓"：

> 窃查贱局按现编制，官员、长警、丁夫连第三保安队归后，综计人数达四千人左右，冒暑冲寒，披星戴月，其职务之苦无可讳言。贱局官员、长警、丁夫本市之人甚少，隶籍南北，假设遇死，上有家属者固可搬枢回籍，得以魂归故土。且年年时局不靖，往往因受战事

影响，途为之梗不得返，浮厝一时。甚有只身无家可归者，一旦死亡，由来埋葬湖岛，一经埋葬，稍一年久，不但无人忆及，竟至失考无所，究竟是否抛弃不得而知，稍具知觉者睹物伤其类，思之不寒而栗。钧长准予令饬财政局拨相当官地十亩，俾作警察公墓，责成共济社经营，先草创规模，以为警察葬身之地，一俟共济社基金充裕，再行建筑围墙，派丁管理，未来长警政者，例应率同僚属春秋致祭以慰幽魂。拟请拨给官地创设警察公墓。

市公安局呈文创建警察公墓，与其时青岛墓地建设大环境有关系。

1904年，德国胶澳督署在青岛建立欧洲人墓地，规定只限租借地内界外国人死亡者埋葬。华人亡故后须葬于湖岛义地。该义地共174亩，由德胶澳督署自当地居民手中购买。同年11月12日，胶澳督署公布《义地章程》，规定凡有灵柩葬埋在该义地者，由华人公会执事将死者葬埋日期、性别、姓名、年庚、籍贯、亡故原因、坟墓号码等分别详细注册，每月抄呈辅政司查核。

而此前华人义冢地在海滨，德侵占后迁徙到台东镇利津路附近。湖岛义地开设后，台东义冢1651个坟丘被迁往该处。该义地由胶澳督署中华事宜辅政司督理，后转饬华人公会承办，由商务公局管理。1910年8月17日，商务公局撤销，由齐燕会馆、三江会馆和广东会馆轮流值管，后由齐燕会馆独自经管。

1924年，湖岛义地已是大小坟头林立，空间逼仄。鉴于此，经胶澳商埠局同意，齐燕会馆发起集资，将义地附近各原地户20亩耕作权收回，始得完全充作义地。数年后，本埠人口渐繁，死亡人数增加，原有义地葬埋已满。

1927年10月，齐燕会馆会长宋润霖呈请增拨官地扩充义地。11月15日，胶澳商埠局派人查勘后，将孤山以南空闲官地40亩2分4厘6毫全数拨给。由于此次所拨土地纯系官有，齐燕会馆不必再行集资，但须负担孤山新义地附近往来道路的修筑以及对该路损坏随时修补。

40亩官地拨付后，义地紧张局面缓解，胶澳商埠局就此严厉提出："其有任意埋葬不在义地内者，无论军民人等均须一律迁移改葬云。"

此语显然有所指。安国军直鲁联军自1925年驻扎万年兵营（注：今中国海洋大学鱼山路校区）起，每有士兵去世即安葬在万年山周边，有碍观瞻，胶澳商埠局不胜其烦，仅1927年春夏之交就三次训令警察厅、致函驻军司令部迁移坟墓。

1927年4月28日，胶澳商埠局训令警察厅迁移改葬第八军死亡兵士，称："自第八军驻扎万年兵营后，所有病故兵士多就近葬埋，万年山前计（民国）15年春季埋葬3名、夏季5名、冬季2名，（民国）16年春季2名，共计坟冢12个，占地80方公尺。该处坐落在第一公园西部，素为中外人士游览之所，似此荒冢累累，满目怆凉，殊属有妨观瞻，亟应一律迁往湖岛子葬埋，以符定章。"

接到商埠训令后，警察厅迅速派人现场查看，不仅清点出13座旧坟冢，而且还发现了两座新坟。经落实，系第一军69师175旅575团1营3连士兵廉培标、徐保华之墓。因涉及军方，警察厅未敢贸然动手，遂向商埠局汇报。5月14日，胶澳商埠局致函69师司令部，请其将万年山兵士两座新坟尅期迁葬，并"希通令各旅团营，嗣后如有病故兵士，务须往湖岛子义地葬埋，以符定章，事关市政"。

5月29日，商埠警察厅第一区警察署第七分驻所警察巡查发现，福山路北首有新坟一座，系安国军直鲁联军69师175旅527团2营6连7班二等兵王善武之坟。巡警迅速向署长欧阳籍汇报，欧阳籍则向厅长吕敩亮呈报。最终，胶澳商埠局致函胶东防守军司令部，函中称："福山路近第一公园之前，中外游人甚多，本埠西人多居住附近，若任埋葬尸体，不但与公共卫生诸多妨碍，即国际观瞻亦属不雅，呈请贵司令部烦为查照，转饬该管营连设法迁移并加禁止，以重卫生而维瞻视。"

"1927年，齐燕会馆领取孤山义地40亩，以备湖岛义地不足之需。1930年，青岛市公安局申请为警察修建公墓，最终将40亩地中的10亩移交给了公安局。"青岛市档案馆编研处原处长孙宝锋说。

由骆金铭编著、1934年出版的《青岛警察沿革》一书中，有《创设警察公墓》一节，详细记述了设置过程，并附有管理墓地准则。

该书载，市公安局第一科文书股主任骆金铭申请官地建警察公墓呈文，局长余晋龢极表赞同，即经呈奉市政府核准，令饬财政局拨给四方孤山官地10亩，至1931年由共济社醵资5000余元，鸠工庀材，大兴土木，先后建筑大门围墙，祭堂三间，停柩室三间，管理人员住室二间，栽种花木，并拟订管理墓地准则，曾将墓地划分等次，甲等员官，乙等长警，丙等丁夫，雇用看守人，专司启闭、洒扫、培植、整理等事，并派第五分局第二分驻所巡官为管理员，就近监督一切，从此埋葬有序，岁祭有时。自房屋落成后，即确定每年4月10日和10月10日为春秋致祭之期，届时由警察长官率属致祭，以昭诚敬。

《青岛市公安局管理墓地准则》共分15条，分别是：

一、本局追念在职员官长警丁夫生前勤劳起见，创设公墓，以便厝葬，定名曰：青岛警察公墓。

二、本公墓设管理员一人、工人若干名。

三、管理员承局长之命，管理墓地厝葬迁移春秋祭祀维持秩序，并注重清洁事项。

四、工人承管理员之命，整理墓地一切事项。

五、凡本局暨所属员官长警丁夫，遇有在职死亡时，无论积劳病故，或因公殒命，其灵柩除家属自愿领回不计外，均得厝葬本公墓，惟已准长假或开革后死亡者，不在此列。

六、公墓地概编列地号，厝葬时应依地号，由局长批准之。

七、凡属在职员官长警丁夫，死亡后灵柩一时不能运回原籍者，得分别搬运本公墓厝葬。

八、凡举行厝葬时，应由该管长官填具报告书，请求本局核准，填给厝葬地号通知书，通知管理员办理，报告书及通知书，以三联单如附式。

九、管理员接到本局通知后，即饬工人按照定式，挨次依号厝葬，不得紊乱，其墓式碑式另定之。

十、凡葬本公墓之员官长警丁夫，除搬运费自理外，其筑墓工料费，分别规定如左：

1．委任官以上运碑每墓洋三十元。

2．长警以上运碑每墓洋二十元。

3．丁夫运碑每墓洋十元。但该故员官长警丁夫后裔，欲加工不超过规定地位者听其暂厝殡舍，仍行运回各柩，不收厝费。

十一、凡葬本公墓之筑墓费，应由该故员官长警丁夫名下所得共济社赙助金内支给之。

十二、凡葬本公墓者，既为警察先进，除依号注册永久保存外，每年春秋由本局长率同僚属前往致祭，以示崇隆，其各故员官长警丁夫后裔自行祭祀者，不加限制。

十三、本公墓所葬坟墓，每年春秋致祭前十日，由共济社酿资派员监视填土，或修理一次，以垂久远。

十四、凡葬本公墓之员官长警丁夫，其有生前功勋，死时事迹，足树楷模，可风后世者，得有本局撰述表扬之。

十五、管理员以及工人对于本公墓坟墓树木、房屋、器具具有保护之责，不得损害以及从中渔利情事，违者依法严惩。

警察公墓竣工时间为1931年年底。警察公墓建成前夕，时任市长胡若愚为之题写匾额："捍卫留绩。"

绿化、致祭、看守诸事宜

警察公墓竣工后，青岛市公安局迅速着手绿化、制定颁布祭奠事宜。

1932年春，青岛市公安局向市农林事务所送达《关于拨给警察公墓树苗的函（附栽植种类）》。函称："本局四方孤山警察公墓已于上年冬季建筑完成，时值气候严寒，尚未栽植树木，兹当春令，拟请贵所拨给多种树苗若干，以资点缀。惟该公墓为警察团体所创设，此项树苗能否予以免价，相应抄单一并函请贵所查照。"

三天后，青岛市公安局发布训令：

> 警察公墓去冬建筑完成，兹当春令，亟应植树，以资无毁，并按管理墓地准则第十二条、第十三条之规定，每年春秋两季由本局长官率同僚属前往致祭，附具仪式。谓核办等情，经本局决定，每年四月十日、十月十日为春秋致祭警察公墓之则，除函农林事务所预给树苗栽植外，令仰各所即便遵照，届时前往与祭。切切。

3月18日，青岛市农林事务所回复："梅、刺松、刺柏、冬青现无苗木不能给付。枸杞、洋槐、扫帚柏未列高度株数，尚须另表列明，再行酌给。其余苗木均可照数拨给，惟松树项尺度稍大，掘取运搬均感困难，成活亦颇不易，拟函复该局，请派员来所接洽，复再行办理。"

为提高绿化率，次年4月1日，市公安局再向市农林事务所递交《关于免费给警察公墓及毒品戒验所树苗菜种的公函》。函称："该公墓地广树稀，殊多空隙，颇宜种植。际兹春暖植树时期，拟于四月十日在警察公墓添种水桧柏等树苗二百株……"

4月8日，市农林事务所回复："免费拨给警察公墓用苗侧柏二百株，毒品戒验所用苗黑松二百五十株。"

1934年7月，青岛市公安局出台警察公墓看守办法，共分为13条：

第一条　本局警察公墓看守事宜，依照本办法办理。

第二条　依照管理警察墓地准则第二条之规定，设左列人员。

1．管理员。

2．看守员。

第三条　管理员由局长指定所管区巡官一人兼任外，看守人遴选身家清白，并有家室者充任之。

第四条　看守人应受管理员之指挥监督，负全墓看守之责。

第五条　看守人服从职务如左：启闭洒扫、器物保管、地面暨墓容整理、园林灌溉及栽种树木。

第六条　看守人除前条所定职务外，得兼本公墓营葬事务，其工价依照管理警察墓地准则第十条之规定办理。

第七条　看守人由公家给与住所，并得契眷属同居。

第八条　看守人得每月酌给工资，并春秋两祀例奖外，不得另取他费。

第九条　看守人承办营葬事务，其工具自备之。

第十条　看守人应具保结书，交给所管分局转送本局存案。

第十一条　祭堂除受管理员指示及有祭祀开启外，应加锁闭，钥匙由看守人保管。

第十二条　凡因时间不及暂厝之灵柩，应加特别注意。

第十三条　看守人不得有左列行为，违者处罪。

1．聚赌或容留闲人。

2．毁损房屋或一切公有物品。

如今唯剩祭堂看护房

2014年8月，笔者前往金华路39号——青岛市警察公墓旧址作了一番探访。

这里已是一处汽车维修厂，从大门进去，左侧是车辆维修车间，右侧有一便门，从便门进入是一斜坡土路，斜坡右侧一堵五六米高的大墙，部分墙体用旧式红砖砌成，上面还有被拆除的连体建筑的痕迹，历经风霜雨雪，砖体部分剥落，砖色已变成暗红色。沿坡上行，荒草丛生，一株粗壮、枝叶婆娑的银杏树横在眼前，树下是个小门，仅容一人通过。

从小门进入是个大杂院，院子里长着七八棵银杏树，同样枝繁叶茂，树下堆满了废品杂物。大杂院内散落着四处临时搭建的木板房，在一处简易木板房后面，一高一矮的两栋连体红色建筑分外显眼，屋顶上的一些瓦片已脱落，部分脊瓦断裂。

"这两处红房子中，高的那处是警察公墓的祭堂，共三间；矮的那处是看护房，共两间，当年我爷爷就住在看护房里。"大杂院主人、是年56岁的矫杭本说。他祖籍青岛市城阳区棘洪滩镇，爷爷矫清法是民国时期的警察，20世纪40年代中末期被选中前来看管墓地，一家人随往。爷爷去世后，父亲矫红进带领家人继续居住在此。前些年父母离世，他便将此处分割租赁，一家人搬进市内居住。

"警察公墓祭堂的对面是一个大水库，水库南侧是一座小山。20世纪60年代前还是山清水秀，当地人叫它蛟龙湾，附近湖岛村、孤山村等几个村子的妇女常来洗衣服。我爷爷看护警察公墓那个时期，因为常年值守，当地人就把蛟龙湾叫成了'老矫湾'。"矫杭本说。

当年一池碧水的蛟龙湾现已堆满垃圾，没有了水湾的印记。而南侧的小山几近荡平，上面零星地分布着在建楼房。

1980年，负责管理警察公墓旧址的市公安局将此处转让给公安消防部门。

市消防支队工作人员证实，青岛解放后，警察公墓先由公安部门接管，后来又划拨给消防部门。

作为警察公墓重要组成部分的祭堂连同看守房，如今残破不堪。祭堂房顶已出现了多个破洞，漏雨透风多年，至今没有修缮。"祭堂的房檐、门楣、门窗，全部采用质地坚硬的木材，历经80多年风吹雨淋，没有半点腐烂，现在用手敲打还咚咚作响。"

矫杭本说，祭堂的大门、窗户等，当时全部用红色油漆装饰，并雕刻花纹，古色古香，如今已脱落殆尽。

"祭堂的大门共有四扇，两扇还在。祭堂的重要物件——木质牌匾我至今保留着。"在笔者要求下，矫杭本打开祭堂门锁，将室内凌乱堆积的物品移开后，吃力地搬出牌匾。这块牌匾长2米有余，宽1米多，正面刻着"捍卫留绩"四个大字，边侧刻有"中华民国二十年十月"，落款是"胡若愚题"。

"'捍卫留绩'匾额就悬挂在祭堂大门正上方，悬挂的两个挂架至今还在。"矫杭本指着两个颜色发黑但完好无损的木质挂架说。

矫杭本表示，除牌匾之外，警察公墓还有一些石碑，已作为临时房的基石埋在地下，另有一个祭祀用的"莲花座"，至今仍在院内的空地上。

从青岛市文物局获悉，在2007年到2011年第三次全国文物普查中，"青岛市警察公墓"曾被列入考察对象。专家在现场查看后，根据国家文物评定标准，认为其不符合文物保护的范围，故未申报。

延伸阅读

欧人公墓

在占领青岛的第二年，即1898年秋，德国胶澳督署就开始考虑建设一座公墓。

胶澳总督府编写的《胶澳发展备忘录》（1898年10月至1899年10月）载："若要扩大城市建设规划，就需要迁移原来的墓地。新墓地位于俾斯麦山（即青岛山，又称京山）的南坡，环境优美，面对克拉拉湾（即汇泉湾）。这里地势呈梯形上升，坟墓在每个梯田上面被安排成两行，梯田中部有一条宽阔的道路，最上端计划建一座墓地教堂，并计划在下一会计年度动工。"

1904年，"新墓地"建起，胶澳督署规定只限租借地内界外国人死亡者埋葬，故称欧洲人墓地。该墓地直接受胶澳总督府监督，埋葬事宜统由德国卫戍监理部掌理。

欧人公墓是一座充满异国情调的墓群，曾被视为青岛景点出现在国内外名人的文章中。

英国F·帕默、M·克里格在所著的《青岛（1898—1910）》游记体长文中对欧人公墓有过记述："越过俾斯麦兵营，顺山路约行2公里即是万国公墓，公墓中有耶施克总督、著名汉学家和植物学家福柏（花之安）教士及克利斯特少校的墓地……"

1923年12月15日，胶澳商埠督办公署发布《欧洲人公墓埋葬章程》。

1926年10月，欧洲人墓地改称"胶澳商埠万国公墓"，并加筑围墙，修建石门，"藉资保护"。

1927年6月22日，胶澳商埠局制订《毁坏公墓罚则》。8月，为解决万国公墓停柩无所问题，胶澳商埠局总办赵琪与胶济铁路局局长赵蓝田商定，共同捐款在公墓内建筑停柩室一处，并附建休息室。

1929年4月15日，随着北伐胜利，南京国民政府接管青岛，胶澳商埠局更名为青岛接收专员公署，7月2日，青岛接收专员公署改为青岛特别市政府。1930年9月，青岛特别市更名为青岛市，万国公墓划归市社会局管理。

1935年夏，著名作家、学者苏雪林采写一组介绍青岛的文章，其中包括《万国公墓》。她在文中称：

> 青岛的万国公墓位于中山公园正北的一座小小山岗上，距离我们居住的福山路二号不过廿分钟的路程，我和康（苏雪林对丈夫张宝龄的昵称，笔者注）曾去巡礼过一次。
>
> 这座墓园，面积不算太大，大小坟墓，已塞得满满，后死的人想在这美丽的墓园再占一穴之地，已很不容易了。那些坟墓型式的设计，都匠心独运，无一雷同，白石琢成的十字架，磨礱得晶莹似玉，镌刻着金色铭记，映在夕阳光里，灿烂生辉……

1945年12月，青岛市社会局接管市区墓葬业务后颁布《青岛市万国公墓埋葬章程》。1946年8月，万国公墓改名为青岛市第一公墓。

1949年8月1日，青岛市人民政府公布《青岛市万国（第一）公墓埋葬办法》。

　　1953年9月30日，青岛市人民政府决定，市内第一、第二、第三公墓停止埋葬，责成市民政局、市建设局，依城市规划选择新公墓地址。

日侨焚毁国民党青岛市党部

1932年1月8日，日本东京樱田门附近，参加阅兵归来的裕仁天皇车队突遭朝鲜人李奉昌投掷的手榴弹袭击。手榴弹在内务府大臣一木喜德郎的马车附近爆炸，造成两匹马、一名卫兵受伤。李奉昌当场被抓拿，后被处死，是为"樱田门事件"。

9日，国民党青岛市党部机关报——《青岛民国日报》刊登"李奉昌谋刺日皇未中而被逮捕一事"，标题为《韩国不亡 义士李霍索（注：李奉昌，翻译不同）炸日皇未遂》。全文如下：

> 东京8日电 日皇于新年阅兵礼完毕后回宫，突有高丽人向日皇所乘之马车抛掷炸弹，但落于日皇车后，并未伤人，仅马受微伤，凶手已就逮。据谓高丽人，年三十二岁，名李霍索，现冒日名朝山。嗣搜索其身时，复搜出炸弹一枚。

此文正中因该报多次"记载不敬事件"而积怨已久、阴谋拟在青岛制造事端的日侨民的下怀。于是，在日驻青总领事馆向青岛市政府提出严重抗议、双方交涉处理时，"国粹会"先是向青岛民国日报社投弹纵火，继而张贴标语、游行示威，最后焚毁国民党青岛市党部、捣毁报社。

新报蹒跚上路

《青岛民国日报》遭遇日侨捣毁时，距离其创刊时间仅两年半多一点。

1929年4月15日上午10时，随着北伐胜利，曾任孙中山秘书的陈中孚率青岛接收专员公署官员至胶澳商埠局举行接收典礼。4月20日，南京国民政府确定青岛为特别市，属南京国民政府行政院直辖。

5月21日，国民党"中央"委任吴思豫、李翼中、杨兴勤、李郁廷、丘元武等五人组成青岛特别市党务指导委员会。24日，特别市党务指导委员会召开第二次常委会，商讨效仿其他大城市党组织创办机关报——《青岛民国日报》。

创办报纸需要资金，5月26日，特别市党务指导委员会常务委员吴思豫、李翼中、李郁廷联名致函青岛接收专员公署：

> 敝会五月二十四日第二次常务会议议决，创办青岛民国日报以广宣传，拟请贵署鼎力赞助，每月津贴壹仟元以利进行，事关本党宣传，想必力予赞助也。

在地方财政捉襟见肘的窘境下，5月28日，陈中孚与属下商讨后，最终决定每月拨给500元。

办报资金落实后，吴思豫等人鼓舞采编人员昼夜筹备，保证6月1日带着油墨香的《青岛民国日报》摆上报摊。5月28日起，青岛特别市党务指导委员会致函本市各单位，约稿、拉广告双管齐下："本部所组织之青岛民国日报定于六月一日出版，贵处如有新闻及广告等件，望径寄山东路170号青岛民国日报社收可也。"

鉴于青岛日本商民颇多，《青岛民国日报》报头采用中、日双语，中文大字由蔡元培题写。本市订阅每月7角，半年4元，全年7元；外埠订阅每月9角，半年5元，全年9元；国外订阅每月1.8元，半年10元，全年19元。

《青岛民国日报》隶属于国民党青岛特别市党务指导委员会宣传部，版面分新闻和副刊两部分，新闻包括本埠、国内和国际新闻，体裁有消息、特写、通讯等；副刊每周六出版，设有纪事、小说、童话、诗歌等栏目。从青岛市档案馆尚存的《青岛民国日报》看，沈鸿烈任东北海军司令、交通银行新屋（注：今中山路交通银行）落成等重要消息该报均有报道。

6月23日，国民党青岛特别市党务指导委员会致函青岛接收专员公署，郑重提出：依照上海等处成例，经敝会宣传部提出、第九次常务会议决通过，"本市各机关团体或个人各项启事，非登载《青岛民国日报》在法律上应一律不发生效力"。

翌日，青岛接收专员公署训令各机关单位执行该规定。

青岛民国日报社开张初期，青岛接收专员公署（后更名为青岛特别市政府）对报社竭力支持，几近言听计从。双方分裂发生在1930年夏天。

是年5月，5000名人力车夫以经济萧条、入不敷出为由反对车主按惯例实行的夏季增加车租政策，双方争执不下。7月21日起，人力车夫大罢工，青岛市政府、国民党青岛市党部为争夺城市话语权的长期暗斗随之浮出水面。国民党市党部操控《青岛民国日报》，积极报道人力车夫罢工进展，时不时添油加醋，以此给市政府施压。28日，市政府因《青岛民国日报》《青岛民报》登载车夫罢工"有污蔑政府语"，遂令市公安局派警察便衣队在该报馆门前守候，制止送阅，并强行停刊《青岛民国日报》，然后电呈"中央政府"。

"中央政府"对青岛市党政纷争的态度是"持平调处"。为此，国民党"中央"训练部部长戴季陶"电招青市指委委员李翼中速赴南京，垂询一切"。

30日，李翼中奉命搭乘轮船南下，"中央令双方和衷共济，万勿萁豆相煎，贻人口实"。

对于青岛市政府强令停刊的《青岛民国日报》，29日，国民党中宣部部长叶楚伧、副部长刘芦隐联名致电市长葛敬恩、青岛市党部，准予照常出版。

自8月1日起，《青岛民国日报》恢复正常运营。

向报社投弹纵火泄愤

《青岛民国日报》刊登"樱田门事件"当日，日驻青总领事馆认为此文有意侮辱"天皇"，遂向青岛市政府提出抗议，要求《青岛民国日报》公开道歉。为避免外交纠纷，市政府当即派曾在日本帝国大学留学的参事周家彦赴中山路170号青岛民国日报社，与社长、国民党青岛市党部常委刘幼亭、总编辑张汉辅商谈，要求其鉴于"国难当前"接受日方要求，刘幼亭、张汉辅当即答应。

1月10日是周日，市政府征得国民党市党部同意后派代表赴日总领事馆（今太平路德华银行旧址）表示已同意接受日方所提条件。

事情到此似可了结。但是，11日晚，日驻青总领事川越茂与市长沈鸿烈面晤时提出新的条件：市长道歉，《青岛民国日报》停刊。市政府对此要求暂不接受，双方约定"次日再谋正式解决"。

12日一早，国民通讯社刊发消息，提醒说"青岛日侨召集居留民大会，对诋毁皇室之言论筹谋对付之方"。

当日上午9时10分，市公安局第一分局第三分驻所巡警欧阳钦听到附近青岛民国日报社"有爆裂声及枪声数响"后立即驰往查看，只见报社守卫徐英华端枪向北匆匆追赶，至中山路、湖北路口后又折回。此时，该报社楼下发行室发生火警，欧阳钦连忙协助报社工役等人将火扑灭。

徐英华告知，刚才有20余岁男子二人，其中一人穿西服，手提一个大纸包和四五个小瓶子，闯进报社大门后直奔楼梯，他将两人拦住并交付给工役张穆珍，由他带入发行室内盘问，然后自己继续在大门外值守。"骤闻爆裂声与枪声，同时室内起火"，那两名青年男子持枪闯出报社大门向北奔跑，他立即跟随追赶，两人转身跑进了日本居留民团，未能追获。

两名肇事青年男子狂奔至中山路、湖北路口岗亭时，值班岗警姜大训一时茫然，"只见马路行人奔跑，有二人忽由人群中跑至居留民团内"。他回忆说，后经询问追赶上来的报社守卫徐英华，始知发生投弹纵火之事。

欧阳钦等人迅速将案情上报至市公安局第一分局，分局长孙秉贤听后立即率警员赶往青岛民国日报社了解详情。几乎与此同时，市公安局第三科科长沈国均，督察长董荣卿，特务督察长、德籍顾问安德河亦闻警赶至，一行人在报社发行室地上捡得碎瓶及棉花圈数枚，一并交给沈、董二人先行带走。

孙秉贤分析认为"此次开枪放火显系日本浪人所为，当急电知日领事馆派员会同勘验，以便交涉"。但事发多时始终不见日驻青总领事馆人影。于是再度电话联系，一直等到11时许，日驻青领事馆高等课长大森管吉、平山勇才姗姗而来。双方人员共同查堪现场，并在发行室墙窟窿内取出子弹头一枚，又在地上捡拾碎玻璃瓶一小块，上粘商标，有日本文字。

不久，特务督察长安德河获取一条重要信息——两名青年男子前来民国日报社寻衅时，富罗洋行汽车司机宋增本正在报社对面，"眼见一切经过情形"，于是立即将其传来详细询问。

宋增本叙述，12日上午9时，他自汇泉开车送洋行主人至德和洋服店。洋行主人下车进入店堂，他则在车内等候，忽然听到民国日报社内有一声枪响，他连忙回头，看见有警士一人从报社内跑出。知有情况，他便把车移至北侧的山东汽车行门外，然后下车观看。此时，报社附近马路上站着一人，身穿青色大氅，正向报社内张望，很快有一人从报社跑出，穿短青西服，年约20岁，裹腿，右裹腿布开着。此人在报社院内向窗户连放三枪，看到窗户内已起火光，便向北跑去，临近日居留民团时将手枪装入衣袋内，然后径入。此时，消防车已赶到报社。因要开车送洋行主人返回富罗洋行，他没有继续看下去。

"纵观前后情节，其为日侨浪人所为已无疑义。"在将案情大致梳理清楚后，市公安局迅速书面呈报市长沈鸿烈。

暴行升级令人发指

当日下午3时，日本居留民团墙壁上张贴出"铲除市党部""屠灭民国日报""永不许市党部在青岛挂牌办公""永不许民国日报在青岛出版"等言辞激烈的标语。日侨代表数百人在此召开紧急大会，当场议决4点：1．解散国民党青岛市党部；2．封闭《青岛民国日报》；3．惩办社长刘幼亭及总编辑张汉辅；4．市长沈鸿烈亲至日领馆道歉。以上四条送至日总领事，由其跟市政府交涉。

散会后，日侨一哄而出，分头到市区主要街道游行示威。数十名日本人则携带手枪、木棒、刺刀等凶器，径往青岛民国日报社寻衅。赶到报社时，值守人员早已撤离，办公区内不见一人。寻人未果，日本人鸣枪数响后便自中山路拐至广西路，很快到达国民党青岛市党部（今华能宾馆旧址），一伙人"直闯而入，在楼下大礼堂泼油纵火，意图将市党部焚毁。时党部人员得信逃避，日人向楼上鸣枪十余响，愤愤而去"。

自"九·一八"事变后，在青岛日侨"无日不生事寻衅，以冀事件扩大，达到侵略之目的"。青岛市政当局知其险恶用心，所以遇事极力妥协退让，以求相安无事。此次《青岛民国日报》刊登"樱田门事件"引发争端，为掌握日侨动向，市政府"仅派便衣警察暗中监视"。

得悉跟踪人员"日人又至民国报社鸣枪示威、在市党部礼堂泼油纵火并鸣枪"的紧急报告后，市政府即向日领事馆提出严重抗议，对方置之不理，不予回复。

由此看来，日驻青总领事馆默许侨民寻衅滋事。基于此，日侨有恃无恐，变本加厉。组织者以电话联络"国粹会"，当晚7时30分，300余名"国粹会"人员驰赴居留民团，沿途口呼标语，气焰嚣张。

晚8时30分许，"国粹会"人员携带手枪、刺刀等凶器自居留民团倾巢而出，他们先将各马路阻断，然后直奔空无一人的国民党青岛市党部，在其楼下堆积易爆易燃物品，"只听轰然一声，烈焰爆发，未半小时，火光灼天，照映全市。中外居民睹状，均惶骇不安"。市公安局消防队闻警后迅速赶至现场，却被"国粹会"人员武力阻止，不准施救。"市府为避免冲突、防止事件扩大起见，亦只有袖手旁观，任其焚毁。"

毗邻太平路前海的国民党市党部大楼共五层，"坚固宏伟，为青市有数之建筑物"。该大楼原是刘子山的私产，后由公家借用，共有房屋数百间，一部分用于国民党市执监委、第一区党部办公，其余为党部职员宿舍。"此次被日人一炬，已成一片瓦砾，只四围石壁耸立，内部均成灰烬。总计损失约在30余万元之巨。"

"国粹会"人员焚毁国民党青岛市党部时，停泊在前海的日本"出云"号、"入云"号两艘军舰不停地用探照灯扫射市区街面，给暴徒们壮胆。欧美侨民见状恐遭波及，齐聚国际俱

被日侨焚毁的国民党青岛市党部

乐部（今中山路1号）开会，讨论预防办法。

"国粹会"人员又狂喊着蜂拥至民国日报社。"日人初意，本拟将该报社付之一炬。嗣因该报社在闹市之中，周围均系日人房屋，恐遭波及，故临时变计。"浪人们一拥而入，将报社营业部、编辑部、画版部、印刷部等一一捣毁，凡铅字架、印刷机、门窗桌椅一律毁坏，狼藉遍地。楼上三层职员宿舍也未幸免，暴徒冲上去将所有器物一并砸烂，场面凌乱不堪。暴徒们疯狂打砸时，"四围均有守卫岗警，因慑于日人暴行，未敢干涉"。

晚10时许，得知"国粹会"人员已将民国日报社打砸一空并扬长而去，一直停泊在前海的"出云""入云"开始行动了。600余名陆战队员以保护日领馆及侨民为借口武装登陆，"一部分布于日领馆附近，一部分布于中山路居留民团左右，当即将重要道路遮断，阻绝交通，荷枪实弹，如临大敌"。

零时许，一名俄国侨民通过前海沿日兵封锁区域时与之发生争执，被蛮横的日兵用刺刀扎伤数处，"伤势甚重，当抬送青岛病院救治"。

已近天亮，在中山路一带巡逻的日兵撤至居留民团，市内交通恢复。但日驻青总领事馆附近的岗哨不仅没有撤离，反而在领事馆楼顶上再设置一处岗哨，数名日兵持枪瞭望市情。

13日上午10时，日居留民团推出代表23人齐赴市政府求见市长。市府秘书长胡家凤代表沈鸿烈接见，代表们提出多项无理要求。胡家凤表示，诸代表有何意见尽可直接向本国领事馆陈述，由本国领事馆据此向青岛市府交涉，青岛市府不便与诸代表直接商酌。

双方前后对谈约两个小时，无果而散。

下午3时，数百名日侨民又在居留民团召开紧急会议，讨论扩大事件办法，主要包括：1. 按照摧毁民国日报社办法，将青岛新闻机关一律消灭；2. 捣毁青岛渔业公司及交易所（注：青岛物品证券交易所）、国货商场；3. 解散抗日救国会。

会议结束后，10余名日侨代表又赴市政府求见沈市长，其结果未见档案记录。

13日，青岛市府向日总领事馆提出严重抗议4项：1. 缉凶：从速缉捕凶手并严加惩办；2. 赔偿：所有损失如数赔偿；3. 道歉：日本领事馆向青岛市政府道歉；4. 承诺：保证以后不再发生同样事件。

日侨缘何对青岛渔业公司、青岛物品证券交易所、青岛国货商场恨之入骨，预谋捣毁？简而言之，就是想打压中国同业，继续垄断或称霸中国市场。兹根据《青岛通鉴》作简要梳理。

日本第一次侵占青岛期间（1914年11月7日至1922年12月9日），日渔船肆无忌惮地侵入中国渔场捕捞。在青岛，由日本守备军司令部制定规则、提供津贴并由日人中正正树等人集股（总资本金约4万元）筹建青岛水产组合，在小港码头附近设鱼市场及金融组合。该组合规定：凡中外渔民捕鱼上岸，必须到场并交纳费用10%，每尾鱼抽缴大洋7分方可自由发卖；非该组合会员不得从事渔业。中国政府收回青岛后，日本人操纵垄断青岛鱼市场的状况并未改变。

1930年10月，青岛特别市政府函请"中央政府""向日领交涉，不准日本人在我领海内捕鱼，并限期收回日本人创立渔场，以维渔业"。"中央政府"对此予以认可。不久，外交部山东交涉署饬令"将日船侵入鲁省、我国领海捕鱼种种事实查明见复"。青岛市政当局在查明入侵事实的同时，积极采取应对措施。

11月1日，市政府第三科（外交）科长王荣年向市长胡若愚提出三条建议：第一，饬令公安、港务两局严禁外人在领海内捕鱼，请海军派舰队在沿海游弋、缉捕；第二，对日人经办的水产组合，华人或渔户均应限制，不得为外人经营渔业；第三，由官厅筹办资金，组织水产公司，设立金融及鱼市场，经营渔业。"以釜底抽薪之法，借谋吸收钳制之方"。

胡若愚深以为然，即令市社会局代局长杨津生前往海军司令部、观象台及其他单位，磋商创建青岛渔业股份有限公司及取缔外国渔轮事宜。1931年5月，青岛渔业股份有限公司成立，购进渔轮两艘，船名"永安""久安"，年捕鱼量1万余箱（每箱约20公斤）。青岛市私营渔轮业由此起步，民族资本大力购置发动机渔轮，提倡使用新式渔具，1932年通过市社会局转报实业部核准登记的渔轮已达77艘。

1930年2月7日，青岛各界推举代表成立"青岛各界国货运动委员会"，接收原胶澳商埠局在河南路东莱银行兴办的商品陈列馆，将其改为国货陈列馆，并开设青岛国货商场。国货陈列馆陈列国产商品，每年在此举行一次国货展览。经过5个月的筹备，国货陈列馆于7月1日开幕，并举办了第一次国货展览会，展出沪、津等地41家工厂共1900余种6150件产品，参观者数以万计。在不到一个月的展期内，销货成交额10余万元，成绩斐然。1931年11月，第二次国货展览会举办，参展工厂增至72家。

青岛国货商场在招商试行规程和管理规则中规定：国货商场专营国产商品，招来国货工厂和国货贩卖商承租经营。承租厂商按等级预交保证金和按月预交租金。所陈列各种国货，均须明码标价，听任顾客挑选。店员服务必须和颜悦色。9月，据国货运动委员会调查，有23家商号租用商场场地，分别经营教育用品、布匹绸缎、服饰化妆用品、烟酒、日用百货等。

1920年，青岛取引所成立。由中、日商人出资，两国股东各选出半数职员经营，并得到日驻青领事馆的支持。1922年12月10日青岛回归后，日驻青总领事馆仍对青岛取引所实行监督。

1931年9月，青岛民族工商界重组青岛物品证券交易所，在齐燕会馆（馆陶路13号）设临时市场，决定中国交易商人钱钞交易至9月15日、物产交易9月20日交收完清，即一齐退出青岛取引所。9月18日，日驻青总领事川越茂、取引所理事安藤荣次郎分致公函和呈文，指责此举"抹煞该所在本地之历史和实情"，是"违反交易所法之精神"，"违反经济上之原则，根本错误之计划"，要求市政府予以阻止。

市政府在多次函复中据理力争，坚持认为：1．新设青岛物品证券交易所，系"遵照我国交易所法组设"；2．新设交易所经"呈请实业部核准有案"；3．"本府未便予以取缔，且经营商业法律所许之下，交易所之如何处置，纯系个人自由；在交易人利害切身，自必熟权去取，本府既不能强令交易人脱离，亦不能强令交易人加入。"

日方则进一步提出中国交易人退出取引所是受"极不合理不自然的压迫"。如果青岛市政府对此"照旧置之不理，不知何时因此惹起不祥事件，实难预料"，明目张胆地进行威胁。

1931年11月，市政府再次函复日领事馆，强调指出："贵总领事屡次来函颇多误会之处，本市根据事实迭函切实剖解，迄尚未蒙谅察，实属不胜遗憾。"对于"极不合理不自然的压迫"一说，"既无事实可资证明，在本府更不信营业得失利害切己之交易人，不自熟权去就，而甘受他人之压迫"，"商人自由营业，此种合法行动何至因此惹起不祥事件"，并指出青岛取引所"在山东悬案条约及细目协定内均无规定，就事实言之，自我国接收青岛以来，并未向我官厅呈请立案"。交涉至年底，市政府终未接受日方要求。

捣毁报社系积怨已久

仔细阅读青岛市档案馆现存的《青岛民国日报》和相关档案，就会发现日侨捣毁青岛民国日报社系蓄谋已久，"樱田门事件"的转载报道只是一条发泄积怨的导火索。就在5个月前，《青岛民国日报》不畏邪恶，对日侨聚众殴打砍伤青岛10余名市民事件进行全景式报道，并因势利导，为青岛各界抵制日货造势。

1931年8月18日晚8时，辽宁路168号日商渔行门前，市民孟吉瑞与该渔行厨役刘某闲谈，渔行经理、日本人志摩证彰上前阻止驱赶。孟吉瑞不服，志摩证彰随手脱下木屐，对其乱打。青岛警察闻讯前往排解，志摩证彰狂妄至极，竟然取来铁钩将警察击伤。此时，围观群众渐增，有人投掷碎石，击破渔行门上玻璃两块。志摩证彰见状紧急电话召集日本"国粹会"数十浪人，携带刀棍凶器沿路乱打乱砍，青岛市民重伤10余人，轻伤不计其数。案发后，青岛市政府保安队前往现场弹压，事态渐息。受伤市民由市公安局送市立医院医治。市政府一面迅即向南京国民政府报告，一面向日本驻青领事表示抗议，并建议中、日双方派员会同调查真相，但日方予以拒绝。市政府声明：如日方不派员会同调查，则以"本府调查之事实为有效"，日领事始派员同往出事地点调查。

8月23日，该事件调查报告形成后，《青岛民国日报》摘录刊登，以"日人凶杀华人案"专题详细披露事件经过、善后处理、各界反响等。专题报道写道："关于日人凶杀华人案日方虽编造流言百端□发，而我方官民均以镇静态度处之，彼亦无所使其鬼蜮伎俩。又外部为欲明了真相起见，曾致电市府查询，市府准电已于昨日将详细情形电复外部。"

接下来，专题报道摘录市政府人员朱绍濂、张法祖、吴隆巽会同日方人员以及德国医生卫士英"会查中日受伤者肇事情形报告"。对报告中记述的重要过程、细节、证言等，报纸予以加大加粗字号突出处理：

　　窃职奉派会同日本副领事五百木、司法警察住厚幸四郎、馆员川邨留治、德医卫士英及海军司令部医官谭树芬、市立医院院长李功范、市社会局科长陈魏等，调查辽宁路、桓台路路口日本鱼馆经理志摩证彰等殴打华人案详情及中日双方受伤状况。遵命即会同驰往市立医院，验得受伤人：第二分局警士董恒达头部打伤一处。警士韩少祺右下臂刀伤一处，右脚木棍伤一处。十三岁少年宋本珍头伤二处，创口长四寸。成衣匠王关柱右肩胛及后背部刀伤二处，一长五寸，一长一寸有零，均深寸余。卖青菜人庄相福头部刀伤一处，深及骨膜，长一寸余，又肘部刀伤一处。更有五十余岁老人张吉发右肩背上刀伤一处，长尺余，深约二寸，伤势甚重，昏迷不省人事，脉搏细弱。纸贩商胡□南右肩胛部及左耳下刀伤三处。成衣铺掌柜王志新伤二处，皆半圆形，均长二寸余，又左膝部挫伤一处。"海鹤"舰轮机兵王润兹左肘刀伤一处，伤及骨质，创口长约四寸。瓦匠张宝初右脚打扑伤一处。伤者伤处均在背部或肘间，询据医生云，是否伤及内部、有无生命危险须视其经过数日后，有无其他变化方可断定。德医卫士英诊断云，本医师今日在市立医院诊断受伤者共十三人，其中重伤七人，利刀伤。究其伤因，均系利器所致，现无生命危险。

然送至青岛医院受伤之日人，共十六人，咸为跌倒碰伤，或擦伤，仅有一二人受木器轻微伤，但无锐器伤痕。究其是否为全为当场受伤，抑或更有其他情形，颇难证明。据医生云，伤者旬日间即可痊愈。卫士英医师证实：共查得十六人，大多系皮外伤，或棍打，或由石击，或由脚踢等，内有三人伤达骨部，骨质伤否，非有爱克斯光线不能断定。

伤者验毕，即同赴肇事地点勘查。询问当时在场警士，称：肇事之初，系由渔行经理志摩证彰禁止华人孟吉瑞与该店华役闲话致冲突，该即用木屐殴打孟吉瑞，警士前往排解，亦遭其铁钩殴伤，当时围观者仅有一人，不平，以石块击碎渔行门上玻璃。志摩证彰即电话邀国粹会员数十人分持刀棍，不分皂白，向旁观华人追杀，有不及逃避，当场受伤；有追至商丘路、博兴路，始受伤倒地者。是以华人受伤多在头背后部。日人聚集益众，纷乱之际，集合之速，似系有谋约。

"日人凶杀华人案"专题报道还刊登了青岛市政府的观点：日方对该事件造成的后果负有全部责任。理由有四：一是肇事之始，华人在鱼店门口谈话，志摩证彰如认为不妥可和平劝阻，劝阻不从亦可报岗警驱逐，何得先用木屐打伤谈话之人，后用铁钩损害排解警士。肇事之根源在于志摩证彰蛮横无理；二是志摩证彰打伤谈话人及岗警，致引动华人之围观，并有毁坏玻璃情事，形势已较前严重，其理当用电话报告中、日官署，饬派警务人员到场弹压，何得用电话邀请打手，肇此大变；三是"国粹会"接到电邀，竟携带刀棍飞奔到场，不分玉石任意追击，则其事先已存意暴动，无待详论。且带刀带棍立时出发更可知预有组织、预有计划，不若华人之受伤者，职业、年龄、籍贯、住址俱各不同，显为当时走路之人，并非与日人在场对敌；四是据卫士英检验报告，华人受伤均在背部，日人受伤系由跌扑。可见日人携带凶器，追赶在逃华人加以伤害，华人手无寸铁，全被日人扭砍，为自身防击，不得不争持踢扑。"有此四种理由，则此案之全部责任，应由日方负担，已属不辩自明矣。"

在"日人凶手华人案"专题中，刊有"反日援侨委员会函请市政府抗议日人凶杀案""反日援侨委员会三次会议通过奸商私运私卖日货惩戒条例""快邮代电联合各地反日援侨委员会，一致抗争日人'国粹会'无理凶杀华人"等重要信息，以及转载实业部致函青岛市政府"反日团体检查日货应详加鉴别，以免影响国产品之运销；对于国产布匹运销时予以便利，以资维护"。这些信息为抵制日货造声势，并将矛头直指青岛日侨黑社会组织"国粹会"。

22日下午2时，反日援侨委员会召开第三次会议，出席者有：银行公会田志远、铁路工会周建侯、国民党市党部马忠会、市商会于维廷、华洋棉布公会董希尧、航业公会赵□先，国货运动委员会李世仪、杂货行栈公会杨竹铭、青岛大学李韵涛、记者公会鄞洗元、律师公会牟子明。会议由马忠会主持，共讨论十项议题：一、保密。二、总务科提议的奸商私运私卖日货惩戒条例业已拟妥请付审核案，议决、修正通过。三、日货登记表业已印就，函请商会组织同业公会之各商号自本月24日至30日一律登记完竣，并对登记情况通报。四、兹拟就调查员及检查员符号请付审查案，议决通过。五、兹拟就市内准许通行证请付审核案，议决、修正通过。六、本会职员服务规则、职员惩戒条例，职员服务志愿书及保证书业已拟妥，请付审核案，议决、修正通过。七、函请市府、市党部勒令东莱银行即日将房屋迁让为本会办公处案，议决、通过。八、函请各电影院放映本会宣传标语案，议决宣传部拟定标语，制版分送各电影院放映。九、本市日人"国粹会"无理凶杀华人，藉端造谣，淆惑听闻，本会议决：1. 函请市政府严重抗议；2. 分别快邮代电函各反日援侨委员会，说明事变真相，并请一致抗争。十、函市党部指导委员会转银行同业公会及钱庄公会迅速与日银行断绝关系案，议决、通过。

23日，市政府秘书长胡家凤与日方代总领事会晤，双方承诺各自严密侦察严办肇事者，细目俟后经协商办理。但此案涉及的所谓"国粹会"组织，是日本侨居青岛的浪人组成，多次逞凶，市政当局要求日方惩办并解散，但日方一直不予答复。

对于《青岛民国日报》专题详细披露"日人凶杀华人案"以及为抵制日货造势、呼吁惩治"国粹会"等行为，驻青日本组织怀恨在心，伺机报复。

青岛"日人凶杀华人案"交涉尚在进行中，"九·一八"事变爆发。《青岛民国日报》转载日军在华暴行和抗日活动信息，日本驻青总领事馆以该报多次"不敬记事"为由向青岛市政府提出"抗议"，要求予以取缔。

1931年12月17日，为筹资出版1932年元旦特刊，青岛民国日报社营业股致函青岛市商会：

> 二十一年元旦行将届矣，际兹困难当前，危急存亡之秋，倏尔春光来临，正是努力杀贼之时，吾人虽忍辱含痛，亦希万象更新中，倍图砥砺上进，是为贺年之举，固非粉饰太平，实寓新生命肇始之深意。本报为优待各机关各团体起见，廉价登载贺年广告，印刷特别精美，式样异常新颖，在在与其他各报不同，如蒙惠刊，无任企盼。

报社经营部门在筹资的公函中频频出现"忍辱含痛""努力杀贼"等针对"九·一八"事变的措辞，足见报社上下对日本人仇恨之深。这一公函，日本驻青官方机构、"国粹会"等民间组织以及数以万计的侨民看到后必定怒火中烧，这也为三个月后青岛民国日报社被毁埋下祸根。

本埠华人报纸集体失声

青岛日侨借口暴动投弹纵火并打砸民国日报社，游行示威，强断交通，焚毁国民党青岛市党部，气焰嚣张。对于如此重大事件，青岛市档案馆内众多本埠报纸几无记录，原因竟是"新闻界同人一方慑于日人之淫威，一方又鉴于政府无保障能力，对于日人最近暴行，均不敢直书其事"。

本埠华人报馆噤若寒蝉，《申报》则显现其大报风范——

先是以快讯及时发布日侨暴行，后期则推出详情报道，为这一事件留下了珍贵的新闻档案记录。

1月13日，《申报》以《青岛日人暴动　焚烧市党部全部滋扰民国日报馆　捣毁公安分驻所　沿马路放枪示威》为总标题，刊发12日上午9时至晚9时30分日侨的暴行：

> 今日晨九时许，日暴徒两人持枪闯入民国日报营业部，放七响，未伤人，向该报南隅放火，旋即扑灭，全市日人于午后三时在居留民团开会，结果对市府提三项：一、解散市党部，二、封闭民国日报，三、惩办社长总编辑。市府正斟酌驳复。（12日专电）

> 日侨紧急会议完后，复派暴徒持枪、木杆、刺刀等，至民国日报鸣枪寻衅，旋至市党部楼下纵火，鸣枪十余响，未伤人，党部人员均逃避。当局为避免事件扩大，仅派便衣队多名，暗中监视，并未起冲突，但日人仍继续寻衅。市府已向日领事提出严重抗议。（12日专电）

> 今日晚七时半，日国粹会数百余人……沿中山路狂呼，气势汹汹，驰赴居留民团，有准备暴动模样。欧美侨民因情势严重，昨日晚假万国总会开会，讨论预防办法。（12日专电）

> 今日晚九时半，日暴徒用火酒火油焚烧市党部全部，第四分驻所办公室捣毁，沿马路放枪。（12日专电）

14日，《申报》以《青岛日水兵武装登岸布防　民国日报休刊10日　日代表至市府道歉》为总标题继续快报青岛局势：

此间日侨一千余人昨日捣毁民国日报，纵火焚烧党部后，昨夜十二时日本两巡洋舰中陆战队三百名，即在市内各紧急地点布防，至今未撤，幸尚未发生事故。昨日夜间我警察出防，均未携枪，以免发生冲突。（13日专电）

日侨今日午后三时，仍在民团开会，讨论继续暴动，民国日报、国民通讯社内部被毁殆尽，不能发刊。（13日专电）

日水兵三百名今日午后四时许回船，民团岗已撤，仅日领署有兵站岗，事件不至再扩大。（13日专电）

今日午前十时，日代表二十人赴市府谒见沈鸿烈市长，由胡秘书长代见，对请愿各条允转陈市长。午后五时，日代表又赴市府，沈鸿烈答复须与日领事直接交涉。民国日报社长刘幼亭午后赴日领事馆道歉。该报休刊十天，日代表亦至市府道歉，事件暂告解决。（13日专电）

南京外交部以青岛日人暴行，显系有意挑衅，已准备提出严重抗议。（13日专电）

面对本埠华人报纸集体失声，青岛日人所创办的报纸"遂利用此机，大肆反宣传，竟称捣毁民国日报，系中国学生所为，市党部被焚亦不干日人之事"。

14日，《申报》青岛快讯中有日本报纸无赖行径的记录：

> 日侨今日午后一时，又在居留民团开会，到数百人。会议内容未悉。闻十五日仍继续开会。日报对日暴徒烧毁市党部、捣毁民国日报事，诬我国学生所为，但欧美人均明真相。（14日专电）

在随后几天的青岛日人暴动详情中，《申报》还对日人报纸倒打一耙的无赖行径予以驳斥，向全国读者传播真相：

> 其实当市党部起火时，日暴徒满布要冲，截断交通，不准消防队前往扑救，为中外人士所共睹，且此事发生前，日侨曾召开紧急大会，经该会议决通过后，始派遣暴徒实行。实系一种有计划有组织之行动，且市党部与英美各国领事馆相距不远，起火前及起火后各国领事均已得有报告，欧美侨民恐遭波及，即于是晚在国际俱乐部开会，讨论预防办法，事实俱在，日人虽大事反宣传，适见其欲盖弥彰而已。

日方拒不认罪

14日，连日发生暴乱的青岛突然安静下来，日军陆战队员大部回舰，仅余十几人保护日领事馆和驻市区要隘。

日侨缘何突然消停？《申报》给出答案："有资产者"处于

保护私产考虑，不想让这座城市混乱下去，故拒绝继续暴乱。

> 兹悉日侨方面共分两派，一为有资产者，一为无资产者。有资产者因财产关系，不欲事件扩大，无资产者极希望事件扩大，以遂其侵占渔利之野心。在居留民团开会时，两派意见不同几至用武，卒因有资产者人数多，占胜利。故今日青市形势，顿见和缓。

暴乱平息，中、日官方交涉遂成主题。"市长沈鸿烈顷与驻青日总领事川越茂商定和平解决办法"，条件为：第一，《民国日报》记载事件，市政府用正式公文向日领事馆声明遗憾，并严重戒告中国各报社对将来关系日本皇室记事特别注意，以敦邦交；第二，民国日报社社长亲赴日本总领事馆访问川越总领事，对记事失检表示遗憾，且表明将来绝对不再发生类此事件；第三，由市政府命民国时报社停止发行十日，届时将总编辑停职；第四，《民国日报》复刊后登报声明此项记事失检并自认错误。

至于日人暴动焚毁市党部等事作另案交涉办理。

在日本暴徒焚烧市党部中一直未露面也未发声的国民党青岛市党部一干人，看到时局渐趋平静后终于现身出声了。

1月15日，国民党市党部致函市政府，请其就日侨焚毁党部向日领事提出严重抗议。该函最后称："本会因事变之损失及工作人员、工友等个人损失，业经分别详细统计，公私器物价值清册三份及职工人员损失物品价值清册二份备函请贵府查照，迅向日领馆提出严重抗议，要求赔偿、道歉、逞凶，并保证以后不得发生同样事件。"

翌日，国民党青岛执委会就日侨纵火焚烧而暂停办公事致函青岛市政府。函中称："本会办公地址化为乌有，工作维艰，不得不暂行停止办公，静候中央指示。本会工作人员亦以目前工作困难，故亦饬令一律暂行回籍，听候命令。至附设之图书馆及各分馆亦难独立支持，故亦一并暂停开放。所有本会尚未被灾之文卷、器具等以及附设图书总馆之图书、器具等，并本会代管之工人失业救济金余款九千八百六十二元整，均一并暂请贵府代为保管。"

对于接下来的"日人暴动焚毁市党部"的交涉，日方拒不认账，谓"该报记载事件与日侨焚毁市党部为因果关系，肇事时，中国未捕凶犯，坚不承认"。

1月21日，日方向青岛市政府发出公函，蛮横地指责青岛市政府应负全部责任。公函主要内容归结起来有三条：一、"《民国日报》记载不敬事件为本案直接之原因。自去年（1931年）《民国日报》揭载同样不敬记事之际，虽由贵市政府誓约取缔《民国日报》之拘束，不料此次该报纸复载不敬记事，足见贵市政府取缔之不彻底。而《民国日报》如不揭载如斯重大不敬记事，则本案即无由发生，是该两项事件有密切不可分离之因果关系"。二、关于维持治安问题，"本案发生之当日，贵市政府方面完全未尽其维持治安之职责，其结果竟发生本案。本案系贵市政府懈怠职责所生出之结果，故完全责任亦在贵市政府方面，乃为当然明白之理。而贵方反向我方质问其责任，又要求种种之赔偿，不得不断为错误"。三、本总领事"曾申述对于本国政府有取缔居留民之职责，对于本案自当时立刻着手调查以来，一再审理之结果，已于目前分别依法处分完了"。

青岛市政府对日方这种强词夺理的蛮横态度进行驳斥，基本意见是：一、"该报记载事件系属一事，焚毁党部又属一事"，不能混为因果。"该报记事一节，当时业经贵我双方协议解决。而贵国侨民竟蔑视双方官宪，无端横行，以致酿成如斯重大案件。其为故意扰乱治安，破坏建筑物，实属毫无意义。""贵馆对于该项极端暴乱之行为，不以为非法，而直认为事理上应有之结果，此诚大惑不解者。"二、"取缔贵国侨民，贵馆既迭函声称负有应尽之职责，是日侨之一切越轨行为，贵方应即予以适当之措施，自不待言。本案发生期间骚乱不靖者达一日夜之久，贵方何以概不过问，所谓负有职责者究属安在？况本市日侨历来所犯各种不法案件，均归贵馆依法惩办，本府为尊重贵方职权起见，向未直接予以处理，何独对于本案反咎我方放弃其职责。贵馆之意是否认为，此后关于日侨不法行为应由本府直接处理，否则自不能卸责。"三、"本案人犯既经贵馆查明分别法办，是该犯等犯罪行为业经贵馆审实，其因犯罪行为所发生之损害，自不能免赔偿之责，此理所当然者（本案情节异常重大，迥非寻常交涉可比，总计损失595607.29元，决非仅以处罚二字了之）。关于惩凶一项，希将处办详情明示外，其关于本府要求道歉、赔偿、保证等项，请迅予照办。"

日方仍顽固地狡辩："我方之见解，迄今已反复说明在案，确信嗣后毫无推翻从来见解之余地。"

迫于日方淫威，青岛市政府对其"抹煞事实，锦词推卸"的态度，只有"不胜遗憾"和摇头叹息。

此时，日军已在上海制造"一·二八"事变，中、日之间局部战争已起。疲于应付抵抗的南京国民政府不想青岛事件扩大化，急于息事宁人，以腾出精力处理上海事变。

3月29日，国民党"中央"组织委员会对青岛日侨暴乱焚毁市党部、民国日报社事件作出妥协，决定市党部"暂以秘密方式领导下级工作"，《青岛民国日报》停刊，报社员工拿到预支的两个月薪水补偿后自谋生路。

这些被迫离职的员工中就有后来成长为现代著名作家、教育家的吴伯箫。

1931年，毕业于北京师范大学英语系的吴伯箫漂泊至青岛，初任市立中学英语教员，后在《青岛民国日报》兼任副刊编辑。是年11月19日，徐志摩搭乘"济南号"邮政飞机北上。途中因大雾弥漫，飞机触山，徐志摩不幸罹难。在国立青岛大学中文系就读的诗人臧克家写就短诗《吊志摩先生》，刊登在吴伯箫编辑的《青岛民国日报》副刊上。

离开青岛民国日报社后，吴伯箫在国立青岛大学校长办公室任职员兼教务秘书。同年夏，搬至八关山下栖霞路居住，并将居室命名为山屋，不久进入其文学创作的高峰期。

火烧西镇贫民区

民国时期，青岛西岭（今火车站以西）一带聚集着诸多以篷布、木板、席棚搭建的贫民住所。这些以易燃物品拼凑的住所一旦与燃着的烟头、木柴火星相遇，即可引发火灾，烧光家当；若再借风势，则势必造成重灾。

1932年10月18日晚7时许，西岭脏土沟（现四川路一段）、上马虎窝（现嘉祥路）、下马虎窝（现四川路一段）就发生一起大火，殃及贫民327户、1200余人，所幸无人员伤亡。

19日上午11时，参与救火和灾后安置的青岛第一区公安局局长孙秉贤，向市公安局局长余晋龢书面报告火灾情况：

> 本月十八日下午七时十分，管界东平路脏土沟板房发生火警，分局长闻报即率官警赶赴火场维持，是时西风，火势甚大，经消防队赶至尽力扑救，至十一时四十五分全扑灭。查该处共住贫民六百七十六户，被火者共计三百二十七户，未被火者三百三十九户，当经收容于观城路十号院内者一百四十九户，现有屠宰公司经理梁勉斋与谷午商号捐洋四百余元，发放被灾贫户。本分局会同社会局谭主任详细调查登记完竣，再筹根本救

济办法，理合报告局长鉴核。

灾情已过，近一半受灾户得到临时安置，由于起火原因未查清公布，谣言在流传，一时人心惶惶。

20日晚9时许，市公安局特务队警员巡逻至四川路脏土沟一带时，看见该处未遭受火灾的住户正手忙脚乱一齐搬家，"势甚危乱"。经询问得知，有人散布谣言说，当晚还会有坏人前来点火。巡警听后赶紧向特务队汇报。崇姓队长一面命令管区所有队员前往维持秩序、澄清谣言，一面迅速报告市公安局督察长董荣卿。

晚10时，董荣卿决定，"当即派警员前往脏土沟尽力维持秩序，劝令该处贫民勿听谣言，并阻止搬家使其安眠"，同时"更于该处设岗加巡，以免发生意外"。

21日上午，市公安局致函市社会局报告20日晚间脏土沟贫民搬家事宜：

> 据报告，四川路脏土沟贫民全体搬家，闻有谣言，有人前来发火等语。当即派警前往维持并阻止，搬家经过情形相应检同报告请查照。

脏土沟贫民窟火灾发生时，市长沈鸿烈尚在威海卫。22日下午，市社会局局长储镇将火灾发生原因、经过、扑救及善后事宜电报告知。

从电报中可看出，此次起火原因系邻近工人做晚饭时，木柴火星飞出引燃板房住所造成重灾。

翌日上午10时45分，沈鸿烈电复储镇：

> 电悉。办理脏土沟火警善后各节至为妥善，急赈
> 五百元如不敷用，可再由府请拨若干，以免流离，即希
> 斟夺办理，并转达秀松为盼。

沈鸿烈在电报中说，500元急赈资金如不够用，可向市政府秘书长胡家凤（注：其字秀松）申请拨付，以免灾民流离。

11月12日，尚在外地的沈鸿烈致电市政府代秘书长周家彦和社会局局长储镇，请其劝说脏土沟起火之家酌量捐助贫民住所建设，以谲罪怒，消除误会。

查阅青岛市档案馆馆藏胡家凤档案获知，1932年11月初，胡家凤因丁忧请假回原籍江西省南昌县，秘书长一职由市府参事周家彦暂代。

储镇的"被灾之户有力自建住所者，立即令其着手兴工；不得自建住所者，即发给迁移费于本日迁移于四川路"的安置措施得到沈鸿烈的认可，认为"至为妥善"。随后，市社会局向市政府提交脏土沟、上马虎窝、下马虎窝、挪庄等处筹建贫民住所进行程序呈文，并得到市政府核准。市社会局同时将筹建贫民住所程序函致负责建设的市工务局。

29日，市社会局以第433号公函再致市工务局，通告贫民住所进行情况：

> 现在各住户力能自建房舍者，所有保结相片已先后
> 送交财政局，以便拨地给照。其极贫无力不能自建房舍
> 各户，应领之迁移费亦经陆续发给清楚，全体暂移于贵
> 州路空地居住。所有脏土沟、上下马虎窝、挪庄等四处
> 贫民自建住所兴工在即，如该处道路水道及其他公共设

备，应如何规划，又据各处代表声称，兴工之先必须设主水龙头，以使取水应用等，事关工务，希贵局酌核进行，相应函达即希查照为荷。

公函中显示，有经济能力的贫民将在脏土沟、上马虎窝、下马虎窝、挪庄四处自建贫民住所；没有经济能力的极贫住户各自领取市社会局发放的迁移费，全部暂时搬至贵州路空地居住。自建住所在即，贫民代表提出，开工之前必须建设主水龙头，以便于取水应用。

11月9日，市工务局第743号公函回复市社会局，将自来水管等公共项目建设、图纸、资金预算等简要报告。因建设资金来自市财政，市工务局同时将公函送达市财政局，并附建设图样3张、预算单据2份。

11月21日，市社会局局长储镇、市工务局局长邢契莘、市财政局局长郭秉穌联合签名，以三部门名义发布脏土沟、上马虎窝、下马虎窝、挪庄四处自建贫民住所自来水管及其他公共设备工程建设公告。

市政府部门出面，民间资金与市财政相结合，对脏土沟、上马虎窝、下马虎窝、挪庄一带贫民窟拆迁改建平民住所，本是一件皆大欢喜的民生工程，可挪庄一带有住户拒不拆除篷布、席棚等住所，妨害了项目建设进程。28日，市社会局、公安局、财政局联合发布第213号公告，约法三项，希冀住户遵照，若再刁狡抗违，定当究办，决不姑宽。

对这一拆迁解困做法，脏土沟、上马虎窝、下马虎窝一带的居民"俱已遵办，开始兴工，而挪庄一处直至现时应拆之处不迁，应迁之处不迁"。公告认为，其行为"殊属妨害公务，大失公家维护贫民之初衷"。

经市长批准，规定办法3项：1．已领迁移证者，准其继续承租权，未领迁移证撤地另放。2．已经迁移者及已领迁移证者，如因时间关系不能如期建筑，准其展限。3、借端阻扰者撤地另放，并将为首之人一律惩办。

公告既出，恩威并重，尤其对刁钻违抗者，措辞严厉，很快产生了震慑作用，贫民窟改建顺利推行。

进入11月，天气由凉变冷，脏土沟一带遭受火灾的贫民如何度过严寒，引起一些爱心人士、爱心组织的关注，他们商定向社会募集衣物并发放给难民。

政府出面建房，社会组织奔走募捐，四川路脏土沟同济鼎新会代表刘忠林、李鸿科、傅清江等32人，联名在1933年1月9日出版的《青岛时报》上刊发《鸣谢盛德》，满怀深情感谢各界人士给予的帮扶资助。

1933年6月8日，围绕如何更好地建设脏土沟一带平民住所，青岛市有土地房产整理委员会给市商会顾问宋雨亭发来邀请函，请其于6月10日午后4时参加在市府大礼堂召开的第14次会议，主要内容是："财政局提议拟开放脏土沟马虎窝挪庄等处公地，由各处该占用平民领租，拟具办法请公决议。"

市财政局在议案中称，脏土沟、马虎窝、挪庄等处的公地一向为多数贫民占据，房屋卑小，行道狭隘，于观瞻、卫生、治安极有妨碍。此前曾有另建大规模平房住宅计划，并提交会议讨论过，只因经费支绌，迄今难以实现。现根据脏土沟居民代表薛和顺等人呈请，领租该地，变通办理，即以所占公地测量面积规划建设，预定道路后，下放居民领租，每户不得超过二公亩，免受租权金，并免交地租两年。领租后，必须在半年内全部建筑房屋，且须用砖瓦造成，对面积较大的住宅区须预留学校用地一处，并由公家建设洗衣池一所。对于承领公地者是否为本处平民，应由社会局、公安局调查证明。倘若有冒领或垄断者，即取消租权或酌以罚办。

市财政局同时建议，脏土沟、马虎窝、挪庄三处公地租赁完毕后，财政、工务两局可指定其他地点依次整理。对于无力自建者，即由公家另建平民住宅以资收纳。同时，请公安局禁止以后任何地面再盖板房、席棚、篷布房。

这份议案表明，脏土沟、马虎窝一带平民住所的建设开始注重道路、学校、洗衣池等公共设施，已朝社区化方向迈进，远远超出前期市政府主导、单纯尽快安置灾民的平民住所建设。

1933年9月初，脏土沟等平民住所告竣，住户代表冯玉昌、刘忠林等人呈文市社会局，反映住所墙内外路灯、墙门公共用灯及公共厕所内电灯均未装置，"诚恐发生意外"，请社会局协调胶澳电汽公司解决。同时，鉴于各贫户屋内自设电灯常有拖欠灯费之事，"均因入不敷出所致"，冯玉昌等人建议社会局一并协调电灯公司予以酌减。

接到冯玉昌、刘忠林等人呈文，市社会局以第538号训令交由胶澳电汽公司办理。

9月13日，胶澳电汽公司经理王子雍回复社会局：该处平民住所用灯自应按照本公司新定价格政策减费办理。而路灯之事一向归市工务局管辖，待工务局办理完毕后一并报告。

两天后，市社会局以第136号通知，将胶澳电汽公司回复情况转交冯玉昌等人。

《青岛通鉴》载，1934年12月，市筹建平民住所委员会公布《青岛市平民住所一览表》，平民院全部位于台西，共有"八处十四院，均系平房，每间十二平方公尺，一门一窗"，"公建者每月每间租金一元，带厨房者每月租金一元五角；自建者由公家施给地皮，不受租权金，并永远免除地租税"。

这14个平民住所中，和脏土沟、马虎窝、挪庄相关的有4处，共有房屋1689间，涉及1282户。

1935年，市政府预算资金48310.80元，为挪庄、脏土沟、上马虎窝、下马虎窝、台西四路等五处新建平民住宅建设配套公共设施，主要包括上下水道、厕所、围墙、大门、洗濯池、灰池、台阶石及石挡墙、平面路、砌乱石明沟等项。其中，下水道预算11528.30元，上水道预算1674.50元，厕所、围墙等预算共计35108元。除自来水管等设备费1674.50元由市工务局自来水厂办理外，其余均由市政府购办委员会公开招标，滨记营造厂在竞标中胜出，以43000元中标承办。

1935年7月20日，四川路平民住所工程竣工。该工程由市工务局设计，经购办委员会招标，以48000元与恒立营造厂订立合同，由该商依照设计图纸建造平民住房200间及厕所、围墙等公共设施，限期于1933年5月31日竣工。因恒立营造厂材料准备不足，工程时断时续，拖了两年多终于交付。市工务局组织人员现场验收，认为"与合同约定尚属相符"，"惟门窗疤节过大，粉刷不良，路面未照合同修理，开采乱石地点未填平，靠近嘉祥路之围墙未完工"。市工务局验收组约见恒立营造厂负责人，要求务必对照合同逐项落实，并限期27天内完成。

同年10月24日，由刘子山捐资5万元建造的贵州路平民住所工程完竣。该项目位于贵州路24号，原为一处政府公地，由市政府指定，市工务局设计图纸并监工督造，市财政局、市商会组织招标，市社会局对竣工的住房实施管理，廉价租给平民居住。该地块设计建造平房280间，配套建设6个厕所、8个大门，预算45400元。经过公开招标，新生记以"357间为最少数，得标承办"。

贵州路与郓城路之间的棚居贫民迁至四川路平民住所后腾出的空地一直闲置。1935年冬天，青岛市政府秘书处组织军警、学生、公务员等人开展义务劳动（时称"冬令服役"），将坑洼之处运土填平，并列入《青岛市政府1936年行政计划》，拟将该处辟为西镇公园及体育场，"已规划园内纵横道路，冀望本年度修筑完成，以便布置花木及各种运动设备"。

《青岛市政府1936年行政计划》还把"增建简易平民之所"列为年度重要内容。该《计划》称："本市平民住所年来公建及由公家划拨地皮督率贫民自建者，共计3000余间。现因市内尚有少数棚户必须清理，拟在近乡地点划拨公地，由平民自建简易住所。其公共设备则由公家建筑。饬令一律迁移，以整市容。"

1936年行政计划所列内容是否完成？因翌年7月7日卢沟桥枪炮声突起，青岛城市运行进入非常态，人心惶惶，年底市政府人员又紧急撤离，所以该计划结果自然没了下文。

延伸阅读

1929年：挪庄流民走出贫民区

1929年，春暖花开的时节，挪庄贫民4700余人告别由席棚、木板搭建的栖身之所，搬进由胶澳商埠局统一规划投资、谭爱伦捐巨款赞助建设的平民住所，租赁费是象征性的"每方步年租一角"。

贫民们在西镇挪庄一带私自搭盖席棚、板房居住始自1925年，1926年冬已成燎原之势。胶澳商埠局以"于交通、卫生、观瞻各方面均有妨碍"为由，饬令警察厅切实调查，并筹拟收容取缔办法。警察厅奉令行事，现场调查统计，挪庄一带贫民共计1009户、4700余人，私自搭建简易住所共占大小官地31处，可谓星罗棋布。

挪庄一带仅是青岛贫民区代表，其他如西岭脏土沟、上马虎窝、下马虎窝等地，贫民区更是触目皆是。

1933年12月，市公安局编制的《青岛市历年户口比较表》，清晰地显示出青岛急剧上升的人口增长曲线。拉动这条曲线上升的当属漂泊来青岛糊口的贫民。

1922年12月10日，青岛自日本占领者手中回归。为便于管理，摸查掌握不稳定群体，胶澳商埠督办公署饬令警察厅对城市人口进行调查。翌年4月，结果公布：青岛居民户人口26.2117万。随着青岛进入安定期、商务渐见起色，常住人口开始稳步增长。

1925年后，青岛人口激增，主要原因有二：一是1925年4月，张宗昌任山东军务督办，7月兼任省长。张宗昌祸鲁，在侵吞财政之余创立苛捐杂税，发行军用票、金库券，吸取民众现银。山东各县为其层层盘剥，民不堪命。一般中上富有者，视青岛为安乐窝、避难所，挈眷携金前来，青岛"人口激增，房租日昂"；二是年来山东多地蝗灾、旱灾、洪灾频仍，农业歉收，食不果腹，穷民纷纷来青岛觅食，"迟滞市内外，人口所增者无非苦力或乞丐。"对这一群体，胶澳商埠警察厅的做法是，"分饬所属，分组收容，遇有乞讨者，一律拘送感化所，施以教诲，择精壮者授以简浅工艺，留在青岛"。

《青岛市历年户口比较表》载，1926年12月底，青岛人口27.6838万。1927年12月猛增至32.0480万，1928年12月达33.6005万，此后继续一路攀升：1929年12月为36.2151万，1930年12月达37.9082万。

贫民汹涌而至，露宿街头，况且天气渐冷，于是纷纷抢占官地，用席棚、木板甚至纸壳私自搭建住所蜗居。久而久之，形成了类似挪庄的贫民聚居区。

贫民们有了栖身之所，如何填饱肚子？有精明者打起闲置官地的主意——私自垦种菜粮。胶澳商埠警察厅发现后，以"西镇挪庄一带空闲官地原定均系建筑用地"为由严加取缔。

贫民们不肯罢休，由个体私自偷垦变成联名向商埠局公开申请垦种，隋庭勋等人曾一再申请领种，商埠局以"不合定章——驳斥"。

吃饭是要务，贫民为此不惜铤而走险，姜丕芳等人就是典型。他们对法令置若罔闻，累计私占100余亩官地开垦。1927年6月15日，胶澳商埠局以第1319号指令，令警察厅照章严行取缔并统筹迁移贫民办法。

接到警察厅呈报的挪庄一带贫民调查情况后，胶澳商埠局产生了异地建房搬迁安置的想法，并圈定台西四路以南地块，饬令工程事务所会同警察厅实地查勘。

　　工程事务所技士与台西片区警察署长前往指定区域现场详细考察，最后，双方共同相中了四川路11号——日占时期未建成的露天市场地址。1927年10月8日，工程事务所将勘查选址情况图文呈报商埠局。

　　胶澳商埠局收悉后，以第2575号指令，要求工程所挑选人员会同商埠局财政科、民政科人员前往勘定界址，并详细筹划迁移办法，然后"具说帖附图呈报查核"。

　　三方人员前往勘定界址时发现，四川路11号露天市场旧址此前建有围场水道，"原备他项发展之用"，因此不宜毁掉辟为空地建房安置贫民，但市场旧址附近有空闲官地一段，地面宽敞，面积约计11558方步，容纳各处贫民最为相宜。

　　易地建设贫民住房的建议很快被胶澳商埠局采纳，三方人员重返现场对该地块作了详细勘定："该地东至磁山路，预定线西至贵州路，南至成武路，预定线北至台西四路，划为贫民建屋居住之所。其面积虽广而荒芜日久，地势崎岖亟应先清路线，敷平地面以便着手进行"。随后，由工程事务所牵头，对需要修筑的道路进行勘查，并提议先将各路预定线开辟路基，以便行走，此项目共需费2000余元。

　　胶澳商埠局对设定道路及开辟路基深以为然，饬令三方尽快"拟定简略建筑办法，俾资划一"。商埠局同时提出，"为体恤贫民艰难起见，所有应纳地租格外从轻核定，概照每方步定为年租洋一角核算"。

　　遵照商埠局要求，工程事务所派出技工苏世斌、书记员杨顺成协同商埠局民政科警务股科员方桐生、财政科测绘员尚焕彩、本所道路部工程师王守政、公务员张瑨详细勘定该地块界址，并制定简略建筑办法、迁移办法。

10月底，苏世斌等人编制的《迁移西岭贫民临时规定简略建筑办法》出台。

完成《迁移西岭贫民临时规定简略建筑办法》后，苏世斌、方桐生、尚焕彩等人再接再厉，议定出迁移贫民办法三条，汇报给工程事务所负责人。该负责人认为，"此案于市政、道路、民生在在有关，创制伊始应不厌其详"，为此，相关人员须"切实妥议具复"。经过一轮修补完善，该负责人详加复核后，认为迁移办法"尚属周密"，遂将苏世斌等人勘查地块详情、筹议迁移贫民办法等一并书面呈报商埠局。

11月8日，胶澳商埠局回复工程事务所："会筹迁移挪庄等处贫民一案，所有堪拟各项办法均尚妥洽，应准；拟办理至所占开辟路基预算费用两千余元，即由该所道路维持费项下挪移开支，毋庸专案请领。"商埠局同时提出，将《迁移西岭贫民临时规定简略建筑办法》即日发布施行，工程事务所迅速将项目开工建设情况详细规划汇报，以便敕令各主管科厅分别办理发放地皮、派员监理施工等各项事宜。

就在胶澳商埠局安排工程事务所启动平民住房建设时，居住岛城的潍县人谭爱伦女士闻讯政府为贫民建设住所，慷慨捐出巨款2.5万元，委托潍县同乡会会长张俊卿呈文商埠局，"指定为建筑贫民住房之用"。

胶澳商埠局总办赵琪深受感动，立即饬令工程事务所从规划建设的地段内，"拨租若干步"用谭爱伦所捐资金建房，"该项房屋建筑落成后，即捐归公有，永作收容贫民之用"。

张俊卿在给商埠局的呈文中认为，"此举不惟穷黎沾惠，并于市政不无裨益"。

工程事务所奉令行事，委任建筑部工程师王枚生切速办理。事后，王枚生将办理详情以及所绘图纸一并汇报：

> 遵往台西以南地方详细查勘，查得成武路、磁山路角有官地一方，约计面积3640方公尺，可建房屋344间。又以西临近团岛第六支路、成武路角官地一方，约计面积4300方公尺，可于一端暂建房屋40间。两项面积共约7940方公尺，现拟共建房屋384间，尚余空地若干，以备将来扩充，连同建筑厕所及垃圾箱各三处，以及修治院内水沟道路敷设上下水道等工程，一并估计在内约工料费洋适符25000元。

工程事务所认为，王枚生"所称各节均尚妥洽"，于是又将详情通报张俊卿，由其转告谭爱伦。

张俊卿、谭爱伦对工程事务所的方案均无异议，平民住房建设项目进入了鸠工庀材、兴工建筑阶段。

这样，挪庄贫民迁移安置房建设分成了两部分：谭爱伦出资建设成武路、磁山路两处共384间，胶澳商埠局拿出1928年度预算内指定专款，建设规划地块内的剩余部分。

1928年11月24日，工程事务所对成武路、磁山路两处地块进行"详实勘估、绘图、画界"，并将房屋建设详细图纸交给潍县同乡会。翌年春，该两处住房建成，谭爱伦将其转交给胶澳商埠局，"钧局发交总商会会同警察厅管理，每方步定为年租一角，永作收容贫民之用"。

青岛扬名第17届华北运动会

1933年7月在青岛举办的第17届华北运动会上，由200多名运动员组成的青岛代表队共获游泳赛项4个团体冠军，另获男子部中级田赛、径赛和女子部田径赛3个团体亚军，获23个个人单项冠军，打破5项华北运动会记录，取得青岛参加华北运动会以来最好的成绩。运动会期间，参加团体表演的青岛中小学生及国术选手不少于3000人，观众高达10万余人。

为举办本届运动会，青岛仿照美国洛杉矶运动场式样，在"文登路之南，荣成路之西，跑马场之东北角，与中山公园隔路相向"之处，历时4个多月，筑起"（上世纪）30年代设施设备、施工质量均为中国一流"的万人体育场——青岛体育场。直至今日，该体育场仍是青岛举办重大体育赛事的主要场地。

"约请下届大会在青举行"

早在华北体育联合会执行委员会批准第16届华北运动会由开封市于1932年10月承办时，青岛市政府就萌生承办第17届华北运动会的想法。对此，青岛市市长、第17届华北运动会会长沈鸿烈在《第十七届华北运动会总报告》序言中坦陈："鸿烈主政青市，深感于吾国国民体格之衰弱，民德之堕落，思提倡体育以补救之，是以除各级学校严格注意体育课程外，并积极提倡民众业余运动，冀以体育方法振奋民族精神，增进国民道德。惟倡导伊始，必须有大规模之集会，以提高社会信仰，而尤须有充分之物质建设，以树立体育之基础，故于第十六届华北运动会举行之际，即约请下届大会在青举行。"

而其时，青岛已具备承办区域性运动会的条件，主要表现在：一是政局稳定。1929年4月15日南京国民政府接收青岛后，青岛特别市政府先后制订和颁布文告、规定，整饬吏治，稳定政局，社会秩序安定。二是经济快速发展。"九·一八"事变后，东北工商业户向内地转移，阳本印染厂等变卖东北厂产纷纷来青岛设厂。在市政府鼓励和支持下，中国氧气公司、山东烟草公司等开始在青岛布局设厂。永裕盐业公司、政记轮船公司、恒兴面粉厂等民族工业相继创办。东方市场、青岛国货股份有限公司、青岛百货大楼、青岛物品证券交易所、交通银行青岛分行、金城银行等相继开业，中山路、馆陶路等商业街逐步形成。三是青岛学校体育、民众体育兴起。1931年7月始，国民政府教育部公布《初级中学体育课程标准》《高级中学普通科体育课程标准》等大、中、小学体育标准方案，为推进全市学校体育发展，成立未久的青岛市体育协进会便组织体育讲习会，分派专员到各中小学指导、讲演各种运动技术，讲授体育测验和体格检测方法，在各级学校普及体育知识。此外还积极提倡民众体育，制定每年举行春季运动会、冬季体育竞赛会办法。1932年5月14日至15日首开春季运动会，有478名运动员参加田径赛，15所学校参加团体表演。

1932年10月13日，第16届华北运动会闭幕前夕，华北体育联合会执委会将确定下届运动会承办地。按照组织规程，下一届运动会应由山西省承办。但是年夏秋，山西暴发全域性大水灾，包括省会太原在内的68个县损失惨重。华北体育联合会执委会闻讯后电询山西省政府，原定第17届华北运动会能否如期在太原举行。11月5日，山西省政府复函"为第十七届华北运动会筹备不及事"。函称："本省水灾过重，太原近正排水工程，于规定（明年）六七月间举行之会期，深恐筹备不及。"12月3日，执委会议决由青岛承办，并电函青岛市政府"接受办理第十七届华北运动会"，"望加紧筹备，克日竟成"。

收悉华北体育联合会执委会电文后，青岛市政府即着手第17届华北运动会筹备事宜。因南京国民政府接管青岛后，公共体育一项被明确为市政府教育局掌管，故市政府委派教育局局长雷法章负责筹备事宜。任青岛市教育局局长前，雷法章曾在南开大学任教务长，华北体育联合会执委会排名第一的委员为南开大学创办人张伯苓，两人系故交，感情深厚，这对推进青岛筹备工作大有裨益。从这个角度言之，雷法章是筹备负责人的最佳人选。

建设青岛体育场

青岛虽为特别市，但此前从未举办过全国性大型活动，素无公共体育设备，每次举行童子军会操及球类比赛、运动会等皆临时商借场所，各场所设备不周，于运动兴趣上殊有妨碍。"为增进市民体育之兴趣，及体格锻炼之起见，公共体育场建筑实不容缓之企图也。"第17届华北运动会决定在青岛举办后，市政府成立体育场建筑委员会，着手体育场选址、设计、制图、测量及监工等事项。市政府明确："关于体育场种种原则上之规定，均由青岛市建筑委员会设计组会议决定之，其设计、制图、测量等事项，均由市政府工务局任之，监工则由建筑委员会监工组及市政府指定派人员任之。"

《青岛市政府行政纪要（1933年）》第五编"工务"部分，设有"建筑青岛市体育场工程"专题，详细记录了青岛体育场选址、布局等情况，兹择要抄录：

青岛体育场地点，经勘定本市中山公园附近，文登路之南，荣成路之西，万国跑马场之东北角为建筑地址，辟地760公亩，拟仿照世界运动会举办地——美国洛杉矶运动场之式样，而将规模缩小。计田径赛场1个、网球场6个、排球场4个。田径赛场内，可容长105公尺、宽70公尺之足球场，各项田赛均配置其中。足球场之外，为400米跑道，跑道之外是草地，草地之外为看台，绕看台一周为宽12公尺之道路。网球赛场位于田径赛场东侧，排球赛场位于田径赛场东北部，国术场附焉。网球赛场南端建有锅炉堂，烧好的热水通过铁管输送至田径场看台下的浴室，供运动员沐浴。田径赛场西北部设有停车场，停车场西北端设有厕所。

体育场看台形式根据跑道形式而定，外圈长590余公尺，内圈长540余公尺，东西对称，南北狭长。观众坐板共15级，每级高0.42公尺，深0.75公尺，可容纳16000余人。观众坐板用1:2:4钢筋混凝土做成，红砖砌筑承重墙。看台的外围墙，用花岗岩石砌作冰裂纹，看台上坐板之最高验级外墙，复用红砖筑砌一道，高1公尺，作堡垒式。其最低级部分，较地面高出1公尺，用乱石修筑，上面用红砖垒砌一道，高1公尺，连同高出地面的1公尺，计高2公尺，以防止台上观众闯入场中。

绕看台一周，除大门外，有观众出入场门11个，运动员出入场门2个。看台内圈中，有运动员出入口4个。观众出入场门内，左右有男女厕所各1个，入门之后，即由楼梯至看台上。看台下房屋，有运动员休息室32间、浴室4间、男女厕所8间、观众厕所22间。看台东西两面是司令台（即主席台）和贵宾席，司令台长6公尺，宽2公尺，每级高0.63公尺，深0.9公尺。看台顶部建钟楼一座，下面是市长沈烈为体育场建成撰写的碑文。

田径赛道为荇曲式，又名正常式，为德国地姆博士创设。计直道部分130公尺，场宽72公尺，沿跑道内圈外3公尺处丈量，则一周之门度，适为400公尺。

田径赛大门有三层，第一层为过道，旁辟小室一间，用以堆置运动器具；第二层为会议室；第三层为办公室。入场门有三个，为拱形，墙之外饰以人造石，而门之拱形楣示，则采用劳山花岗石。自路面至大门第一层，需登台阶11级，高约2公尺，阶石均为白色花岗石，故路上行人不能窥得场内选手的动作。

至于上下水道，其上水道，自文登路导入田径赛场内，绕看台内圈之一周，而道入各厕所及浴室，并在田径赛场内，置有水龙头，以备灌溉草地之用。其下水道分污水、雨水两种，污水管绕看台外圈一周，导厕所浴室内污水，以达南海路之原有入孔。雨水道分明沟、雨水管两种，明沟有二，其一沿田径赛场看台外之东面，以达荣成路与原有涵洞相接；其一沿网球场东北面，以达田径赛场看台外东面明沟。雨水管安设在看台下草地上，跑内圈旁置雨水斗，以导场内之水入雨水管，送达跑马场附近新掘之明沟中。

1933年2月16日（农历正月二十二）上午，青岛体育场基础工程——平治场地开工，拉开了青岛体育场建设的序幕。

在力求撙节的原则下，体育场全部工程造价预算约为15万元，由平治场地工程、大门等工程、看台跑道等工程、上下水道工程、增筑球场土堆看台及建筑锅炉室公共厕所工程、游泳池碑记围棚等增加工程六部分组成。其中，平治场地工程由缙记营造厂承办，2月16日开工，3月31日完竣。

大门等工程由华丰恒承包，于3月7日开工，6月底完竣。施工过程中，对设计图纸中议事厅内的楼梯进行了挪移，并增建了钟楼看墙、楼上厕所、门楼旗杆等项目。

看台跑道等工程因各承包商报价大大超过预算，市工务局召集各商磋商，议决按照原估预算再加平治场地、下水道两部分工程款额为准，由上海馥记营造厂承办，于2月22日开工，6月底完竣。施工中发现，该处是软土地质，不能砌垒乱石地基，须放大地脚用1:3洋灰浆全砌，并加宽墙基，为此增加部分工料费。

上水道工程招标时各商报价均超过预算甚巨，工务局将该工程核减分五部另行招标，前四部分由裕丰铁工、卜内门洋行、协昌五金行、同利工厂中标，分别与工务局签订合同承办；第五部分水表池盖及安装，由工务局派工自办。

青岛体育场

天泰兴承办下水道工程，于3月19日开工，6月18日完竣。

增筑球场土堆看台及建筑锅炉室、公共厕所等工程均由复源栈承办，于5月底开工，6月底完竣。

游泳池、电灯、碑记、大门柱、围棚等7项增加工程，因是临时增加，限期紧迫，来不及招标，除缙记营造厂、泰德涌承包两项外，其余由工务局自办。

青岛体育场开工后，由于各方"夙夜将事，乃得于会期前数日，全部竣工"，共费洋约19万元，"其设计之周备、工程之浩大，实为本市近年以来仅有之伟大建筑物，亦为华北有数之体育场"。

"因循前例，组会筹商"

雷法章在《第十七届华北运动会总报告》序言开头记述道："法章受命筹备，因循前例，组会筹商，本市各界领袖专家，幸承参与。"

雷法章所言的"组会筹商"，即成立第17届华北运动会筹备委员会，市政府函聘国立山东大学校长赵畸、胶济铁路管理委员会委员陆梦熊、胶济铁路管理委员会委员兼铁路中学校长崔士杰、青岛交通银行经理姚仲拨、青岛中鲁银行经理张玉田、海军教导总队总队长张楚材、青岛海军第二基地司令董沐曾、市政府参事杨津生、社会局局长储镇、公安局局长余晋龢、财政局局长郭秉龢、工务局局长邢契莘、第16届华北运动会总裁判长郝更生、教育局局长雷法章等14人为筹备委员，雷法章为主任委员，郝更生任总干事。

1933年3月2日下午3时，第17届华北运动会筹备委员会在市府大礼堂召开第一次会议，筹委会主任雷法章报告本届华北运动会决定在青岛举行之经过、函聘各界领袖担任筹备委员以及成立筹委会的宗旨。

会上，委员们讨论了《第十七届华北运动会筹备委员会组织章程（草案）》，议决修正通过，市政府以（秘）字第4440号指令《第十七届华北运动会筹备委员会组织章程》修正备案。该章程共14条，明确各股职责、经费预算、职员及评判主要人员聘任、各项锦标比赛办法等事宜；推举筹备委员赵太侔、姚仲拨、崔士杰、张玉田、郭秉龢5人组成经济稽核委员会，由郭秉龢召集开会，并推定郝更生负责起草《经济稽核委员会章程》。

第17届华北运动会筹委会下设业务、竞赛、国术、布置、工程、奖品、宣传、招待、纠察、卫生等10个股，分工负责会务工作。每股设正副股长各一人，干事若干人，除由市政府所属各机关中调用人员分任股长、干事等职务外，还函聘专家及富有学识经验之地方人士共同负责。本次筹委会会议上，对推定的各股正副股长予以讨论，最后议决"照原拟名单通过"。其中，总务股股长为许筱山，副股长为汪康里；竞赛股股长为张贻先，副股长为文进之；国术股股长为向宗鼎，副股长为韩冠洲；布置股股长为宋君复，副股长为赵化程；工程股股长为严宏澌，副股长为郑德鹏；奖品股股长为王政，副股长为宋国模；宣传股股长为崔宝瑛，副股长为赵庶常；招待股股长为程景周，副股长为朱有材；纠察股股长为鲍长义，副股长为董荣卿；卫生股股长为储晋芳，副股长为谷源容；还有医师于明江、易震寒、姜兴义、孙贯一、焦湘宗。另外，鉴于胶济铁路在华北区域的沟通连接作用，筹委会特设胶济沿路招待处，招待长为戴师韩、副招待长为吴尚炳。

经筹委会议决，第17届华北运动会定于7月12日开会，15日闭会。会上还讨论了编制第17届华北运动会经费预算案，议决"另行编制，送由经济稽核委员会审核后，提交本会通过"。

翌日，第17届华北运动会筹备委员会以公函第1号致农林事务所等单位，报告筹委会正式成立及第一次会议情形。

4月29日下午2时，筹委会在市府大礼堂召开第二次会议。会上，工程股股长严宏澌汇报运动场工程进展情况以及应增加的工程。随后，总务股等其他九股负责人依次报告工作进展情况。

本次会议还讨论通过了以下几个重要事项：修正华北运动会经费预算、修正通过《第十七届华北运动会筹备委员会各股办事通则》，该通则分总则、各股职掌、附则三章，共41条；修正通过《第十七届华北运动会规程》《第十七届华北运动会报名须知》，前者共22条，后者共11条；通过《招待新闻记者办法》《筹备委员会经济稽核委员会规程》；通过《照各届华北运动会成例，向中央及各单位省市区请捐助款项案》。

会后，筹备委员会函请各省政府、市政府等为第17届华北运动会捐献经费：

> 迳启者　查第十七届华北运动会在青岛举行，所有各项筹备事务业经本会积极办理，惟斯会之举行，意在发扬华北尚武精神，提高国民体育兴趣，是以各项组织设备务期完善，以兴中外观感，因之会场建筑以及大会开支在在均需巨款。考历届华北运动会，除由所在地之政府担任大宗经费外，大都由各方之协助，以底于成。素仰贵府署提倡体育不遗余力，本届大会仍请援照向例量予捐助，俾收众擎易举之功。庶藉鼎力提倡，以成发扬体育之盛举，专此奉达，即希查照惠允见复，无任感荷。此致河北、山东、河南、山西、陕西、甘肃、绥远、察哈尔、宁夏等省政府，北平市政府，威海卫专员公署。

收到捐献经费函后，山东省政府率先垂范，复函称此举"事关提倡体育，自当尽力捐助，以襄盛举，并勉筹大洋一千元随函汇上"。随后，河北省政府、河南省政府、北平市政府等纷纷汇捐，资助200元到600元不等。

5月20日，筹备委员会以"会场建筑设备以及大会开支在在均需巨款，一市之力担负维艰"为由，电请国民党中央党部、国民政府、军事委员会、行政院、立法院、监察院、考试院、司法院、教育部等，"援照成例，恳祈俯允捐助，庶期仰蒙钧赐，益增运动大会之光荣。更恳鼎力提倡，俾成发扬体育之盛举"。

收悉电请后，国民政府文官处函复筹备委员会："奉主席交下贵会号电'为十七届华北运动会定于本年7月12日开始在青岛举行，恳祈捐助并鼎力提倡'一案，奉谕，交行政院。等因。除函交外，相应函复查照。"

5月23日，教育部电复筹备委员会，对捐助一事予以拒绝："本部查无成例，碍难津助。"

《第十七届华北运动会报名须知》对运动员报名日期、报到日期、报到地点一一明确。报名日期为6月10日至30日午后6时，各单位须将各项报名单快信或挂号信于限期内寄到本会，过期无效。本单位未缴纳会费者不得报名。报到日期是7月9日至11日下午5时，报到地点为青岛市体育场本会竞赛股。

6月12日下午3时30分，筹委会在市政府大礼堂召开第三次会议。筹委会主任雷法章报告筹备进展情况后，总务股股长许筱山报告：本届运动会经费预算为39181元，已呈报市政府，市府令准列入本年度预算内，并先由市财政局垫借3000元应用。奖品股股长王政报告：奖品已交上海运动标准公司承办，7月3日可到青岛。锦标正交商店设计，6月17日看样，6月底可交货。其他八个股负责人依次汇报各自工作进展情形。

本次会议重点讨论了运动会期间是否用入场券案。最后议决："须用入场券，惟不收费，详细办法交由各股确定。"

会后未久，各股形成了《第十七届华北运动会参观规则》，共12项。主要内容是，本届运动会制备入场券，分三种：普通入场券，普通观众及侨民每日按规定时间持券入场；学生团体入场券，按各校报告学生人数发放，但学生入场时须由教职员率领整队而入；特别入场券，本会制备分送各机关长官及外宾，此项入场券不分上午下午，会期4天通用。所有观众凭券入场，观众席位、大门出入均须"对号"，即：第1区看台为观众席，自第1号门出入；第2区看台为各国侨民席，自第2号门出入；第3区看台为本市男学生席，自第3号门出入；第4区看台为本市男学生、军警席，自第4号门出入；第5区至第7区看台均为观众席，自第5、6、7号门对号出入；第8区看台为女运动员、本市女学生席，自第8号门出入；第9区看台为新闻记者、本市男学生席，自第9号门出入；第10区看台为本会职员、男运动员席，自第10号门出入；第11区看台为观众席，自第11号门出入。

《第十七届华北运动会参观规则》特别提醒：请勿带未满6岁小孩，请勿携犬及具有危险性物品入场，请勿大声喧哗，请勿任意吐痰，请勿逾越栏杆侵入邻区，酒醉及精神错乱者虽有入场券，本会亦拒绝其参观。

7月3日下午1时，筹委会在市立中学召开第四次会议，听取各股筹备情形。

竞赛股股长张贻先报告：参加本届运动会的12个单位共提交运动会名单1034人，其中男715人，女319人，竞赛股拟列竞赛程序并编号分组。

工程股股长严宏湉报告：运动场已竣工，仅余门首工程正在赶做，至于电线、旗杆之安装均定日内完工。

宣传股股长崔宝瑛报告：各地参会记者共71人，其中本埠报馆记者25人，济南、天津、北平、太原、开封、绥远、南京、上海等外埠记者46人。宣传股制有《招待新闻记者办法》，主要内容包括：1．本埠外埠各报馆及通讯社均可派记者一人到场采访报道。2．6月20日以前将记者姓名函知本会。

3．本会于会场重要地点设新闻记者席，以便总览全场，参加记者凭证入席。4．为记者采访便利起见，特以各省市区为单位，另发特别证一枚，各该单位记者可轮流持此特别证出入田径赛场，以便采访新闻或摄影；本市记者人数较多，送给特别证三枚轮流持用。另外，会期特刊正在筹备。

"秩序甚佳，结果圆满"

青岛体育场建设接近尾声时，第17届华北运动会开幕已进入倒计时，筹委会人员夜以继日奔波忙碌。

为同步传播第17届华北运动会消息，6月，市政府投资1万多元，在朝城路7号民众教育馆内创办青岛无线广播电台，呼号为XTGM，频率为930千赫和900千赫，波长为340米和333米，发射功率为100瓦。这是青岛官办的第一家无线广播电台。

7月9日起，筹委会竞赛股人员开始接待陆续抵达青岛的各地运动员。根据此前制定的《运动员宿舍规则》，男运动员入住设在市立中学的运动员宿舍，女运动员入住市立女子中学专用宿舍，运动会职员入住设在保卫团团部的宿舍。

10日，应筹委会之邀，上海联华影业公司导演金擎宇及摄影师、助手一行莅青，筹委会总干事郝更生与联华影业公司签署承摄合同，山东大戏院作证人。合同约定，该公司自7月12日运动会开幕起至15日闭幕止逐场拍摄，4天中总计摄片5000余尺，筹委会向联华影业公司支付2000元作为摄制费用。成片后，筹委会向联华影业公司购片一套，每米以大洋0.40元计，添印拷贝每米以0.20元计。片中说明字幕由筹委会撰拟，版权归联华影业公司所有。

11日上午8时、下午2时，裁判会、领队及指导员会在体育

第17届华北运动会
开幕式

场办公室先后召开。此前，为保证比赛公平、有序，成立竞赛
委员会为裁判最高机关，张伯苓、马约翰、郝更生、张武成、
谷毓琦、高梓、尚树梅、李文藻、张贻先被筹委会函聘为委
员。

12日上午8时，第17届华北运动会"壮丽隆重的开会式开
始，在场外集合之职员运动员约千人，由雄壮之乐队引导，鱼
贯入场，肃立于主席台前，首鸣礼炮十七响，海军飞机数架亦
于此时飞旋空际，轧轧隆隆之机声与场中庄严雄浑之国歌声如
相应答……"

雷法章报告本届运动会筹备经过：去岁11月华北体育联合
会决定本届大会在青岛举行，本市即联合各界领袖各体育专家
于今年2月组织筹备委员会，设10股分工合作，积极进行。计数
月以来，筹委会开会4次，各股联席会议10余次，参考历届成

规，适应本地环境，制定规章，添置设备，赖市长指导，承各界赞助，本会职员竭尽厥职，惟力是视。本届大会有两点足资特别报告者：其一为体育场建筑，是项工程是应本届运动会需要而经营始亟，工料费逾20万元，不足3月而落成，雄伟壮丽，运用匠心，适合于大规模之运动，即今日本大会会场也。其二为大会竞赛项目，增设游泳、国术。游泳为最重要之体育，过去因限于地域设施未能列入竞赛。本市位于海滨，游泳设备因地制宜，故本届赛程新添游泳项目。体育之名始于近世，体育之实即古已有之。乡村之礼，六艺之教，实体育之嚆矢也。国术之科提倡之数年而收效遍全国，本届始列入竞赛，分摔角比赛与拳术、器械、特别技能表演，规则以臻完善，竞赛亦有系统，本届大会之贡献也。

会长沈鸿烈致词，畅谈"提倡体育运动会之三点意见"：吾国人民素尚和平，一切习惯均静而不动，其上者习于文弱，易趋消极；其下者误入歧途，流弊横生，是皆由于无伟大之体魄，乃无伟大之思想，而高尚之道德，亦因之无所附丽，遂致世风日漓，国乱日深，良可浩叹，此体育运动会之应提倡者一也。我国人口四万万余，勤苦耐劳之精神尤所必需，但非有健全之体格，此项精神技能即无所寄托，此体育运动会之应提倡者二也。我国地域辽阔，交通不便，此疆此界，每多隔阂，此种运动会之精神直接可促进体育发达，间接可促进政治之改良，冶全国于一炉，其利有不可胜言者，此体育运动会之应提倡者三也。

继由山东省教育厅厅长何思源代表省政府主席韩复榘、总裁判长张伯苓分别致词，全体职员及运动员在掌声、欢呼声和军乐声中绕场一周后，运动员分队退入看台下休息室，旋即开始比赛。

本届运动会分男子高级部、中级部和女子部三个组别比赛，包括田径、全能、排球、网球、棒球、女子垒球等赛项。游泳赛场设在栈桥西侧。青岛女游泳选手技高一筹，何文雅、何文锦、何文静三姐妹包揽了女子50米自由式、100米自由式前三名，卓逸瑜获女子100米背泳冠军。

本届运动会共打破10项全国纪录、22项华北纪录。由200多名运动员组成的青岛代表队共获团体游泳总锦标（冠军）、男子部高级游泳锦标、男子部中级游泳锦标、女子部游泳锦标等4个团体冠军，囊括游泳团体总分全部冠军，另获男子部中级田赛、径赛、女子部田径赛等3个团体亚军；获23个个人单项冠军，打破5项华北运动会记录，取得参加华北运动会以来的最好成绩。

为增强民众的体育兴趣，本届运动会增添各项团体表演，如中学女生会操、小学团体表演、国术表演及全市学生军训等。参加团体表演的青岛中小学生及国术选手不下3000人。因为筹划周全，本届运动会参加人数空前，4天中观众达10万余，"对1933年的青岛而言，堪称盛会"。

《青岛市政府行政纪要（1933年）》对第17届华北运动会总结说："关于器械设备、会场布置、交通管理、招待办法、职员聘请，事先筹委会均有缜密研究，妥善计划，故会期中秩序甚佳，结果圆满。统计此届费用，共为5.28万余元。"该项经费由青岛市政府拨款。大会共收到捐款2773.93元，全部用作本届大会总报告册的印刷费。

运动会筹备期间，筹委会分头致函"中央"有关院部、华北省市政府及各文化团体征集大会奖品，共征集奖品捐款1101元。

青岛被列为第19届华北运动会候补举办地

1934年10月10日，第18届华北运动会在天津开幕，青岛派出男女选手89人，参加田径赛、游泳、网球、排球、篮球等赛项。"赴会之先，举行集中训练，召集当选各员每日课余或业余积极练习，使技术上有充分之准备。同时关于秩序方面，亦有严格训练，故本届出席大会，本市团体精神最佳。竞赛方面，计男子高级田赛得8分，男子中级径赛得13分，女子田径赛得21分，女子游泳总锦标属本市，得45分，男子游泳等51分，总计共得138分，高级篮球得亚军。"

1989年，国家体委体育文史工作委员会、全国体总文史资料编审委员会编写，人民教育出版社出版《华北运动会（1913—1934年）》一书载，1927—1934年是华北体育联合会的黄金时代，进入1935年后开始遭到厄运，在议及第19届运动会举办地点时形势急转直下。

1934年末，北京市政府接到华北体联请求该市于1935年举办第19届华北运动会的函件时立即答复说，本市限于经费，公共体育场所尚未建筑就绪，在"廿四年（即1935年）内殊感准备不足。惟本市既系运动会会员单位之一，自应积极筹备，以备将来举行……"

华北体育联合会收到复函后又致函北京市政府，希望北京市政府能在1936年内筹办本届运动会。北京市政府答复称："接贵会函称'请允于廿五年（1936年）筹备第十九届华北运动会'等语。准此，查本市体育场工程浩大，需款甚巨，似非短时间所能筹建完竣。兹奉函嘱，碍难接受。除令社会局外，相应函复查照。"

接到复函后，华北体育联合会于1935年5月召开常委会。

常委们认为，北京市在本年内既不能举办第19届华北运动会，而第6届全国运动会又将于本年10月在上海举行，事实上各省市亦无暇兼顾，于是宣布本年停办第19届华北运动会。

是年10月，趁第6届全运会在沪举行之际，华北体联常委召开临时会议，商讨举办第19届华北运动会事宜。因北京市有困难，决定致函陕西省政府，建议19届华北运动会在西安举行。如西安不能承办，则仍在青岛进行。

1935年，华北体育联合会未产生新的执委会，主要原因是华北体联规程规定：执委会成员在每年召开华北运动大会之际，每省、市、区各派3人为代表参加全体代表大会，在代表大会中选出新的执委。1935年未能举行华北运动会，全体代表大会即无法召开，因而新的执委自然无从产生。

进入1936年，大部分执委投入第11届奥运会预选工作，华北体育联合会事务无暇顾及，会务停顿达半年之久。是年第4季度，北京市社会局"关于修建北京市公共体育场的计划及图样"经华北政务委员会委员长宋哲元审核后允许拨款18万元修建。1937年初春，该项工程在先农坛奠基，全部工程由建筑商"公兴顺"承包，定于当年9月交工。第19届华北运动会总算有了着落。

1937年，第7届全运会在南京召开，华北各省市忙于选拔运动员，准备于暑假集训时，"七七"事变爆发。不久，华北地区（除西北区外）全部沦陷，第19届运动会未能举行（仅举办了冰上表演会），华北体育联合会至此完成了它的使命。

"攀辕挽留"沈鸿烈市长

1933年7月，青岛有两件大事可圈可点：一是成功举办第17届华北运动会，"会期四天，参观者十万之众，是谓盛事"；二是市长沈鸿烈因三艘舰船南逃广东事件引咎辞职，隐退威海卫，社会团体策划掀起挽留运动，他们通电朝野、地方大员，组织召开市民大会、挽留市长大游行，日照、烟台、威海卫等地的商界民众也参与进来，一时热闹非凡。

最终，蒋介石、汪精卫、黄郛等"俯准慰留"，沈鸿烈则自威海卫返回青岛就职。

如同一出大戏，历时近一个月轰轰烈烈的"市长辞职出走，民众攀辕挽留"事件，在各方各有所取中落下帷幕。

三舰南逃，沈鸿烈引咎辞职

自1931年12月16日下午4时以东北海军副司令兼任青岛市长起，军务和地方政务繁杂，加之各种势力、各种矛盾盘根错节，沈鸿烈虽全力应付，但数月后，还是发生了被扣留在崂山下清宫、险些丧命的事件，是谓"崂山兵变"。

1984年，青岛市政协文史委征写《沈鸿烈生平轶事》时，曾在沈鸿烈身边工作11年、后任其私人秘书的谢祥云应邀撰

沈鸿烈

文。他回忆：1932年春，东北海军第一舰队队长凌霄、"海坼"舰舰长方念祖及其他几位舰长，以邀请沈鸿烈到崂山某训练基地阅兵为名乘机将他扣留在下清宫，威逼沈鸿烈在他们事前拟好的"急病甚危，不能视事，请凌霄接任其职"致张学良的电报稿上签字，然后逼迫沈鸿烈自裁。千钧一发之际，被缴械后送到"海坼"舰囚禁的沈鸿烈随从副官史福生向舰上枪炮大副李信候求救，李信候当即集合连队包围太清宫并逮捕凌霄等人。

　　曾任东北海军第一舰队司令部英文秘书的张万里在《沈鸿烈生平轶事》中给出不同的说法：沈鸿烈在"海坼"舰听取训练汇报后乘汽艇到下清宫参加海军督训处会议，同行者有第一舰队队长凌霄、"海坼"舰舰长方念祖等5人。途中，凌霄婉言劝说沈鸿烈辞去海军司令专任市长，并力陈这是全体官兵的意见，让沈鸿烈交出兵权。沈鸿烈严词申斥凌霄。凌霄依仗势众反唇相讥，并命人将沈鸿烈绑架到下清宫海军督训处。对于是否杀掉沈鸿烈，内部意见不一。犹豫不决时，李信候得到沈鸿烈随从副官史福生的求救，匆匆率50余人乘快艇前来搭救。

　　时隔半个多世纪，两人回忆的细节虽有出入，但沈鸿烈被谋反的部下扣留在崂山下清宫、险些丧命的事实是一致的。

　　"崂山兵变"平息后，沈鸿烈在次年6月24日又险遭谋杀。事情败露后，主谋者率"海圻""海琛""肇和"三艘主力舰船南逃广东，负领导责任的沈鸿烈引咎辞职。

　　谢祥云撰文回忆，1933年6月，沈鸿烈拟到"海圻"舰检查工作并训话。部属通知"海圻"舰派遣小火轮前来码头迎接。对现状不满、家乡沦陷后思乡念亲情绪浓烈的东北籍官兵密谋乘机杀掉沈鸿烈。孰料节外生枝，拟谋杀沈鸿烈的冯自冲被枪毙，"海圻""海琛""肇和"三舰闻讯后逃至广东。

　　对此，《青岛通鉴》载："崂山兵变"后，自认为对沈鸿烈有救命之恩的东北海军下级军官姜西园、冉柏春、关继周等人因未得到重赏升迁心生不满，密谋除掉沈鸿烈，以掌握海军和青岛市政权力。6月24日，"镇海"舰自塘沽归航，停泊在青岛对岸的薛家岛。按照惯例，沈鸿烈乘交通艇前往训话，关、姜等派同谋冯之冲（注：即冯自冲，名不同，实系同一人）前

"海圻"号军舰

来迎接，并伺机下手。结果谋刺未成，冯之冲被枪决。姜、
冉、关等人草率发动兵变，率领"海圻""海琛""肇和"三
艘巡洋舰驶离青岛，转投粤军阀陈济棠。

对冯自冲谋杀沈鸿烈一事，谢祥云的说法是：沈鸿烈的随
从副官史福生因有私事来得晚了，害怕沈鸿烈发现后埋怨，遂
从船尾往小火轮上跳。因冲击力太大，坐在船尾的冯自冲不慎
落入海中。冯自冲误认为事情败露，鸣枪大骂沈鸿烈，后被打
捞上岸关押，不久被枪毙。

而张万里的说法是冯自冲到码头迎接沈鸿烈后，与之一起
登上汽艇。汽艇无篷盖，一切了然，冯自冲掏枪射击沈鸿烈未
中。史福生见状慌忙掏枪还击。史、冯互射，均未中。冯自冲
躲闪时掉入水中，后被打捞上岸关押了起来。

下属密谋刺杀海军司令兼地方行政长官，如此重磅事件报
馆记者们怎能放过？青岛市档案馆内尚存《益世报》《国闻周
报》《新中华》《复兴月刊》等报刊的报道。

报刊将这起谋刺事件称为"青岛海军事变"。

事发第二天，一些报纸即刊发简明新闻："青岛发生冯志
冲（注：即冯自冲）谋刺长官沈鸿烈事件——6月24日，沈在青
岛大港码头，冯谋刺，连放三枪未中，冯被弁兵打逼入水。后
冯登船被捕，当被枪毙正法。"

《国闻周报》因是周刊，追求时效受限，注重幕后细节挖
掘，因此其报道更为详细：

> 东北海军司令兼青岛市长沈鸿烈二十四日午后四时
> 许，由前海华北运动会游泳预选会场乘汽车转赴大港，
> 换乘小火轮拟赴镇海舰训话。同船者除随行石副官外，

有镇海舰炮正冯志冲，距船行未远，该冯竟由身边出手枪，拟向沈行刺，幸被石副官瞥见，趋前将冯推落水中，故第一枪虽放，沈得未遇险。冯落水后，尚连发两枪，小轮急行，驶本镇海舰。码头警所闻警，急派警乘船赶往，将冯捞起，旋即枪毙。

　　沈遇刺未久，海琛等三舰即离青他处，至长山岛，各舰长联名电青，致沈之参谋长谢刚哲，略谓欲该舰等回青，须沈辞去海军司令职，并希谢出而维持。据知其内幕者谈，东北海军事变，并无政治背景。

《国闻周报》对冯志冲等人"无政治背景"之说，济南通信有较详细的解释："刺沈主犯冯志冲等8人，皆东北籍，均沈一手提拔之学生，在军舰任校尉各级军官。去岁凌霄等谋沈之变，幸冯等将沈救出，自此以为大功可居，曾向沈要求委以青岛港政局、公安局等职。沈以冯等为军中人，不谙政治。且局长薪金较海军少，恐其借官发财，妨害青岛整个政治，乃安慰之。冯等因不满生恨，密谋反沈，因此，发生刺沈事变。"

7月1日，天津《益世报》就此事刊发后续报道："彼时，我们就深虑事变并不是如此简单。6月29日，各报果有东北舰队一部分离青他驶消息。据闻，海琛等三舰离青后，即通电请沈下野。沈本人亦即向政府请求辞去海军司令及青岛市市长职，同时复电离青各舰：'愿将士深明大义，不为辱国投伪行为，虽死亦所不辞。'政府得悉事变消息后，一面派员调查事变始末，一方面致电沈鸿烈慰留。"

《新中华》《复兴月刊》继续追踪该事件后续，两者记述几近相同：事变后，沈鸿烈非常消极，遂致电蒋介石请辞东北海军司令职，致电汪精卫请辞青岛市市长职。国民政府7月5日令："准辞东北海军司令职，惟青岛市市长职，仍予慰留。"离青三舰5日晚抵达香港，停泊于赤湾海面。6日晚，"海圻"舰舰长姜西园、"肇和"舰舰长冉柏青、"海琛"舰舰长关继周离舰赴粤，晋谒粤军民当局，接洽南下投效事宜。

7日，一直暗地观望"海军事变"的青岛胶济铁路管理委员会委员长葛光庭电陈中枢，提出如沈鸿烈辞去海军司令，建议由参谋长谢刚哲接任：

> 以沈市长除弊兴利、治军严明之事迹，倘能维持现状，不独华北海陆防务大有裨益，亦可树中央之威信，俾叛徒知所惩戒。光庭管见，沈市长果遵照尊旨勉为其难，固属甚善。设沈市长坚辞，则不如以该司令部参谋长谢刚哲继任，是否有当，尚所鉴核施行。

10日，投靠陈济棠条件谈妥后，"海圻"三舰自赤湾起锚，由粤派来的"海虎"舰引导驶向虎门。

11日，驻北平的"中央"军事委员会委员长代表蒋伯诚致电中枢，转述葛光庭意见：

> 葛光庭电请谢刚哲继任海军司令，过渡之期仍责成沈以市长名义办理善后，以安军心而固海防等语，谨电请示。

相关政要对该电文的回复是："以谢继沈已电请中央核定，沈之市长则始终慰留，事实上自可照料一切矣。"

是日，国民政府行政院任命谢刚哲为海军第三舰队司令（注：因发生该事变，"中央"电令东北海军归并海军部节制）。

15日晚10时，"谢刚哲电军委会，报告正式就任海军部第三舰队司令"。

谢祥云述说："海圻""海琛""肇和"三舰是东北海军的主力舰。南逃事件发生后，沈鸿烈遂将情况呈报南京政府，又派市政府秘书长胡家凤赴宁向蒋介石面陈详情，并请示善后办法，主要内容包括：将沈鸿烈统率之东北舰队交出，改编为海军第三舰队，直属南京海军部统辖；海军第三舰队司令由沈鸿烈的参谋长谢刚哲担任，沈鸿烈专任市长。

事件到此似乎可以画上句号，沈鸿烈却在6月下旬突然致电蒋介石、汪精卫，坚决请辞市长职务。

在呈蒋、汪的辞职电报中，沈鸿烈云："鸿烈驭下无方，以致三舰叛逃于前；复以考察不周，各将领又有逾规之电，一再溺职，惭愧万分。鸿烈束发受书，粗知大义，若复靦颜，尸位素餐，实无以谢政府，无以对钧座。且鸿烈因此次事出意外，刺激太深，精神失常，百病俱发，医云非暂时静养，危险殊大。万不获已，拟即转地诊治，俾免有所贻误，务祈体谅苦衷，赐以原囿。至市长一职，并恳遴员接替，卑重职守。"

团体议决，一致赞成挽留

沈鸿烈的这则不到200字的辞职电报经媒体报道后，在青岛立即引起轩然大波并迅速发酵，波及日照、烟台、威海卫等地，诸多团体民众齐声挽留沈市长，谓"本市自接收以来，数年未有之盛事"。

难得的是，沈鸿烈辞职和青岛市各团体民众挽留的交驰电文、会议记录、决议，以及日照、威海卫、烟台呈请挽留的电报、青岛和威海卫两地商会间沟通的电报，如今大都尘封在青岛市档案馆里，为我们全景式还原这一事件提供了重要史实。

6月29日下午两点，青岛各同业公会主席和报界召开联席会议，讨论沈市长辞职应否挽留案，最后议决：全体一致赞成挽留。具体措施包括：1. 电请南京行政院暨北平政务委员会力争挽留；2. 公推代表赴市府挽留；3. 预推代表5人赴南（京）、北（平）力事挽留。

7月2日，各团体在浙江路9号继续开会，决定成立青岛市各界挽留沈市长联合会，公推代表20人面见沈鸿烈盛情挽留。

4日上午10时，20名代表赴市政府谒见沈鸿烈。"沈鸿烈对各界代表盛意极表感谢，并说明此次引咎辞职的苦衷，请各界原谅云云。"

挽留目的没有达到，各界代表并不气馁，他们将目光投向有经济实力、组织网络庞大的青岛市商会，邀其出面负责召集全市民众团体代表开会，讨论进一步挽留办法。

青岛市商会遂于4日下午召集各界代表在商会礼堂开会，讨论"挽留沈市长案"。市商会主席宋雨亭主持，会议议决："公函各团体负责人请于明日（5日）下午三时，假市商会召开市民大会筹备会。"

闻听市商会组织开会"讨论挽留沈市长案"并部署市民大会，青岛地方协会于4日下午召开第16次常务会议，选举委员于维廷、韩强士、魏菊峰三人作为该协会代表，参加青岛各界挽留沈市长联合会。

6日下午2时，市民大会筹备会继续举行。

与会人员通过青岛市民大会宣言：

窃自我沈市长莅任以来，励精图治，廉洁奉公，勤求民隐，百废俱兴，中外人民，同深爱戴。讵料忽萌退志，迭电请辞。虽经迭奉电令慰留，惟辞意仍未打消，我青岛全市人民震骇无极。值兹国难严重时期，本市地居要冲，华洋杂处，尤不容贤明长官洁身退隐。谨由本市各团体发起，于七月八日午后一时，假齐燕会馆开全市市民大会公决，竭诚挽留。我全市民众，本良心之主张，以地方为前提，发于志诚，出以决心，誓非达到沈市长取消辞意之目的不止。谨掬诚宣言，诸希公鉴。

与会人员讨论形成《沈市长辞职应如何挽留提案》八条：第一，推举各团体主席暨常务委员并各区区长为主席团，主持进行一切会务，并派代表分赴各方请愿；第二，无论如何非达到挽留目的不止，并预先派员以备有必要时分赴车站、码头，竭力攀辕挽留；第三，在必要时，决由地方民选市长并电达"中央"请予备案；第四，市长一切为难之处，决由全体市民代为负责；第五，全体市民同日罢市参加市民大会，并齐赴市府当局陈情挽留，务请打消辞意；第六，分电"中央"、北平，请始终予以慰留；第七，将本会议议案电达"中央"及北平分会备案；第八，电文用青岛市民大会名义拍发。

看到各团体参与筹划的挽留沈市长行动有条不紊，一直处于边缘的青岛海员工会主动给市民大会筹委会发来公函，要求加入挽留之列。

沈公鸿烈者次突被狙击及舰变后，态度消极，遽萌退意，叠电坚辞，求去心决。本会闻悉之余，不胜惶恐。伏思沈公莅临以来，对于边防之安谧，市政之刷新，有口皆碑。为此，本会率领青岛全体海员，急电京平当局予以挽留外，并经推派代表前往攀辕。兹查明，明日举行挽沈市民大会，拟派代表叶青参加讲演，聊附骥尾，而表赤忱。

挽留市长的声势越造越大，参与的民众超越青岛本土，开始向区域化推进。

7日，日照县商会代表丁钧石、李育宸、贺仁菴等人，向南京发出"赞誉沈鸿烈整理海防等勋绩，同心力挽留"的电报。

同一天，青岛市商会联合威海卫商会孙心田、戚仁亭、李翼之等人，就挽留沈鸿烈致函烟台、龙口、石臼所、石岛各商会，告知青市定于7月8日午后召开市民大会，并将"分向各方更申前请"，建言各商会致电蒋介石、南京行政院，以维护渤海沿岸治安、保护商民为由请恢复沈鸿烈已辞的海军司令旧职。

召开大会，挽留行动达高潮

8日下午1时，市民大会如期在馆陶路13号齐燕会馆召开。会前，筹委会作出通知：1. 参加市民大会各市民8日正午12点起至5点止休业半天；2. 发起之各团体均为主席团，并公推主席团代表，团体包括：商会、律师公会、中小学联合会、新闻记者、银行公会、区长代表、工会代表、慈善团体代表、各同学会、青年会、文化团体；3. 开会演说人选由主席团代表遴选充任。

基于此，青岛市各团体代表公会启：8日午12时起至午后5时止，为市民大会假齐燕会馆开会时间，在此时间内各行商号一律停业，以便前往。

接下来，团体代表丁敬臣、齐燕会馆代表张玉田、铁路中学校长崔景三、教育界代表刘卫三、各同业公会代表朱文彬、工会代表朱子衡、海员工会代表叶青先后登台发言，畅谈沈鸿烈政绩，表达坚决挽留决心。

最后，大会发表提议案：1．如何非达到挽留沈市长目的不止，市长一切为难之处决由全体市民代表负责，兼由各团体领袖负责，分赴各方请愿；2．全市人民齐赴市府当面陈情挽留，务请市长打消辞意，有必要时援照中山县民选县长前例，请"中央政府"准许由地方民选市长；3．分电"中央"、北平，请始终予以慰留。

与会代表群情高涨，当即将"赴市府当面陈情挽留和分电中央、北平，请始终予以慰留"落到实处。

大会结束后，与会市民列队前往市府请愿，有人高举"青岛市挽留沈市长市民大会"的横幅走在前面。队伍在市府前广场停留，恳请沈市长打消念头。沈鸿烈见状亲自接见，并发表讲话。5时，请愿结束，队伍散去。

请愿市民各自散去后，市民大会主席团分电汪精卫、蒋介石和黄郛：

> 窃自我沈市长莅任以来，励精图治，廉洁奉公，勤求民隐，百废俱兴，中外人民，同深爱戴。讵料忽萌退志，迭电请辞。虽经迭奉电令慰留，惟辞意仍未打消，我青岛全市人民震骇无极。值兹国难严重时期，本市地居要冲，华洋杂处，尤不容贤明长官洁身退隐。谨由本市一百一十四团体发起，于七月八日在齐燕会馆开全市

市民大会公决。无论如何，誓非达到挽留的目的不止。
市长如有为难之处，由我全体市民代为负责。我全市民
众，本良心之主张，以地方为前提，发于志诚，出以决
心，除同日由全体市民齐赴市府，陈情挽留外，谨掬诚
电陈，伏乞始终慰留，以顺舆情，不胜叩祷之至。

隐退威海卫，市民代表晨往挽留

7月12日至15日，第17届华北运动会在青岛隆重举行。或许
是考虑会前和会中千头万绪，不忍打扰甚至给市长添乱，或许
是有其他政治因素考量，运动会期间挽留行动偃旗息鼓。

青岛《工商新报》报道，第17届华北运动会开幕当天，沈
鸿烈出席仪式并"有恳切奋勉之开会词"。他还视察了运动会
期间举办的国货展览会。在这一系列活动中，沈鸿烈状态如
昔，看不出有离职的迹象。

华北运动会甫一圆满谢幕，沈鸿烈辞职事件接踵登场。

17日凌晨3时，沈鸿烈秘密乘车赴威海卫，临行前留一手
谕：政务由市政府秘书长胡家凤代理。

18日下午，接到威海卫商会"沈市长昨午后太平抵威"的
电报后，青岛市商会立即分电蒋介石、汪精卫、黄郛、韩复
榘、于学忠、徐祖善等各级官员，称沈市长"离青赴威，虽军
政负责人员，照旧维持，但人情惶惑，岌岌可危，务请钧座顾
念青岛市华洋杂处，地方重要，给予始终俯准慰留"。

随后，青岛市商会"就市民大会主席团代表赴威海卫挽留
沈鸿烈事"先后致电烟台市商会、威海卫商会。

曾在青岛商会工作的王第荣在《沈鸿烈生平轶事》中回
忆，威海卫专员徐祖善接到青岛商会电报后，随即将沈鸿烈留

住，并分电蒋介石、汪精卫、黄郛，为其请命。

18日下午，青岛市商会议决派人前往挽留沈鸿烈，于是致电威海卫商会："本市市民大会推定驰赴贵埠挽留沈市长之主席团代表等，定于明早三时乘车直发，专电奉闻。"

王第荣记述，19日上午10时，威海卫各界假商会礼堂召开挽留沈鸿烈大会，并致电蒋介石、汪精卫，请予慰留。

晚8时，青岛代表抵达威海卫后，直奔海军办公处谒见沈鸿烈。沈鸿烈闻讯站在门前欢迎，并与代表一一握手寒暄，随后举行谈话会。

20日，沈鸿烈在威海卫东海饭店宴请青岛、烟台、威海卫各界代表。席间，代表们恳请沈鸿烈打消退意，沈鸿烈以未奉"中央"指示推辞。

当晚，各地代表又电请蒋介石、汪精卫、黄郛迅速予以慰留。翌日，蒋、汪、黄慰留电报相继下达，徐祖善当众出示电报后，沈鸿烈只得"恭敬从命"。

临行改期，经烟台潍县返青

沈鸿烈奉电打消辞职念头后，前来威海卫挽留的代表如释重负，立即向青岛"挽留沈市长主席团"报告喜讯，主席团接到电报后奔走相告，并着手部署迎接事宜。

> 昨日，本市前赴威海卫挽留沈市长主席团来电云：沈市长定于二十二日午后六时回青，业由青岛市商会分转各团体准备，届时由市商会聚齐，同赴青岛车站表示欢迎，业志各报。

挽留沈鸿烈最积极、最踊跃的青岛市商会接电后立即发布启事：

> 顷接赴威挽留沈市长主席团代表来电，略闻同仁等定于二十二日早随侍，沈市长由潍县搭车回青，即日午后六时到本会聚齐，以便同赴青岛车站表示欢迎为荷。

就在青岛各界奔走相告、忙于迎接之际，前方又传来沈鸿烈应邀逗留烟台延期回青岛的消息。

> 顷闻复接代表团由烟台来电，因该埠民众以沈市长历年维持海上治安不遗余力，实属泽被，刘（珍年）军变乱，蒙俯允民请派军维持地方治安尤为惠及该埠，该埠遂决定准备开市民大会，表示欢迎，已蒙沈市长俯允。故又改于二十三日道经潍县，乘胶济车于同日下午六时到青，各团体闻电之下即速赶制备大小欢迎旗帜数万，以备届时分执前往车站欢迎云。

王第荣的回忆补充了沈鸿烈在烟台的行踪：

21日下午1时，沈鸿烈在青岛、烟台代表陪同下，乘汽车离开威海卫。威海卫商民悬旗列队欢送，驻威海卫海军派陆战队20人护送。当晚6时，一行抵达烟台。驻烟台军队旅长及各界代表欢迎，晚7时在"老字号"大罗天饭店举行盛大宴会。

22日上午，烟台社会各界代表在建于1906年专门用于演出京剧的丹桂戏院召开欢迎沈鸿烈大会。下午1时，在烟台山顶举行"海军司令沈公成章纪念碑"揭幕典礼，沈鸿烈亲自揭幕。

沈鸿烈兴致渐高，在烟台频频现身各种场合，青岛的民众也在为其回青岛准备盛大的欢迎仪式。

下午，赴威海卫挽留沈鸿烈的青岛商会主席宋雨亭等人自烟台发回电报，言"沈市长俯从民意，定于明日晚6点半钟到青岛下车"。沈鸿烈回青岛的时间落实后，为"致全体市民热烈欢迎之诚意"，傅炳昭、丁敬臣、邹道臣、王寿臣、万子玉、杨玉廷等6人23日乘早车赶赴潍县先行代表欢迎。

23日凌晨4时，沈鸿烈一行由烟台乘车出发，经龙口抵达潍县，胶济铁路局特备头等车厢两节，挂于济南开往青岛列车之后。沈鸿烈在青岛代表陪同下，乘火车安然抵达青岛。

在青岛火车站，沈鸿烈受得青岛民众、军政代表、外国驻青领事、外侨代表数万人热烈欢迎。

至此，轰轰烈烈的"攀辕挽留沈市长"谢幕，沈鸿烈又开启了他主政青岛的时光。

"淘宝"青岛铁展会

1935年，青岛有两件事让市民扎堆拥挤：一是5月下旬的明华商业储蓄银行青岛分行倒闭案，"日有二三千存户聚集银行与市政府门前索债"；二是夏季为期1个月的第四届全国铁路沿线出货品展览会（简称铁展会），"青岛计三十万人口，除去阴雨数日耽搁和孩子、老弱者不能来，每人平均来过三次"。

展馆最多特色突出

1935年1月17日，胶济铁路管委会印发第四届铁展会在青岛举办的公函【（胶）字第384号】，并派专职人员前往胶济铁路沿线厂家、商会接洽：

> 铁道部为提倡国货，推广销路，唤起民众注意共谋经济发展起见，特举办全国铁路沿线出产货品展览会，并采用巡回展览制，每年分期在各大都市或商埠轮流开会，第一二三届业经先后在上海、南京、北平等处开会，现在第四届已奉部令：定于本年六月二十日在青岛举行，所有本路沿线附近各地出产货品以及著名特产自应广求征集，陈列展览，以兹宣传，而兴观感。除派员

持函接洽征集外，并附抄录全国铁展会章程及办法各一份，希届时选集出品送该会展览为荷。

与公函一起交付的还有1933年10月30日修正的铁道部《全国铁路沿线出产货品展览会章程》和《全国铁路沿线出产货品展览会征集出产货品办法》。

1932年7月26日，铁道部曾颁布《全国铁路沿线出产货品展览会章程》，翌年予以修正。依据该章程，铁展会展览品主要包括搜集品、赠送品、寄存品三大类，不论何种物品，展览时均要注明货名、用途、产量、出货时季、产地、销行地及销售数量、价值、运输方法、捐税、图表等。

《全国铁路沿线出产货品展览会征集出产货品办法》共计10款，主要包括应征物品调查表填写、展览数量、包装、运输、寄存、收据开具等具体内容。比如，"应征货品不能经久或容易变化者，如果品、蔬菜之类，则应做成标本或摄成照片，并将性质标明"，"应征物品或装木匣或盛玻璃瓶或系彩线，其装潢方法以适美观而不甚耗费为限"。

也是这一天，鉴于"北平铁展会尚有遗憾"，胶济铁路管委会向第三届铁展会沿线国货厂商联合会代表发出邀请函，请其派员参加在该单位大礼堂召开的铁展会货品征集讨论会。在青岛本土收到邀请函的还有青岛市商会等单位。

邀请函坦言："第三届铁展会上年6月20日在北平举行，成绩斐然，社会誉扬，惟是琳琅珍品，美不胜收，会场布置，尚有未周，此则欣感之余引为遗憾者也。为期会务发展，便于征集起见，自思集思广益，联络进行不可，定于2月14日开会，讨论一切。"

3月1日，胶济铁路管委会致函【（胶）字第399号】青岛农林事务所等青岛本土单位，请对方协助会务人员前往征集展览货品。

公函特意强调，铁展会使全国各地咸有参观之机会，宣传既广，收效尤宏，对于产销运输均有密切关系。因此，所有本路沿线附近各地出产之货品以及著名特产，均须尽量收集，以供陈列展览。

得悉第四届铁展会将在青岛举办的消息后，时任海滨区办事处主任的骆金铭非常兴奋，他决定在铁展会举办前，利用公余时间编撰出版一本导游青岛的书籍。此书即是后来影响一时的《青岛风光》。

1935年农历五月中旬，骆金铭完成《青岛风光》文稿编撰，他在序言中写道：

> （青岛）是以遐迩闻风，中外倾慕，每当夏季，来青避暑者踵指相接。惟原有导游记载各书，种类虽多，繁而不备，一鳞半爪，全豹难窥，以此导游，不无缺憾。本年夏间，更有铁路展览会之举，游人必更增多。际兹盛会当前，鄙人利用公余时间，向各方详细调查、征集材料，依据最近社会状况，搜罗成书，以助游兴，携此一册，既少就问之烦，即可按图索骥，择胜而访，岂不便哉。爰不惴固陋，辑是书而为诸君前马。

《青岛风光》凡例称，本书完全为青岛导游性质，对于中外人士来青岛游览所必需之衣食住行均指示周详。地理、名胜、古迹、中外旅馆、中西菜馆以及一切娱乐场所介绍应有尽有，甚至时间、价目靡不网络无遗。本市机关、团体、文化暨年来市政建设所列尤详，悉有依据。惟商号一项，限于篇幅未能一一备载，兹择其营业较大者分别纂入，以便游人采购，有所认识。

一个月后，《青岛风光》由兴华印刷局刊行。

有铁道部统筹督办，有前三届打下的良好基础和积累的客户资源，有胶济铁路管委会倾力擘划，第四届铁展会做到了展馆最多（10个）、配套服务设施最全——1935年7月14日，《青岛平民报》上刊发的"第四届铁展会全图"对此有所显现。

青岛铁展会举办地设在文登路与湛山大路交会处的青岛市立中学内，主展览区分为两院。

第一院，一楼左侧为名产馆，右侧为津浦馆；二楼左侧为京沪杭甬（即南京、上海、杭州、宁波）馆，中间为浙赣馆，右侧为平汉馆。

第二院，一楼左侧是北平馆，中间为正太馆，右侧为胶济馆；二楼左侧是平绥馆，中间为陇海馆。

除第一院、第二院展区外，本届铁展会还设置特色机械品展馆。对此，《青岛平民报》有相关报道：

> 本届铁展会，各馆之展览品中，除在各路沿线征集特产外，对于该路特有之设备，亦携带展览，如行车之设备模型、胶路四方机厂所产之机器，同列于第二院之后院。

《第四届铁展会全图》中，展馆、道路、出入口、服务设施等标识清晰，且中英文对照，足见主办方组织缜密，尤其是

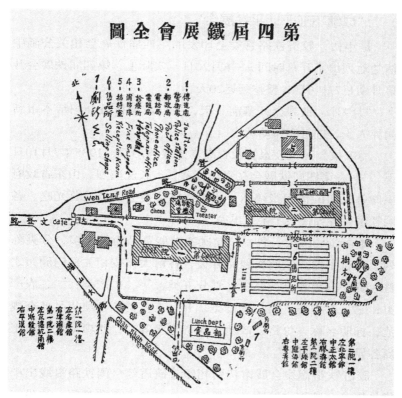

第四届铁展会全图

邮政局、电话局、电报局、诊疗所、消防队、警卫处、传达处、卫生间、接待室、食品部、电影礼堂等配套服务设施一应俱全。

和前三届相比，本届铁展会还有一项创新内容——设立电影礼堂，每日下午2时至5时，放映全国铁路沿线城镇地理风光纪录片，宣传推介特色旅游文化资源。

"成绩不亚于北平铁展会"

是年初，胶济铁路管委会印发的第四届铁展会相关公函中清楚地列出了开幕时间——6月20日。实际上，第四届铁展会开幕日期是7月10日，整整延迟20天。

7月9日，铁展会开幕前一天，主办方举行茶会招待本市新闻界人士，进行媒体动员。

《申报》《大公报》及青岛本土媒体均载，1935年7月10日下午3时，第四届铁展会在青岛开幕。市长沈鸿烈、山东省政府主席韩复榘的代表张鸿烈、胶济铁路管委会委员长葛光庭、各国领事暨各界代表千余人出席。

《青岛平民报》载："此次各馆展览品为数极多，分类陈列，一目了然。查此次展品分类，各馆大概按相关部门颁布之普通货物分等表分类办法，划分五类：一、矿产类；二、农产类；三、森林类；四、禽畜类；五、工艺类。各项货品各有规范，标明名称、价格、产地、运货等级等项，此项记状，对工商各界极为有用。"

胶济铁路管委会展馆特别刊印《铁道部全国铁路沿线出产货品展览会胶济铁路物产一览》，向参观者免费赠阅。这份宣传册的解说词是："胶济铁路，横贯鲁省，路线所经，悉属沃野，农产之盛，著于华北。复据有青岛烟台各海港，工商业得风气之先，进步甚速。只以国内交通不便，推销未广，各地人士，知者尚鲜。此种景象，揆诸国内，随处皆然，固非胶济沿线工商，有此感觉而已也。"

对应铁展会展品陈列分类，胶济展馆展示的该路沿线物产分为矿产品、农产品、森林品、禽畜品和工艺品五种，所列货品在10个展馆中是最多的。此外，第二院北侧后院——特色机械品展馆内，胶济铁路四方机厂生产的铁器制品全新亮相。

12日下午，铁展会主办方举行茶会招待本市各行商。

《青岛平民报》报道："铁展会开幕第四天，上午倾盆大雨，兼以雷鸣，为青市所不常有，故参观人数不多，惟下午则异常拥挤，盛况不减前日。"

7月13日夜，鲁东地区大雨连绵，胶济铁路张店站铁轨被冲毁三节，路基遭淹没，货客车均受阻，后紧急组织人员铺设便道调车抢修，列车始行，抵达青岛二次车晚到8个多小时。

14日下午3时，主办方招待胶济路沿线各行商代表及济南新闻界人士。

铁展会不仅是一个展示和交易铁路沿线特色货品的平台，而且还是推介学习新技术的载体。

14日，铁展会招待胶济铁路工务处各工程司、各工段总段分段段长及各站站长40余人参观，由南北馆职员讲解各号机件之作用及运行用法并现场操作演示。

自15日起，"为便利本市各界人士参观，铁展会更改参观时间，自上午9时起，至下午6时止，即较以前办法，上午延迟一小时开放，下午则延长展览时间一小时"。

第四届铁展会共展出物品52300件，入会厂家2150家、售品所686家。截至8月8日，参观者计599700余人，销售额30万元。市长沈鸿烈对此数字非常满意："较之第三届北平铁展会，稍逊色，但平、青两地，人口之相差为四比一，以此计算，则成绩亦不亚于平会，且以本市人口四十万计，则可见附近来青参观者亦属不少。"

青岛铁展会颇有人气，一个重要因素是铁展会举办时值夏季，作为避暑胜地的青岛吸引了众多中外游客，既游览消暑，

第四届铁展会
展区外景

又可购买南北名产，何乐而不为？作为主办方，胶济铁路管委会适时推出折扣票价，以吸引八方游客来青岛观光、参展。

1935年6月12日起，《青岛平民报》《青岛民报》等本埠多家报纸均在版面显眼处连续刊登《胶济铁路发售青岛铁路展览会往返减价票广告》，全文如下：

查第四届全国铁路展览会定于本年7月10日起在青岛举行，此等盛会在青岛实为创举，为各地来青参观旅客乘车方便计，特发售往返减价车票，兹将办法开列于左：

此次减价票以城阳以西各站赴青岛参观铁展会往返乘车者为限。

此项减价票头二三等均发售。

此项减价票按普通票价往返两程七折核收，一次收足。

此次减价票如由十人或十人以上团体共同购买者，按普通票价往返两程六折收费，一次收足，但须共同合用一票，同时往返为限。

此项减价票有效期自发售之日起，往返以十日为限，逾期作废，不得请求展期。

此次减价票旅客如乘二次快车，应另购加价票（加价票不折扣）。

此项减价票如旅客不用回程票时，其票价概不退还。

此项减价票发售日期自七月七日起至八月十日止。

除本办法规定外，悉照客运通则办理。

实际上，早在3月底，胶济铁路管委会即未雨绸缪，设计制订本年度《青岛游览往返减价票办法》，决定4月1日至9月30日实施，铁展会展期自然包括在内。

《青岛游览往返减价票办法》主要内容：1.此项减价票以城阳以西各站至大港青岛往返乘车者为限。2.此项减价票只售头等及二等。3.此项减价票按普通票价核减20%，往返减价于发票时一次收足。4.持此项减价票旅客中途不得下车。5.此项减价票有效期自发售之日起，往返以一个月为限。6.此项减价票凡孩童未满4岁者免收票价，已满4岁至12岁以下者按核减之数再行减收半价。7.此项减价票发售期间自4月1日起至9月30日止。

这一时段，胶济铁路管委会还开行青（岛）（北）平联运通车，以吸纳青岛至北平沿线各地的乘客，并在青岛多家报纸刊登广告广泛宣传。

减价票措施效应逐渐显现，外地游客携妻挈子纷至沓来。

寓居青岛热情好客的老舍先生留有记录："1935年夏，旧友卢嵩庵偕家人来青参加铁展会，其夫人带两个孩子住在金口二路（今金口三路）王妈那间屋子，约一个月，至（夫人胡絜青）生产（8月16日生下长子舒乙）才走。"

文人笔下的青岛铁展会

青岛铁展会实现了"展馆最多、展品最全、参观者最众"，可与"西湖博览会媲美"。对此，寓居青岛的文人多有记录。

铁展会举办其间，老舍数次前去参观，并"饱载而归"："不去吧，似嫌怯懦；去吧，还能不带着皮夹？牙关咬定，仁者当勇，直奔'铁展'，售品所处有'吸钞石'，票子自己会飞。饱载而归，到家细看，一样儿必需的没有，开始悲观。"

老舍还以在铁展会上购买的檀香扇为由头联想发挥，写就幽默小品《檀香扇》，发表在《青岛民报》副刊《避暑录话》第5期。

1935年2月，毕业于北京交通大学、任职天津北宁铁路管理局的左翼作家王余杞，作为参展单位工作人员被抽调来青筹办铁展会，一待就是半年。王余杞在《青岛平民报》第四届铁展会特刊上著文《北宁沿线物产与其运输情形及所望于铁展会者》，连载介绍北宁沿线物产、北宁铁路局站点、运输情况等。他还与王统照、王亚平、老舍、李同愈、洪深、臧克家等12人，依托《青岛民报》创办副刊《避暑录话》，每周一期，到同年9月15日结束时共出刊10期，大受国内读者欢迎。

　　《避暑录话》连载了王余杞的《一个陌生人在青岛》，共分《初次把晤》《炮台遗址》《鲁大与明华》《铁展会》《鼓掌》《栈桥小景》《崂山之行》《伤足》《离别青岛》9部分。

　　在《铁展会》中，他先是介绍铁展会的布局，接下来用夸张的手法生动地描写了人们参观拥挤的场面：

　　　　铁展会今年8月在青岛举行，市立中学门外搭上一座立体式的牌楼，两所大楼分设了各铁路所陈列的各馆。

　　　　大门外摆满了汽车、马车和洋车；公共汽车摇摆着庞大的身躯，呜的一声开来吐出一群人，一群人便向大门里挤。

　　　　挤进一座楼，尽依着路线在一间屋里绕来绕去，绕完了一间又一间，然后上楼，又是一间一间地绕，再绕下来。

　　　　再绕第二座楼。

　　　　穿的戴的，吃的用的，金的银的，绸的缎的，方的圆的，花的素的……一堆堆一层层地在眼前晃过，映进脑筋里，分不清精粗，分不出优劣。

　　　　热闹——然而这就有了效果。

　　再往后，他写了售品所里的众生相，有遗老、遗少，有本地人、外地人，有人们参观琳琅满目的展品的反应，也有共同的、下意识的行动——买，买，买！

　　　　遗老骂遗少："你们总爱用洋货，你们看看这国货，哪点比洋货差！"

遗少却也自己不相信自己起来："中国人事事都落伍，真配制造出这样好的货来吗！"

似乎叫"天良"那个东西给激发了，里里外外都旋绕着一股热气，乘着兴便走到售品所。逛售品所本是逛铁展会的最大目的，因为在那里可以买得便宜东西。占便宜，遗老遗少们都不反对。于是理论上是铁展会附着售品所，而实际上则是售品所繁荣了铁展会。

没有售品所，铁展会只好关门！

售品所中包括了南方北方的货物，各种货物适合着各色人等的心。也许是长住在青岛的，他们看见了些市场上不常见的东西，惊于新奇，他们要买；也许是寄居在青岛的，他们看见了些故乡的出品，如见故人，依依不舍，他们也要买。买就买，本来是带了钱来买东西的，可是这往往是超过了原来的预算。

怀里抱着，腋下夹着，手里提着；脸上流着汗，嘴里喘着气，碰着人还不住争相夸耀："你看，我买了样顶便宜的东西。"

那神气和自一处庙会里归来一样。

1935年的这个夏天，参加青岛铁展会的王余杞忙碌并快乐着。

青岛铁展会曲终人散，但其商业价值并未消失，刚刚成立的青岛工商学会挖掘整理其客户资源并编辑成册。

这个由国立山东大学知识分子和青岛工商各业工程技术人

员组成的民间学术团体，以工商经济研究为重点，成立伊始即得到市长沈鸿烈的拨款支持。

10月14日，青岛工商学会致函青岛工商界：

> 敝会为提倡国货，发展工商并期供求之适应起见，特将本届铁展赴会各厂商之货品及出售地址纂辑成篇，颜曰"第四届铁展会工商一览"，并附以商业上之各种常识，如汇兑暨邮电章程及各种税则等，可供随时参考。现已印刷出版，随同前期刊物一本奉上，请启收为荷。

有史料载，1936年，铁道部拟在西安举办第五届铁展会，"由于系日本侵华前夕，国内时局不靖，没能践行"。

即墨老报纸探究

民国时期，即墨创办的报纸主要有三份，即1913年创刊的《即墨公报》、1934年创刊的《即墨民报》和1947年创刊的《即墨日报》。

《即墨公报》主要创办人是即墨同盟会会员王静轩，其字仁仙，生于1889年6月21日，先后毕业于山东陆军小学堂、北京清河陆军第一预备学校。1913年2月23日，因负伤返乡疗养的王静轩牵头创办《即墨公报》，并任主编，王曜堂任报社经理，编辑有李卓峰、王天哑，发行人为冯振圭、李梓轩。该报是即墨县商业性报纸，每周出3期，每期1张4版，即墨文华石印局承印，每期发行约200份，由中国邮政局特准挂号发行。该报主要有《社论》《时评》《国事新闻》《本省要闻》《本邑要闻》《文学》等栏目。《社论》《时评》《国事要闻》栏目主要揭露抨击袁世凯复辟帝制的丑恶行径；《本邑要闻》主要刊发倡导男子剪辫、女子放足、兴办学堂、妇女识字、查惩私塾学馆、反对尊孔读经、破除迷信及禁烟禁赌等消息。该报刊登"告白"（即广告信息），规定每则告白不少于50字。《即墨公报》于同年8月1日停办，共出版70期。

《保定军校将帅录》一书载，王静轩于1918年9月从保定军校毕业，1921年3月考入日本陆军大学学习，1924年毕业归国，加入奉军服务，历任东三省陆军训练处（代理监督为张学良）教官、东北陆军第27师（师长为张学良）司令部参谋，东三省陆军讲武学堂兵学教官。1927年3月，任东北陆军讲武堂北平分校第7、第8期学员总队副总队长、代理总队长，1928年11月任东北陆军讲武学堂辽宁校本部（监督为张学良）教务处处长，先后主持炮兵研究班、步兵教导队、技术训练班和高等军学研究班的招生、教育、训练事宜。"九·一八"事变后，王静轩随东北军转移关内。1933年3月，任陆军第51军（军长为于学忠）司令部高级参谋、军司令部代理参谋长兼军官教导队教育长，随军驻兰州主持军官教育训练事宜。1936年2月，被授予陆军少将军衔。1937年2月，任江苏绥靖公署（主任为于学忠）总参议等职。抗战爆发后，任第5战区第3集团军（总司令为韩复榘）第51军（军长由于学忠兼）司令部参谋长，率部参加徐州会战。1938年1月，任第9战区第3兵团（司令官为孙连仲）第5集团军总司令（于学忠）部高级参谋，率部参加武汉会战。1939年1月，任鲁苏战区总司令于学忠部参谋长及军官训练团教育长等职。1945年1月，鲁苏战区被裁撤；7月，任重庆国民政府军事委员会军事参议院参议等职。1946年7月，被授予陆军中将军衔，同时退为备役，隐居济南、青岛。

1948年1月16日，《青岛平民报》报道，即墨县王静轩、莱阳县周鸣国、掖县高博九被提名为国大代表：

即墨县国大选举两次延期，一般选民乘兴而来败兴而返，选所旋于十二月二十七日奉令决定二十八日、二十九日、三十日为投票期，此三天正值寒流已逝，各投票所选民踊跃，精神良好。本月五日选所主任隋永谐领导如仪，举行开票典礼。计王静轩得110888票，衣秋□得104224票，孙希朋得30848票，为候补。

1948年3月，王静轩当选为第一届制宪国民大会代表。不久，应即墨县县长隋永谐之邀出任即墨县文献委员会主任，带领蓝仁介、周敦恂、解竹苍等人编纂《即墨县志》，因时局动荡，未能成书。青岛解放后，已过花甲之年的王静轩在老家（今即墨区大信镇乔家村）安度晚年，"除了潜心书法，就是自悟木匠活，家里的桌椅条凳等家具都是他自己亲手打造"。1955年，王静轩执笔编纂《乔家村王氏族谱》。1956年3月8日，王静轩去世。

对于《即墨公报》主要编辑李卓峰，即墨区蓝村街道《蓝村镇志》如是记录："李廷伟（1878—1935），字卓峰，现即墨区蓝村街道王家屋子村人，毕业于山东省农林学校，精通古文学，曾为《易经》作注，不落窠臼。善作诗词，但诗稿和《易经注解》均已失散，只保留《崂山白云洞》诗一首。诗曰：'洞口高悬沧海临，浪花卷底声无闻。仙师亦食人间粟，何事朝朝羡白云。'"

李廷伟早年追随孙中山参加辛亥革命，系山东同盟会创始人之一。光绪三十三年（1907年），他与同盟会同人酆文翰、魏显廷、周锦、李惺哉、赵华叔在蓝村镇二里观音阁创办胶莱公学，该公学旨在宣传辛亥革命，发展会员，培养干部，为辛亥革命作出了应有的贡献。

宣统三年（1911年），山东同盟会准备在济南发动起义，李廷伟捐出家产购买枪支。后来，济南起义未成。民国元年（1912年）冬，李廷伟回到即墨，不久参与创办了《即墨公报》。

1914年，李廷伟加入孙中山组建的中华革命党。1919年，中华革命党改组时，李廷伟转为中国国民党党员。1929年4月15日，南京国民政府接收青岛。应接收专员陈中孚之邀，山东同盟会元老、即墨人吕子人出任青岛市公安局局长，李廷伟应邀在市公安局供职。40余日后，吕子人离任，李廷伟不久转入山东省建设厅任职。他与国民党元老于右任过从甚密，于右任曾荐其赴京做官，他婉言推辞，因为毕业于农林学堂，以学之所长，愿意在省农业部门供职。在职期间，李廷伟四处奔波，下乡巡视，因风寒和身体劳累过度引起严重肺炎，治疗无效，于1935年病故，于右任、居正等国民党元老寄来挽联以示哀悼。

《即墨民报》创办于1934年，由国民党即墨县政府创办，三日刊，四开版幅，新民印书局承印。社址在即墨县城真武庙东侧，社长为张子兴，主编为王俊堂，排版为江泽浦。该报发行量不稳定，最少时有500份，最多时有1000份，于1938年1月日军侵占即墨城后停办。

《青岛通鉴》载，1947年9月15日，国民党即墨县政府创办《即墨日报》，社址在即墨县城共济门里路东狗市胡同。社长为张亮寀，副社长为解铁青，总编辑为姜春溪。该报四开铅印，由青岛平民报社代印，国际新闻版也由平民报社代编。

笔者在青岛市档案馆查阅获悉，《即墨日报》创办日期为1947年9月1日，非此前的档案史料记录的9月15日；而且创办者为张亮寀个人，系民办报纸。主要依据是1947年8月22日《青报》刊发的《即墨日报九一发刊》上这一消息：

本报即墨通讯　本县文化向即落后，七七事变后，更受日寇入侵摧残，民生益行凋敝。胜利以后，□□猖獗，固有道德，败坏殆尽，万古纲常，毁灭无遗，浩劫如斯，史无前例。该县张亮寀有感及此，痛心之余，发起即墨日报，现已就绪，定于九月一日出刊，以资宣扬三民主义，而利地方文化之发展云。

这则消息显示，创办人张亮寀胸怀一腔热血，办报以宣扬三民主义，发展地方文化，拯救传统道德。

遗憾的是，1947年创刊的《即墨日报》以及张亮寀个人行状目前未发现记录。不过从青岛《青岛公报》《大民报》等媒体的报道中可看出，《即墨日报》步履颇艰。因为报道失实，迫于压力，除了更正外，最后还在青岛本埠报纸上公开致歉。为了自办印刷，张亮寀不得不增股融资上设备，为此报纸还停刊1个月。

1947年11月1日，《青岛公报》刊发《即墨日报》启事：

本月（10月）二十六日，本报所载伤兵抢去三民镇第二保司账公款一事，系采访失实，确无其事，除更正外并致歉意。

是年12月1日，青岛《大民报》刊发《即墨日报》暂时停刊启事：

敬启者　本报在险恶环境中，草创发刊，辱荷各界鼎力支援，得以极端艰困中，持续迄今。爱护情殷，感佩无已。兹为筹建改进，藉谋发展，决定增股购办机械铅字，自行印刷，爰自十二月一日起，停止在青刊印，并定于三十七年一月一日在县城复刊。筹备期间，不克出报，事不得已。敬希读者鉴谅为祷！

1948年1月1日，《即墨日报》复刊后，张亮寀或许信心满满，无奈民国末期社会动荡，各种势力交织，书生意气自然难以驾驭复杂局面。不久，该报又招惹事端导致停刊。

《即墨县志》《青岛通鉴》均载，该报因刊登国民党伤兵在即墨沙滩开赌场"抽头"引起伤兵不满，他们结伙打砸报社、殴打员工。不久，报纸停办。

追索 "金星" 号

1946年3月，青岛市港务局获得一条重大消息："该局所属大马力且有破冰功能的拖轮——'金星'号，日占期间被日海军港务部派驻上海，抗战胜利后，该轮仍留沪上。"

正为拖轮缺失而又无资金添置所愁苦的港务局顿有拨云见日之感。接下来，他们跟青岛市政府一起开始了马拉松式的追索之旅。

"金星"印迹

"金星"号，这艘由日本人建造的大马力拖船，在民国青岛时期档案上留有多处痕迹。

"金星"号于1920年由日本大阪造船所建造，其时青岛被日本人第一次占领，该轮由日本青岛占领军使用。1922年12月10日，青岛回归，日本海军将"金星"号移交给中国。

1923年6月，康有为辗转济南第二次来青岛，寓居在挚友、时任胶澳商埠督办公署顾问陈干家中。胶澳商埠督办公署督办熊炳琦仰慕康有为，奉其为上宾，给予热情接待，并派"金星"号送康有为一行赴崂山游玩。康有为在青岛玩得很高兴，产生了在青岛长住的念头。

1928年初春，鉴于港内现有拖轮马力小且数量少，港政局呈请胶澳商埠局添置大型拖轮。商埠局允准，购船计划遂付诸实施：

> 港政局原有拖船为"金星""木星""水星"三艘，专供本港出入轮舶系离码头拖带之用。而三船之中惟"金星"马力较大，然遇吨量重大之轮舶拖带系离常感马力不足，且因三船使用甚繁，未能大加修理，以致拖带轮舶间有濡滞之处，偶遇海上救难事项，各船因马力较小或不能立时赴援，于是港政局遂有呈请添置大号拖船之议。当经本局（注：胶澳商埠局）查察情形，该项拖船实用添置之必要，即令知该局准予从速购办。港政局奉令后，当查孟阿恩公司（德国）新有M.A.N.之迪塞尔式重油发动机船，船体颇大，具有马力670匹，船身纯为钢板，并附有抽水机、救火机、探海灯等设备亦甚完全，更不需燃烧煤炭，只用重油发动专供航海及拖带之用，比较"金星"拖船可多出200马力，审查情形实于港务大有裨益。

同年5月，在周钟霖见证下，胶澳商埠港政局局长孔达与上海中法求新制造厂经理柯师德签订购买迪塞尔式发动机拖船合同书。合同约定，即日起9个半月内交船。

1933年《青岛市政府行政纪要》第7编港务部分载：是年，青岛港"金星"号、"木星"号、"飞鲸"号、"赵村"号4艘拖轮进行修理。其中对"金星"号如是表述："为码头拖带商轮最得力之船，日常行驶，使用频繁，是以船身及机舱锅炉等处颇多损坏，亟待修理。业已派工赶修，以供应用。"

《"金星"号拖船构造一览表》中载，该轮为钢质结构，总吨位为143吨，马力为480匹，航速为10海里，船体长为90米、宽为16米，主要用途为曳船（即牵引其他船只）。

1937年12月25日，市长沈鸿烈撤离青岛前实施"焦土抗战"策略，命令海军第三舰队司令谢刚哲、青岛港务局局长袁方乔沉船封港。谢、袁二人亲自指挥，装满沙石煤渣的"镇海""永翔""楚豫""同安""江利"5艘军舰及港务局所属"飞鲸""金星""土星"等拖轮、小火轮驶到大港和小港附近航道上，船员打开海底阀引水入舱将船只下沉，封港完成。

翌年1月10日，日本第二次占领青岛，随后对沉船进行打捞，"金星"号重见天日。

1945年8月底起，青岛市政府接收青岛日伪港口资产时发现"金星"号不见了。进入秋冬季，青岛港口风大、结冰，无论是管理层还是引航员、船员，时常忆及大马力、能破冰的拖轮"金星"号，打探该轮下落也在私下里悄悄展开。

询查中止

1946年3月，港务局获悉"金星"号尚在上海，于是由该局海务科出面致电当年参与接收敌伪资产的美国海军陆战队第六师："据传闻，敝局之拖船金星号现在上海，为贵国海军服务，新知此船乃敝局之所有物权，惟中日战争期间，即被日人劫去，望贵军协助代查并希发还，以济急用，是所至感。"

3月22日，美国海军陆战队第六师总司令克莱门回复说"敝部不能如命"，并建议致函驻上海的中国海军总司令部询查。

港务局局长张衍学请示市长李先良，请其以市政府名义致函询查。

李先良应允，并令港务局呈交《请转函上海海军总司令部索还金星号拖船由》。

4月13日，青岛市政府致电海军总司令部："案据本府港务局呈称，查职局所有金星号拖船不敷应用云云，理合（附金星号拖船构造一览表）呈请转函索还，以利工作等情。据此，查该金星号拖船实为本府港务局所有，系由日寇带去上海，兹据前情，特电请贵部协助设法索还，无任祷盼。"

接到青岛市政府电文后，海军总司令部转交曾接收日伪资产的军政部海军处驻沪办事处予以落实回复。

5月12日，军政部海军处驻沪办事处致电青岛市政府：查"金星"号拖船本处并未接收，经代向美方查询，据称须由青岛市政府备函迳向美国海军第七舰队司令部柯克上将接洽办理。

青岛市政府遂致函美海军第七舰队。美海军第七舰队司令部勃恩上将回复："接准贵府五月十六日函询拖船金星号一案，本舰队前代贵国接收日本船只仅有五艘（无金星号）。此外，并无所知。"

中、美两国军方均表示未曾接收"金星"号，查寻不得不中止。

当查寻"金星"号再度启动时，已是14个月之后，源于一次偶然的交谈。

峰回路转

1947年8月23日，一商船船长抱怨，青岛港拖轮马力不足，影响工作效率。领航员冯焜亭就此解释："战前原有拖轮飞鲸号已沉入海底，金星号尚未寻获，以致工作困难。"

该船长听后脱口而出道："'金星'号现在上海江海关，已改名为'镜海'号ST.HAI SS，最近经大修完竣，大可函索。"

冯焜亭随即向海务科科长何纯作了汇报。何纯大喜，25日呈文局长张衍学，建议"由本局函上海江海关税务司公署索还该拖轮，以利港务"。

在呈文中，何纯还列出"金星"号就在上海的新证据：江海关港务课布告所称该拖轮之装置及船名均与本局之"金星"号拖轮之装置及领港（注：冯焜亭）所报改名各节相符，则该拖轮确在上海无疑。

张衍学批示："呈市府派员到沪查验，确否再议。"

8月30日，张衍学呈文市长李先良、副市长葛覃《拟派员赴上海验查本局原有金星号拖船，准确再进行索还》：

> 查本港战前原有主力拖轮"金星"号，在敌占时期被敌海军港务部调往上海使用，本局复员后，曾一再托人在上海查询，迄未寻获。近据密报，上海江海关"镜海"号ST.HAISS拖船形式装置与本局原有之"金星"号相符，拟由本局派曾在"金星"

号服务之船员赴上海查看，如果属实，再行交涉索
还，以资应用。

李、葛二人均同意，市政府便以秘（二）字第1058号指
令港务局"准予照办"。

9月11日，港务局派遣原"金星"号驾驶员周同福秘密
赴沪现场查看。21日，周同福自沪返回青岛，报称"该轮确
在上海，已改名为'利航'号，为江海关所属浚浦局使用管
理"。

"金星"号查找有了头绪，但港务局拿不出产权证明，
如何索要？港务局高层举棋不定。10月24日，海务科科长何
纯坐不住了，他呈文局长张衍学："现风季已届，本港亟待
使用金星号，拟请先行迳函该浚浦局查询并请其拨还，是否
可行，敬候示遵。"

张衍学批示："呈市府特请财政部饬浚浦局归还。"

10月29日，张衍学呈文李先良、葛覃。文中称："本局
原有该轮之证件，均于沦陷期间遗失，仅有事变前本局所印
《港务缉览》一书，载有金星号拖轮要目表可资依据。查该
浚浦局隶属财政部，拟请钧府转函财政部（附金星号要目
表），转饬该局迅速拨还。"

10月31日，市政府以府（港）字第13673号致函财政部，
阐述"金星"号由上海浚浦局改名"利航"号的缘由，请其
转饬上海浚浦局拨还。

11月19日，青岛市港务局以（海）字第590号代电上海浚
浦局，并附送"金星"号要目表，请其查明，赐予拨还。

在公对公追索"金星"号的同时，张衍学还写信给交

通部塘沽新港工程局上海办事处专员王锡昌，请其从中予以协调。

11月15日，王锡昌函复张衍学："关于浚浦局占有贵局拖轮一艘，经弟与该局局长商洽，已允返还，请即迳函该局交涉可也。"

收到王锡昌信件后，张衍学回信感谢："接展台函获本局金星号拖轮蒙劳神向沪浚浦局重洽允予拨还，阁下始终爱护青岛港务局何胜感激，遵示迳函该局交涉外，如有必要之处，仍以俟本局派员到沪接洽时并请费神协助为祷。"

后来的事实证明，王锡昌信中所言该局局长"已允返还"纯属熟人之间卖个人情。实际上，"金星"号回家一波三折，跌宕起伏。

节外生枝

12月8日，财政部以财函（政）字第4208号代电青岛市政府，称："上海浚浦局之利航号拖轮，据查确为本府港务局之金星号拖轮，于沦陷期间由青岛敌海军港务部驶往上海敌海军港务部，胜利后可能由美海军接收，但其吨位和长宽深度及马力有差异，请提供证件证实。"

接到财政部电文后，市政府迅速转给港务局。张衍学呈文向李先良、葛覃进行了一番解释："金星"号拖轮产权证件及图样在抗战期间遗失，无法提取。至于所称差异之点，系日本人计算方式与中国不同所致。

电文显示，青岛市政府抓住了追索"金星"号的重要理由——该轮有破冰装置，而青岛港是年冬有冰冻可能。

就在港务局为提供证据陷入困境时，相关业务科室在原"金星"号船员处突然找到了该船锅炉图样。12月20日，青岛市港务局致电上海浚浦局，附送"金星"号拖轮原锅炉图。

锅炉图迳寄上海浚浦局，但时隔多日未见复函，港务局急了，便向市政府呈文，请其"呈请行政院，饬财政部着令浚浦局即赐拨还"。

港务局的理由很充分："目下本局使用敌移交之拖轮，马力甚小，且皆陈旧，修理困难，日甚一日，迩来军运紧急，冬季北风猛大，今年气候奇寒，势有结冰之可能。"

就在市政府斟酌是否呈文行政院时，1948年1月21日，上海浚浦局回复港务局："金星号拖轮原锅炉图一份收悉，应请检送船壳及其他有关图样，过局以凭，一并鉴核为荷。"

上海浚浦局得寸进尺，其策略是能拖则拖，拖黄为止。

1月27日，市长李先良呈文行政院，详细叙述"金星"号尚在上海难以提供产权证明的原因，以及与上海浚浦局、财政部交涉的过程，最后恳请行政院转饬财政部，令上海浚浦局将"金星"号早日拨还。

在切切期盼中，青岛市政府收到行政院的回复，以"令"的形式要求青岛市政府先行提供"金星"号拖轮的确实凭证，然后再凭核办。

这一结果意味着对"金星"号的追索将再度中断。

行政院向财政部、上海浚浦局调查"金星"号时，上海浚浦局给出不予返还的主要理由，归纳起来有三条：一是青岛市港务局先后函送"金星"号要目表及锅炉图样，后经将要目表与"利航"号拖轮尺寸详加核对，发现出入之处颇多，另外青岛港务局函送的锅炉图样，经核实尚相符，唯锅炉构造情形同类船只皆近似，既无特殊之点，自难确证；二是各地向浚浦局收回敌伪时期丧失的船只时，均须提供切实的产权证，经再三审核后始准发还。青岛港务局仅有锅炉图样一件，凭证不足。为郑重起见，曾特意发函嘱咐补送船壳及其他有关图件以凭办理，电文去后尚未得复；三是自抗战胜利复员以来，上海航道疏浚积极进行。在设备方面，最感缺乏者即为拖轮。旋承美军协助，将该轮拨交本局以资急需。接收之时，船身机件损坏不堪，经彻底修缮，所费不赀，最近甫告修竣，派在浦江拖带泥驳，裨益匪浅。伏念上海商港为我国经济重心，尤为军运枢纽，亟望能继续使用该轮，以便加紧工作。

最后，上海浚浦局提出，行政院如裁决须将"利航"号拨还青岛港，本局以前所支付的修理费、维护费等应由青岛市政府先按升值数目偿还后方可办理。在该轮产权未能确定前似未便给予拨还，即使青岛市政府能够提供确实凭证，亦须核明后，该市府将修理、维护等费用先行按升值数目偿还方可拨还。

上海浚浦局牢牢抓住"保证军运"来说事。在这方面，青岛和经济重心、商港上海孰重孰轻一目了然。因此，行政院倾向上海不难理解。

青岛市、港务局再申辩追索"金星"号已不合时宜。一度热烈的追索"金星"号事宜很快冷却下来。

赴沪谈判

没有产权证明，追索无望，青岛港遂向市政府呈文请求添置拖船6艘、救生船2艘。此时，通货膨胀加剧，经济凋敝，青岛财政捉襟见肘，何来资金买船？

3月3日，李先良批示："呈悉。所请添置拖船六艘救生船二艘一节，限于财力，应缓议。"不过，他给港务局支招："该局金星号拖船即已在沪寻获，由江海关所属浚浦局使用管理，仰即派员赴沪继续交涉索回，所需旅费准在市府所属出差旅费项下列支。"

张衍学遂呈文李先良、葛覃，询问"额外消耗如何开支报销"。

3月21日，张衍学致函在南京出差的青岛市财政局局长孔福民，请其就近向财政部说明情由，速饬浚浦局早日拨还"金星"号俾应急需。在函件中，张衍学还详细记述了交涉"金星"号的经过，并称："近期来，本市报纸有质疑之词，何以青岛之拖轮任其停留上海，不予索回？由此可见，此案已为本市人民所注目。"

张衍学开始借助舆论推动"金星"号尽快返青。

出差费用落实后，港务局决定选派第一科科长李志淦、秘书吕崇周二人赴上海浚浦局交涉"金星"号。4月10日，相关电报发至浚浦局说明情由。

上海浚浦局没有回音。

13日，李志淦、吕崇周决定不请自到，搭乘"华联"号商轮径直赴沪。

22日，上海浚浦局复函青岛市港务局："查本案业经本局呈请财政部核示，自应听候批示，遵照办理。"

而此时李志淦、吕崇周已在上海奔走了一周时间，并二赴浚浦局拜访局长丁贵堂，未晤；谒见副局长施孔怀，叙述查寻"金星"号先后经过。

李、吕二人将每日行踪、交涉细节均以日志形式记录在案。兹简要梳理如下：

　　4月13日，由本局乘"华联"号起程，15日抵沪。

　　15日下午，赴浚浦局拜见丁贵堂局长，未晤。

　　16日，谒见施孔怀副局长，叙述先后经过及财政部据转情形，答以"未奉部令，未便洽商"。

　　18日下午，购票登车赴宁。

　　19日上午，到南京后，谒见青岛市府秘书长姜可训两次，未晤。

　　20日上午，赴国大会堂访询青岛市财政局局长孔福民，途中遇本市工会组国大代表秦嘉甫，由其陪同在中央饭店得晤孔局长，约定次日下午4时赴财政部。

　　21日下午，由秦嘉甫代表转告改为22日下午。晚间，再谒姜秘书长报告在京经过，约定次日在孔局长寓处集合。

　　22日下午，随同姜秘书长、孔局长、秦代表赴财政部，以部长及次长均忙于国大会议未晤。转谒汪充宝科长，由姜秘书长、孔局长详述本港需要拖船之迫切情形。汪科长答称，本案原始悉由他经办，承嘱再由本局将新证件提出函送财政部，自当转饬浚浦局迅即核对，如属相符，自应移交。辞出后，奉秘书长谕，即呈报本局速备证件寄财政部。

　　25日晨，返沪，呈报在京办理经过听候指示。

　　5月9日，接奉局令及致财政部公文与证件。

　　11日上午，持公文及证件赴南京谒姜秘书长及孔局长，二人皆已离京。下午赴财政部晋谒梁秘书主任及汪科长，均未得晤。

12日，访本市参议会副议长姜黎川，约定13日上午10时赴财政部。

13日，一同前往谒见李青选参事，他在战前第一次接收青岛时（注：1922年12月）曾在本市电话局任职，关于该轮所有权尚有印象，即予缮片介绍，嘱职往见财政部关务署朱伯商副署长，承告由青岛港务局迳递之公文业已收到，训令亦已办妥，因部长公忙尚未判行，当代为提前办理，准于星期六（15日）前发出，并承函介赴沪谒见丁贵堂局长，商谈修理费用。

14日下午3时，返沪。

15日，往浚浦局再谒施副局长，因未接到部令，约定17日再往。

17日，按时前往，情形如前，无法接谈。

22日，前往丁局长处接谈。他称该轮证件如属相符，产权似不成问题。经职之请求，会同就近核对该轮尺度，答该轮已开往汉口。丁局长面允，俟奉到部令即核对，勿须会同，若尺度相符时，决不能擅报不符，俟核对后即呈部转咨。最后称，浚浦局办公费概由局内自筹，该轮修理费须由青岛港务局负担。

6月22日，张衍学向李先良呈报了李志淦、吕崇周赴沪交涉报告。该报告载，李、吕二人此行还有一项重要任务，即与上海中华造船厂交涉，继续建造战前青岛港务局定制的"海鲸"号拖船。

1937年4月30日，经沈鸿烈市长核准，青岛港务局局长袁方乔与上海中华造船厂签订"海鲸"号拖船建造合同，双方约定一年完工并交付，造价23万元，先行付给半数即11.5万元。嗣后，全面抗战爆发，因而搁置。抗战胜利后，青岛港查悉中华造船厂已复业，遂派前往上海浚浦局交涉"金星"号的李志淦、吕崇周一并赴中华造船厂调查交涉，俾早解决。为推动"海鲸"号复工，青岛港务局还派出技术工人孙嘉惠、萧丕潭二人赴沪参与办理。

在日志中，李志淦、吕崇周还记录了"海鲸"号拖轮交涉经过：

15日上午，访问周英才律师，研讨进行步骤。

17日，谒中华造船厂杨俊生经理，语多支吾。

30日，宴请房友重律师及上海地方法院民庭王祎成庭长，讨论中华造船厂合同之法律问题，认为法律条件无缺，有追诉之必要，尚有胜诉之可能。

5月6日，宴请该船厂杨经理、前经手人云惟佑科长及证人王轶陶研商。据厂长杨俊生称，该厂抗战期间所受损失迄今无头绪，况在后方代政府建设之铁路工程、防卫工程之欠款迄今亦未偿付，无力赔偿。职当遵照局示意旨及正当手续，请其向本局办理未完手续。

6月1日，李志淦等四人一起返回青岛。

"金星"号返回青岛

李志淦、吕崇周赴沪交涉已近两月，仍未见到财政部、上海浚浦局拨还"金星"号的消息。青岛市政府害怕夜长梦多、枝节横生，遂再一次致电财政部：

本府港务局科长李志淦前往贵部洽办各在案。

该员报称，经谒贵部关务署朱副署长伯商，承示该案已饬上海浚浦局依照所提凭证，核对相符，即予拨还。后经谒浚浦局丁局长承告，即行核对，如与所提凭证相符，给予拨办等情。惟迄今将近两月尚未获复。当兹军运吃紧之际，军商运输咸感重要，查本港现有之拖轮均已陈旧，亟须更替修理，且均马力过小，每因耽误事，辄遭各界责难。而况风季将届，急需较大马力至少如金星号供拖曳，庶免殆误，因特电达，请即饬该浚浦局早予拨还，俾应需要，并希见后为荷。

7月6日，财政部以财（关）政字第1934号代电回复青岛市政府：

据上海浚浦局查复称，经将青岛市政府原送要目表与该局自美军方面接收之利航号拖轮详细核对，大致虽属相符，惟有不同之处：1．推进力轴承叶数原表列为五叶，实际四叶。2．原表列有抽气机，但查无此物。3．船上有电灯发电机一套，而表上并无此项。机器不过此等减少及多处之件，或系敌伪时期为敌人所为，现查大致既属相符，仍可发还。惟该局接管该轮后，除经常修理维持等费用不计外，曾于1947年秋末，彻底加以修缮，计付修理费国币238404200元，同时因裁汰原有过剩之船员支付遣散费国币33453800元，两项共支付国币271858000元。如果该船奉准发还，已付修理费自应由该市府增加给付偿还该局。现有船员如将来青岛市政府不与该船一并接收时，则遣散费例应由该府支给。

这一天，财政部还以财（关）政字第1936号文致电上海浚浦局：

> 该船既核明系青岛市政府所有，自应准予交还。至该局已付之船只修理费、过去及现在船员遣散费，应由该局与青岛市政府按移交时现存利益之时值妥为洽商，以求公允解决。

上海浚浦局奉令行事，7月13日，以浚（总）字第1311号快邮代电，请青岛市港务局派员来沪洽办。

收到上海浚浦局电文后，张衍学呈文李先良："该轮交接手续及应付修理费，如何折合价还，均须详细计议。拟由本局派员赴沪与浚浦局接洽办理，以期早日解决。"

17日，李先良批示："浚浦局函催派员查办自当照派。惟关于付偿款项一节，应先行商定原则，以免临时函电请示延误时日。"

7月20日，该港海务科长何纯等人拟定出赴沪洽谈办法，共计5项：1. 修缮费238404200元原预算表移交，以便呈请核办并应照财政部代电，按移交时现存利益之时值计算（即以大修之使用期为12个月，36年秋末至接收时为若干个月，除去此若干个月，即得现存利益之数目），以此数目乘以修理费，然后按时值倍之可也。2. 当彻底大修时，裁汰过剩船员之遣散费与本案无关，本局未便承认。

3．现存船员如有愿来者，本局自可留用，如不愿者，其遣散费须请示办理。4．"金星"号之属具及备用品，应列册一同移交。5．交接日期及派船员赴沪人数，须于商洽后事先报局，其他事项随时以航部请示。

23日，张衍学批示："照办。"

一切商讨妥当后，港务局回复上海浚浦局："兹派本局航事股主任郑祖谨前往洽办，相应函请查照，赐予接洽为荷。"

27日，郑祖谨带港口工人一名，搭乘"华联"号商轮赴沪办理接收事宜。行前，仿照前例，青岛港呈文市政府，请予补助差旅费。

"金星"号追索交涉已近尾声、回青指日可待时，市长李先良结束了他的青岛时代。

8月1日，新任市长龚学遂由上海乘飞机抵达青岛，次日交接上任。8月7日，季炳奎出任青岛市港务局局长，接替张衍学。

"金星"号交接现场需要见证者，9月15日，季炳奎致函上海市公用局局长赵真觉，请其届时出席。18日，赵真觉回复："嘱为证明等由，自应照办，除届时到场作证，相应函请查照为荷。"

"金星"号自沪返青，航行中需要煤炭燃料，季炳奎遂致函工商部上海燃料管委会："金星号拨还手续均已办妥，不日将起程回青，惟驶青途中所需煤炭30吨，函需在沪补充，兹派本局航事股主任郑祖谨赍函趋谒洽办，并请惠允配售，俾利航行。"

考虑到港务局为青岛市机关，不属于上海市燃料管委会的配售范围，季炳奎又致函行政院资源委员会淄博煤矿公司青岛办事处主任蔡翔，请其"特函上海资源委员会燃料管理委员会，务请格外通融，予以配售"。

"金星"号系1920年建造下水的拖轮，已有28年船龄，设备设施严重老化，续航能力不足。鉴于此，季炳奎致函上海招商总局，请派拖轮牵引"金星"号由沪返青，所需费用由招商局青岛分局转交。

10月1日，上海浚浦局与青岛市港务局代表郑祖谨正式交接"金星"号。事后，郑祖谨将交接清册及浚浦局函件快递回青岛港务局。季炳奎据此向市长龚学遂呈报。

10月21日上午9时30分，"金星"号由沪起程，23日上午9时30分抵青岛港一号码头。途中，招商局拖轮予以拖行，为此，青岛港支付费用75000元（金圆）。

"金星"号甫一抵港，季炳奎即呈文市长龚学遂，请市政府于次日派员前来验收。同时，致函山东省审计处，"派员莅临验收为荷"。

12月3日，港务局呈文市政府：为"金星"号增加预算。文中称，该轮具有马力400匹，60吨煤不敷时用。龚学遂批复："请拨。惟以（增加）30吨为限，仰即周知。"

1949年1月，相关部门出具"金星"号验收报告："与交接清册相符，准予验收。"

5月17日，为灵活海上交通，便利运输，第十一绥靖区成立海上运输管制处，对青岛所有船只实行军管，胶海关、天津航政局青岛办事处、港务局码头管理处、轮船业公会、港口区警备指挥部均是成员单位。

当日，海军第二军区司令部致函港务局，借"金星"号拖轮作炮艇之用。

25日，鉴于"现值军运频繁，该金星号势不可少"，海务科科长何纯呈文局长孙继丁，拟请联勤总部青岛军运办公处转报第十一绥靖区司令部，然后由其转电海军第二司令部交还"金星"号，以利军运船舶之系离。

此事结果如何？笔者尚未查到档案。

其时，解放军已攻破青岛外围第一道防线，正由即墨向青岛城区推进。

25日，继前任局长季炳奎之后，港务局运输处处长沈绍宗离职逃往台湾。

30日，出任局长仅仅25天的孙继丁辞职。

6月2日，青岛解放。

6月8日，《胶东日报》报道："青岛解放前，原港务局职工们组织起来英勇护港，因而使大港码头及港务之一切设备均完好无损。该港工人在解放次日即开始复工。"

此时"金星"号拖轮已不知踪迹。但"金星"号这个名字在八年后又回来了。

　　1957年6月28日，由原上海海运局"生产3号"拖轮改建成的我国第一艘海洋综合调查船——"金星"号驶离青岛港，前往渤海开始我国有史以来第一次综合性海洋调查。海洋物理学家毛汉礼博士担任考察队长，另有4名苏联海洋生物学家随队考察。

　　"金星"号海洋调查船总吨位930吨，满载排水量1700吨，设有物理、化学、生物、地质等6个实验室和1个气象观测室，可分别进行有关海洋的各项研究。

作为首艘海洋科考船，"金星"号在中国海洋科学研究史上留下了绚丽的一笔。

"中央海军军官学校"迁往青岛始末

1946年12月21日晚6时至9时，海军部举行鸡尾酒会招待记者，海军代总司令桂永清与海军参谋长周宪章亲自招待，"极一时之盛"。桂永清即席致辞，称"海军正在重建中，希望有志青年踊跃投效，保卫祖国之锦绣河山"。席间，周宪章告诉记者，桂总司令将赴台湾视察前日本人在台海军之建设及训练情形。

1947年2月7日下午，桂永清在台北举行的招待台湾各界官绅及新闻记者酒会后首次披露："中央海军军官学校决定设于青岛，编制已定，即可成立。"

是日下午4时酒会伊始，桂永清发表广播讲话，称："建设海军需要金钱，亦需要完备工业设备，实为各项建设工作中之最艰巨者。目前是我国建设海军最佳时机，各友邦咸望我国建设强大海军力量，以防止侵略，并奠定东亚之和平。同盟国家今犹难忘一事，即我国战时倘若有强大海军，日本绝不会顺利南进，蹂躏广大之南洋大地。"

桂永清还谈及甲午海战，认为清廷费时多年建设的海军毁于一旦，是纪律缺乏所致。他由此慨言："今后倘有海军官兵玩忽职守，希各方协助检举。"会后，他向记者披露："中央海军军官学校决定设于青岛，编制已定，即可成立；将来招考学员时，各省规定名额，沿海诸省名额，则予特别增多。"

翌日，桂永清乘坐登陆艇前往澎湖视察。

26日中午，自台湾回到上海的桂永清在接见"中央"社记者时说："青岛为我国理想海军基地，现设有中央海军训练团，最近将上海方面之中央海军军官学校迁往青岛，与训练团合并成立中央海军学校，以训练海军干部为主，此事将迅速使其实现，上海亦将设立一机械学校。"

同时，他认为，除青岛外，澎湖列岛至厦门之间亦不乏良好基地，于国防上至为重要。

桂永清还畅谈了其他海军话题。对于海军人才训练培养，他称训练海军士兵将以台湾的左营军港和澎湖岛为主要所在地。"目前尚在国外受训之海军官兵，在美国二十余人，在英国六七百人，在英之一批官兵本年秋间受训完毕后，将乘英舰归国服务。半年后，将再派一批学员出国深造。"在谈及视察台湾和东南沿海之感受时，他说："此次视察历时三周，深感我国如此之绵长海防线，实关全国人士一致之重视及努力，以建设强大海军。我国现尚未能自造军舰，相信经济上有办法时尝可能为之。然而，建设新海军最重要之点，厥为人人须能大公无私，奋发振作，殷切盼望全国优秀青年踊跃参加此项艰巨工作。"

桂永清在接见记者时提及"青岛设有中央海军训练团"。

兹根据档案史料，简要梳理"中央海军训练团"在青岛设置的经过。

1945年10月22日，海军司令陈绍宽飞抵青岛视察时称："青岛为华北最佳港口，亦为最良好之海军基地。本人此次视察，望使之成为海军之训练基地，或设立海军训练机关，或设立海军教育基地。"不久，军政部海军教导总队总队长唐静海抵达青岛，筹划"中央海军训练团"成立事宜。

是年12月22日，"中央海军训练团"在青岛成立。次日，青岛本埠报纸以《中央海军训练团昨在青成立》为题予以报道。

"中央海军训练团"一切经费开支由国民政府直接拨付。训练内容分陆上训练和舰艇训练两部分，受训官兵先在陆上学习必要的专业知识，然后登上舰艇实际练习驾驶、停靠等操作方法，尽快掌握操纵技术，最后经过一次独立远航考核结业。

1946年2月16日上午10时，新任青岛"中央海军训练团"主任林祥光在该团会客室举行茶话会，招待青岛本埠各报记者。林祥光侃侃而谈，历时两个多小时，向记者较详细讲述青岛"中央海军训练团"成立经过、训练情形、未来打算以及本人经历。翌日，青岛本埠多家报纸报道了林祥光记者见面会谈话内容。

海军训练团成立后，首先从全国海军单位挑选军官36人、士兵200余人前来青岛接受第一期训练。历经36个工作日，中国学员已能初步驾驶坦克登陆舰。1946年2月8日，中国学员驾驶坦克登陆舰出海演习，10日抵达上海。

林祥光向记者透露，第二期、第三期训练方式将与第一期不同，受训士兵为中等以上专业学校出身。第二期训练士兵为八组；至于第三期学员，将分配到中型登陆舰、步兵登陆舰等三艘舰船受训，最后接受坦克登陆舰训练。为配合系统训练，海军将陆续设立帆缆、枪炮、信号、轮机、无线电、供应、医药等学校。

林祥光称，青岛海军训练团将"为中国新海军之摇篮"。

为加快实现这一目标，海军训练团将注重三点：一是思想训练，于此谋以民族观念、国家观念为后盾，而灌输以浓厚爱国思想；二是精神训练，使精神始终贯穿在训练中；三是技术方面，亟望能达到熟练的地步，"俾成海防之栋梁"。

林祥光早年入烟台海军学校，后入南京专业院校继续学习航海，时值政府挑选优秀海军军官出国留学，林祥光中选。赴英后，在英海军实力最强的"地中海"舰队受训，一年后入格林威尔英皇家海军大学学习，1933年学成经美返国，在马尾海军训练营任主任教官。

"七七"事变后，政府挑选旧朽军船封锁长江，林祥光被调任南京海军水鱼雷营副营长，参与此项封江计划。不久后，林祥光被派赴德国学习潜艇技术，1940年回国后再度奉命设立海上封锁线阻止日军进攻，并成立游击布雷队，亲率第一大队与敌人周旋，击沉敌舰多艘，后被任命为驻华盛顿大使馆海军武官，1946年春节前任满回国，即奉派任"中央海军训练团"主任。

1946年12月22日"中央海军训练团"成立一周年，蒋介石为周年纪念碑题词——"中华海军，继起多才，百年树人，值此始肇"，期冀"中央海军训练团"能成为国民政府新海军人才工厂。

到1947年1月时，青岛海军训练团共训练海军军官300余名、士兵3000余人。

3月17日上午11时，桂永清及海军军校副教育长魏济民乘专机抵达青岛，着手"中央海军训练团"与"中央海军军官学校"合并事宜。

《民言报》报道：第二绥靖区副司令兼青岛警备部司令丁

治磐、海军造船所所长陈精文、海军第一炮艇队队长廖景山、海军训练团政治部主任陶涤亚等人赴机场欢迎，下机后于海军招待所稍作休息。据悉，海军学校教育长将由桂永清兼任，副教育长由海军总司令部副参谋长魏济民充任，一俟该校正式成立，即可在青岛招收学员开始课业云。

丁治磐在当日日记中如是记录："十一时，代理海军总司令桂永清来青，同来者有美海军少将摩瑞及魏（济民）参谋长。下午四时，桂总司令来访，谈林祥光主任被扣经过，于此时存军阀思想，无怪其失败也。"

丁治磐日记中记录的"林祥光主任被扣"一事，实则是青岛海军派系内斗。

由唐静海主持成立的"中央海军训练团"走上正规后，蒋介石把驻美大使馆海军武官林祥光调回青岛，取代唐静海。桂永清执掌中国海军后便在青岛海军训练团安插亲信，联合青岛系打击林祥光等闽系。1947年2月，林祥光在青岛饭店邀请舰长10多人，预谋联名上书推翻桂永清，后被桂永清亲信、训练团政治部主任陶涤亚告发。桂永清大怒，先发制人，以利用渔船捕捞海产和集体贪污之罪名逮捕林祥光等人，并送交军事法庭审讯。"中央海军训练团"主任一职由陈赞汤暂代。

19日上午9时，桂永清率美籍高级海军顾问摩瑞少将、克林上校及"中央海军训练团"等高级职员一行10余人，在警备部副司令杨宗鼎、秘书长徐人众陪同下，赴登州路若鹤兵营参观第二绥靖区干部班及国防部青岛警备司令部干训班。该班总队长兼副主任张家实少将亲率仪仗兵一队至营门外迎接。

桂永清下车步行至教室内，相互寒暄后，在张家实引导下参观该班学员寝室、膳食、大礼堂、中山室、饮食部、阵地模拟室露天大沙盘、新式突击场及各种作战阵地示范工事，桂永清无不一一嘉许。临行前，他特别嘉奖张家实："青岛虽无百万强军，只要有干训班这样精神，青岛稳若汤池。"

4月1日，《民报》转发"中央"社电讯，"中央海军军官学校"5月前迁往青岛，桂永清兼任教育长，海军司令部副参谋长魏济民任副教育长。

数日后，莅青出任青岛海军军官学校副教育长的魏济民致函青岛市商会：

> 中央海军军官学校迁移青岛，校长由蒋介石兼任，陈诚任副校长，海军代总司令桂永清任教育长，并派魏副教育长济民驻青主持。奉此，济民于四月七日莅青到校视事，本校定于四月十五日起正式办公。

4月12日，《平民报》刊发《中央海军军校迁青　魏济民负责筹备》的消息，海军学校迁往青岛一事彻底明朗：

> 海军军官学校迁移青岛之事酝酿已久，据可靠消息业已证实，校长由蒋主席兼任，副校长由参谋总长陈诚上将兼任，教育长由海军代总司令桂永清中将兼任，并派副教育长魏济民上校先行来青，从事筹备一切。魏氏已于上星期抵达本市，一俟筹备略具端倪，即将招待本市记者，报告一切筹备经过。

该消息还介绍了魏济民的简历：魏济民，山东历城县人，是年35岁，1936年毕业于英国海军大学，曾任军事委员会委员长侍从参谋、赴美接舰官兵副领队、军政部海军处主任、上海舰队指挥部参谋长、海军总司令部副参谋长等职。

6月7日，《军民日报》报道，海军代总司令桂永清前赴秦皇岛及平津一带视察各海军基地公毕，是日由北平乘中航机飞青岛，青岛海军军官学校副教育长魏济民等高级官员10时半赴机场欢迎。据中国航空公司方面称，当日青岛上空气候不佳，飞机拟先降落济南，如天气好转，桂永清可能下午抵达青岛。

海军军官学校负责人告诉记者："桂氏此次来青，一方面视察青岛海军军官学校成立之情形，并视察青岛海军各单位；另一方面尚有事与驻青美海军商讨。"

8日，青岛本埠报纸刊发消息：桂永清视察海军，接见海军军官学校各单位负责人。

10日，《民报》报道：桂永清谈军事，称感到海洋物资缺乏，驻青海军甚有进步。

7月21日，《军民日报》以《海校迁青大致就绪　现有学员六百陆续来青　招生由海军司令部主持》为题，报道"中央海军军官学校"由上海迁往青岛的进展和招生、开学事宜。

　　海军军官学校自申迁青后，经前期整顿，现已大致就绪。

　　据悉，该校全部迁移约于本年九月以前完竣。届时，上海部分当即结束，现有学员共计六百名，除一部分已派赴舰上及工厂实习外，余三百四十五名已陆续来青，训练单位分学生总队、军官训练班、接收舰训练班三部分。学生总队预定九月一日正式在青开训。

　　学生总队训练海军军官，军官训练班系补充训练性质，学员均系调训。接收训练班则在美国赠送舰艇进行训练，学员亦均由各海军单位集训。训练内容除兵科技术外，还一对一设军事训练机构，招生事宜由海军司令部主持，该校向来不自行办理。

海军待遇较陆军略高一级，舰船服务官兵则另有海上津贴。

至此，"中央海军军官学校"由沪迁青，并与"中央海军训练团"合并为青岛海军军官学校基本完成。

青岛海军军官学校设教育、训导、总务三处，原海军训练团政治部主任陶涤亚任训导处处长，上海海校教育长杨元忠任教育处处长，原青岛"中央海军训练团"改为接舰训练班，原海军训练团美国顾问团改为海军军官学校美国顾问团。学校以莱阳路1号为校本部，登州路原海军学校校址为学生总队校舍。自此，凡属海军军官培训均集中在青岛海军军官学校，士兵培训集中在台湾左营海军士兵学校，其他技术人员培训在上海海军机械学校。

青岛海军军官学校在我国近代海军史上有两大特点：一是直辖于"中央"；二是该校学员兼习航海与轮机两科，与过去海军习惯航海、轮机分学不同，这是中国海军教育与兵科制度的一大变革。

青岛海军军官学校首批面向全国招考216名高中学历新生，学制为4年。是年10月16日下午4时30分，深为山东局势焦虑的蒋介石乘坐2001号专机莅青。18日上午10时，蒋介石乘坐李先良市长的那辆17001号轿车，自正阳关路官邸沿南海路经海滨公园直驶海军军官学校，以校长身份会见全体师生并予以训勉。

1948年9月济南解放后，蒋介石将青岛海军军官学校南迁至厦门的计划加快了实施。

1949年1月16日，青岛市警察局市南分局侦得海军军官学校开始向厦门迁运校产后，分局长臧马骐立即向局长黄佑、市长龚学遂提交《青岛市警察局市南分局关于海校奉命全部迁厦的报告》：

> 据探悉，海校奉命全部迁厦，计分三批，第一批于昨日（注：16日）下午三时二十分由该校接舰班之一部已起程赴厦及台湾。第二批起程日期未定，约旧历年前，系接舰班及学生总队等部分。第三批起程在旧历年后，系校本部及警卫营等部分，全部即可迁竣，理合报请鉴核等情。据此，理合报请鉴核。谨呈局长黄佑、转呈市长龚学遂。

在解放青岛的隆隆炮声响起前，青岛海军军官学校全部搬迁至厦门，后又辗转至台湾。

青岛海军学校创立

青岛海军学校前身是辽宁葫芦岛航警学校。1923年4月，沈鸿烈在葫芦岛开办航警学校，培育海军军官及士兵人才，学生所习科目均按海军军官正规学校设置。东北"易帜"后，葫芦岛航校改属南京国民政府军事委员会东北行营管辖，正式改名为葫芦岛海军学校。"九·一八"事变后，东北三省沦陷，该校被迫迁至威海卫刘公岛。同年，沈鸿烈就任青岛市市长后，即筹划将葫芦岛海校迁往青岛。1933年8月，迁校完成，改名为青岛海军学校，由军委会北平分会管辖，校址设在德占青岛时期的毛奇兵营（今登州路）。1937年，该校直辖于军事委员会，11月迁至湖北宜昌，不久又迁至四川万县，1940年冬停办。

青岛海军学校初期的制度仿照日本海军士官学校，校长及教职员工均系沈鸿烈留日同学。该校后期时，教职员工逐渐改用烟台海校毕业的学生，学制仿照烟台海校，设校长1人，教育长1人，航海教官、轮船教官、枪炮教官各1人，国文、英语、数学、化学、测量、船艺、通信和陆战等科目各设教官或助教，并设军需、医务、书记等职，教职员共计50余人。

青岛海军学校自1923年开办至1940年结束，先后有毕业生5届，共计432人。前三届毕业生多在东北海军和渤海舰队实习或任职。后两届因抗战在即，被派往海军陆上各战时机构、航政部门或江防要塞守备队服务，为抗战作出贡献。

抗战末期以及胜利后，国民政府军事委员会和海军总司令部为预备接收日本投降分来的舰只和英、美的"赠舰"，将抗战期间青岛海校毕业的各兵种军官分批送交英国、美国进行专业训练。他们回国后均在国民党海军各领域担任要职。

弦歌再续：国立山东大学复校开学

1946年4月11日，42岁的青岛市教育局局长兼国立山东大学校产保管委员会委员孟云桥接到教育部渝（高）字第14761号训令：

> 国立山东大学校长业经行政院任命赵太侔充任，该校校产应移交该校长接收。

据此，孟云桥将负责了半年之久的国立山东大学校产保管事宜移交，并辞去校产保管委员会委员之职。

国立山东大学俯瞰图
（20世纪30年代）

接过国立山东大学校产契据、印信、文册等实物后，赵太侔致函时在岭南大学任教的原国立山东大学总务长周钟岐，请其为国立山东大学薪火再续计尽快交接工作返回青岛，出任国立山东大学复校筹备处主任。随后，在已划拨为国立山东大学校产的胶州路1号甲成立国立山东大学复校筹备处。

6月1日，周钟岐走进胶州路1号甲，国立山东大学正式开启复校之路。

国立山东大学青岛校产逐步接收

梳理青岛市档案馆现存档案不难发现，国立山东大学校产接收步步紧跟青岛市政接收，足见学校决策者们复校的迫切心情。

1945年8月15日，日本宣布无条件投降。18日，远在重庆的蒋介石电令在崂山一带坚持抗战的李先良担任青岛市市长，代表国民政府接受日军投降。23日，国民党青岛接收委员会成立，李先良兼任接收委员会主任委员。9月13日，奉蒋介石电令，李先良率青岛保安部队由崂山进驻市区，司令部设在江苏路17号。

闻听李先良率部进驻市区，国立山东大学校产保管处于翌日即呈文教育部要求"接收学校停办时所缴纳的契据、印信、文册等"，但理由颇为委婉——"以利于保管"。

17日，李先良正式接收伪青岛市政府及保安队，并在青岛市政府大楼开始办公。

18日，青岛市政府公布市直主要机构及负责人名单，曾在国立武汉大学、山东大学等名校任教的孟云桥出任青岛市教育局局长。

28日，教育部高教司聘请孟云桥兼任国立山东大学校产保管委员会委员，就近接收、保管青岛的山东大学校产。

10月8日，孟云桥呈文教育部，请求拨款100万元作为国立山东大学青岛校产接收经费，并提出修缮部分校舍。

9日，教育部批准国立山东大学收回"停办时所缴纳的契据、印信、文册等"的请示，并要求派人前往具领。

11月6日，教育部以（高）字第56275号代电回复孟云桥前期呈文：

> 兼国立山东大学校产保管委员孟云桥本年十月八日签呈悉，兹拨该委员接收青岛校产经费一百万元，款已另发，校舍目前应派员保管，暂不必修缮，如确有必要，准设保管员一人工役一名，其薪津即在前项款内支给，仰即知照。

同一天，教育部以（高）字第56276号代电致国立山东大学校产保管处，通报拨款事宜。

12月1日，国立山东大学校产保管处致函孟云桥，请其将"青岛山大校产及所住美军等情形"空运寄达。

这些档案信息表明，国立山东大学校产接收已进入操作运行阶段，而且节奏很快。

就在国立山东大学校产保管处人员和孟云桥紧锣密鼓接收青岛山东大学校产时，受是年底国内一些高校陆续返回原址筹备开学的消息影响，散处于各地的山东大学校友和教育界知名人士联名通电要求教育部恢复国立山东大学建制。

翌年1月25日，教育部批复国立山东大学复校。1月29日上午9时，行政院举行本周例会，副院长翁文灏主持，宣布赵太侔任国立山东大学校长。

3月3日，赵太侔致函青岛市政府：

> 查本校奉令恢复添设农学院，现正积极筹备，暑假招生后拟即开始授课，惟本校目前所有农场均在济南，青岛并无实习场所，急需设置农场以资应用。查敌伪华北产业研究所所属之青岛李村农场规模颇大，尚可作为学生实习之用。除函请教育部转呈行政院并迳函青市敌伪产业管理局外，相应函请惠允将该农场及全部设备拨归本校农学院，藉利教学，实纫公谊。

同一天，教育部电令将青岛医学院划归国立山东大学，依克伦为院长。23日，教育部代电，将日本人开办的青岛东亚医学专科学校及附属医院划归国立山东大学。1945年11月6日，该校及附属医院（即前同仁会青岛病院）由市教育局局长孟云桥、博济医院院长陈志藻代表青岛市政府接收。

4月11日，教育部发布渝（高）字第14761号训令，令孟云桥将国立山东大学校产移交给校长赵太侔。赵太侔接手后遂致电原国立山东大学总务长、时在岭南大学任教的周钟岐，请其参与国立山东大学复校事宜。

1959年，周钟岐撰文回忆这一细节："1946年4月，在岭南大学接到山东大学约我参加筹备复校的通知后，即飞赴重庆与赵太侔校长商讨复校工作，决定先由我回青岛交涉收回校舍事宜。当时，校舍为美海军陆战队占用，抵青后，美军拒绝我进校参观，更谈不上到校内办公了。"无奈之下，周钟岐觅定伪东亚医学院旧址作为复校办公处。

6月1日，周钟岐正式出任国立山东大学复校筹备处主任，国立山东大学随即将这一信息向青岛市商会、市农林事务所等青岛本土团体单位以及驻青"中央"机构广而告之，并郑重声明"所有以前之山大通讯处即日结束"。

13日，教育部部长朱家骅就山东大学急需鱼山路日本中学校舍致电青岛市市长李先良：

> 国立山东大学在青筹备复校，诸承协助，惟该校将来所设院系较前增多，原有校舍不敷用，兹闻鱼山路日本中学校址军部将撤出，该处山大需求迫切，兹已呈行政院拟拨，并另饬孟局长先行移交山大，山大复校困难倍增，恳请仍将该校址归山大，以利复校为荷。

迎来新生入学和复校开学

1946年6月15日，赵太侔抵达青岛，与同仁一起研究收回校舍、设置系科、延聘师资、全国招生等复校事宜。

翌日，《军民日报》报道："国立山大校长赵太侔、教务长周钟岐及教授郭宣霖、李茂祥来青，积极筹备复校，预计十月开学。"

赵太侔向记者简要讲述了国立山东大学复校后的规划及教学仪器托运、校舍回收情形。他称："因河南、平、津多地最高学府无几，为适应需要起见，山大尤需适量扩充，今年拟设文、理、工、农、医五院分十六系。战前由山大运出图书仪器约千箱，其中六百箱运往浦口，因办事人员处理不善以致损失。剩余分别借予中央大学、中央工业专门学校及图书馆等。

除损坏外，可收回二百箱，现正协调运回。山大原校舍被美军占用，正积极交涉争取。"

对于赵太侔所言山大运出的图书仪器在浦口损失一事，1981年4月19日，原国立山东大学图书馆馆员、退休前任山东农学院图书馆馆长的曲继皋，作为当事人撰文回忆事情经过：

> "七七"事变后，学校奉命内迁安徽，所有图书分三批运走：第一批装火车西运，第二批由水路运南京，第三批与我们一起走的。结果第一批辗转到湖南蓝田，奉命交蓝田师范学院接收了。图书馆工作人员只有我一人随校外迁，先迁安庆菱湖公园。到达时，安徽大学已整装准备南迁，我校到达第二日即召开校务会议准备开课。我奉命赶赴南京抢救第二批图书，由安庆赴芜湖的轮船因难民拥挤不敢靠岸，学校于先期夜晚派人由海关码头送我到船上，翌晨船靠码头，难民争上，超重停驶，在船上住一日一夜才启行。到芜湖时，见江上漂浮着汽油，原来芜湖当日受敌机侵袭……下船急赴车站买票去南京，至票房却无一人。自计此地不可久居，虑翌日敌机再来侵袭，便于当晚渡江至裕溪口，天明搭车至田家庵，转蚌埠去南京，车至明光已不前进，乃返回合肥，电校请示办法，久候无信。幸遇山大工作人员返济，才知学校已迁武汉。又几经波折，抵达汉口，遍访各旅馆找到我校人员，因而知道我校办事处所在地。第二批运出的图书，就这样的断送了。

自这一天起，"国立山大复校"成为青岛本埠报馆关注的重点，其一举一动牵引着记者们的视线。

19日晚，益都县同乡会为尽地主之谊联络感情，在青岛咖啡饭店设宴为老乡赵太侔洗尘。20多名同乡会理事出席，会长王宜菴致欢迎词，赵太侔致答谢词。

20日中午12时，留青山大校友会在青岛咖啡饭店举行欢迎赵太侔宴会。

23日，赵太侔向《军民日报》记者谈本年度招生计划：本校以战前在校学生多已毕业，本年度决计开设一年级，共设5院14系，计文学院2系、理学院6系、工学院3系、农学院3系及医学独立学院，其他并计划设先修班6班。共招新生800人，其中本科500人、先修班300人，教授拟聘六七十人，现已聘妥10余人，其余正在接洽中。

国立山东大学校门

7月14日，《民众日报》等多家报纸刊发消息：国立山东大学复校积极筹备中，8月中旬即可招生。消息称，国立山东大学所聘请之教授连日来由京、沪等地陆续抵达青岛，该校已在欧阳路（今合江路）设宿舍以备住用，并将迁往该处办公。

围绕延聘教授、筹备开学、设置院系、招考新生等热点问题，赵太侔亲自出面一一回答记者提问。在谈及校舍问题时，因"校舍仍与美军交涉中，大致尚无何进展"，赵太侔颇为无奈。各院教授现聘妥者已有四五十位，至于外籍教授，因受待遇限制，本年不拟另行聘请。除山大附属医院外，将设农学院暨工学院，附设农事试验所、实习工厂，以备学生实习。如中途没有问题，8月中旬当可招考新生，现积极筹备中。为普遍招生起见，特计划在青岛、北平、济南、上海、成都、西安等大都市同时招考，西安、成都等地山东同乡颇多，预料届时应考者当更为踊跃。

7月25日，《青岛公报》刊登国立山东大学招生信息，报名时间为8月11日至17日，考试日期为8月20日。

《青岛教育纪事长编》载，8月23日、29日，国立山东大学相继收回被美军占用的鱼山路5号、广饶路4—9号、武定路29号等处校舍。

进入9月份，国立山东大学进入新生录取、师生返校及复校开学时刻，鱼山路校区——昔日德国人建造的俾斯麦兵营日渐热闹起来。为报道学校工作动态，交流教学科研经验，校务会议讨论校刊复刊问题，决定于1946年10月25日正式复刊。由刘康甫、牛星恒、邵式銮、高哲生、郭宣霖等5人组成编辑委员会，刘康甫为主席，牛星恒负责收集及编辑稿件。

18日，《青岛公报》刊登国立山东大学录取新生通告，初试及格可以参加复试者共有310人，"希考生9月26日至30日来鱼山路校区报到"。

10月22日起，国立山东大学本届录取的新生开始注册并分配宿舍。因房舍不敷应用，所有学生暂住于泰山路宿舍，一俟开学复试后重新分配。

24日，为缓解校舍紧张局面，国立山东大学致函青岛临时中学，请其"即可迁让房屋"。

当晚6时，国立山东大学学生自治会为欢迎新任教授暨新旧同学，假市参议会礼堂举行迎新大会，"情形极为热烈"。青岛本埠多家报纸罗列了到校的知名教授：阮鸿仪、冯沅君、陆侃如、丁燮林、丁山、黄孝纾、赵纪彬、萧涤非、朱树屏、赵俪生、王怡冠、王恒守、刘遵宪……"该校已商妥名作家舒舍予为文学院长，舒氏一俟在美讲学完了后，即起行来青设教"。

25日上午8时，国立山东大学在鱼山路校本部礼堂举行开学典礼。校长赵太侔、教务长周钟岐及各院教授职员数十人、学生千余人出席。

赵太侔首先将复校经过及战前该校创立沿革以及抗战开始前该校兴盛气象作了介绍，指出"复校伊始，困难甚多"，强调"文理两学院为大学之基础，就学生本身讲，无论志在学习什么，都应该先奠定'文理之基'"，"在大学读书，不只学技能，而是要受'全人教育'，本校开办之始，就以此为准的"。赵太侔提出的"奠定文理之基""全人教育"在当时大学教育中颇有见地。赵太侔满怀信心向师生们传递国立山东大学发展计划："拟于五年内，增设法学院，由十四系增至三十系。"最后，赵太侔动情地说："今日能在此地复校，且能在此举行开学典礼实在值得欣喜，希望大家共勉共励，努力向上。"赵太侔对学子们提出期望：一、抓住时机，利用时机，努力学习；二、要主动，不要让先生督促，先生主要工作为研究学术，学生应跟随先生努力做学问。

周钟岐向广大师生报告复校筹备情况。他说，卢沟桥战起，国立山东大学只得迁往后方，先至武汉，后迁重庆，在歌乐山上建起一座美丽的校舍，胜利后奉令复校，在胶州路上办公。在他们的努力下，欧阳路校舍、鱼山路本部、武定路前日本第一小学、广西路第二国民小学、广饶路第三国民小学、德平路5号原日本俱乐部和德平路40号、42号，绥远路（今包头路）18号、大学路3号等处陆续迁让本校应用。

周钟岐还大致谈了山大各校区功能设置以及教学仪器接收情形。其中，鱼山路5号校本部作为山大办公区及文、理、农三学院，广饶路校区用于工学院及医学院，大学路3号及欧阳路作为教职员公共宿舍，"现各处均在修缮，月底可完工"。关于图书仪器，除在青岛接收大部分德文、日文书籍外，尚有仪器60余箱，图书90余箱，现已全部运抵大港码头，正在办理手续尽快运到学校。国立山东大学避战乱内迁时，教学仪器等辗转运输中大批遗失，后奉令停办又将剩余仪器等外借他校，故而损失颇巨。

《青岛教育纪事长编》载，1937年12月5日，国立山东大学请准迁皖，在安庆市安徽大学校址开学，不久迁四川万县。学校图书、仪器、案卷分三批运出：第一批257箱运至西安，转运万县；第二批837箱运至浦口，因南京失陷，全部丢失；第三批16箱运至汉口，转运万县。未能运出之财产，日本占领国立山东大学后，对图书、仪器、家具等尽行焚毁。

1938年2月23日，教育部奉行政院训令，将国立山东大学暂时停办，原有经费仍由国库照常拨付，作教职工生活、遣送学生及保护校产之用。学生转入国立中央大学及其他大学，教职工造册另行安排工作；图书、仪器、设备分别移交国立中央图书馆、国立中央大学、中央工业职业学校保管和利用。

"我们的计划是，站在万年山顶，右手是工学院，在东镇工业中心区；左手是附属医院以及其他各校舍，遍布市中心之要点，山大文化力量控制全市。"报告结束时，周钟岐为国立山东大学师生们勾画了一幅愿景。

物理系主任兼代理学院院长王普登台讲演，略谓山大有名又有号，名是山大，号是青岛大学。自从本校成立以来，经过千辛万苦，才有今日这年青的大学，他觉得同学们现在亲身感觉到的困难有两种：一是入学困难，比如入学注册，无处找保人添保证书，其实这些困难同学们互助相扶引导也不难解决；二是选择院系，这一方面要注意天赋，另一方面要考虑兴趣，不可以就业为前提。

10时许，国立山东大学开学典礼结束，师生们陆续散去。

《青报》同时刊登国立山东大学新生复试和体检时间：26日、27日上午8时至12时、下午2时至5时在校本部进行复试；29日至31日下午2时至5时在校本部进行体检。对教育部分配来的新生及南京地区录取的学生另行安排复试。

10月30日，青岛市政府给青岛港务局下发训令，免除国立山东大学由渝来青仪器、行李的运费。

被占校舍归还之争

进入12月，国立山东大学上下开始为复校庆祝纪念大会做准备。本埠各家报馆也跟着忙碌起来，校园内喜庆气氛渐浓。

22日，山东大学校友会在《民言报》刊登启事："庆祝复校，28日在鱼山路校本部聚餐联欢。"

26日，《青报》刊发预告消息称："山大复校庆祝会明日举行，已邀各界参加，必有一番盛况。"

翌日上午9时，国立山东大学复校庆祝纪念大会在鱼山路该校礼堂举行。李先良市长、青岛警备司令部秘书长徐人众、国民党青岛市党部委员刘巨全、"中央海军训练团"主任林祥光及各机关团体负责人30余人与该校教职员、学生千余人共同出席。

校长赵太侔在致辞中说，国立山东大学因抗战而停办，又因抗战胜利而恢复，经同人努力及地方各界赞助，现在开学上课了，回想在长期抗战学校停办期间真不知何日可恢复，所以今天的大会值得庆幸。

赵太侔谈了大学与专门学校的区别以及山东大学的计划："在训练人才方面，大学是训练通才，专门学校则造就技术人才。山大在教育部的计划，预备设立六个学院三十六个系，两个专科学校和一个高级职业学校。本年先成立五个学院，十五科系，一个高级护士职业学校，并附设先修班，希望逐年推进以期完成最初计划。"

"一个大学，固然有一般的完整性，同时也要注意它的特殊性。山大实在有它可以特殊发展的地方。"赵太侔一一列举：在环境方面，受山东半岛特殊物产及青岛工业特别发展的直接影响，山大有进行特殊研究之处。在工学院方面，计划设立造船工程和矿冶工程两系；在农学院方面已设立水产学系。在天然环境方面，青岛与海洋有密切关系，所以山大计划设立海洋研究所，关于海洋的物理、气象、生物、地质都是山大研究的对象。"这些都是地域上的特殊性，是供我们研究的地方。同时青岛气候温和，是国内可数的避暑胜地，正好利用暑假来做学术研究。"

在谈及大学与地方关系时，赵太侔认为，大学与地方是一种密切关系，大学受到地方供养，一方面要协助地方解决各种技术上的问题，一方面要供给地方所需的人才，"我们造就的学生，如果不能供应这种需要，那便是我们未能尽到责任"，"大学与地方虽有密切关系，大学本身却不能因此变成地方性的，学术无地方性，不应受到地域的限制"。

赵太侔致辞结束后，市长李先良接过"大学与地方关系"这个话题说："青岛外表虽甚整洁，但精神内容均甚匮乏，山大应负起充实青岛内容之使命，使学术文化环境与物质环境并进。青岛地方各施政机关要与学校研究工作配合一致，以后者的研究工作助地方各部门之推广工作。"

随后，徐人众、刘巨全、林祥光及山大校友代表相继致辞，"语多勉励"。11时许，散会。

当日下午2时起，国立山东大学举行系列游艺活动，以篮球比赛开场，共分两场比赛：该校教师队对本市教师队；该校学生队对本市中级篮球盟主——市中队。3时起，举行音乐演奏会，主要节目包括周传基、李克明提琴演奏，吴遵胜伴奏；栾幼川钢琴弹奏；李茂祥教授独唱等。晚7时起，由本校学生与本市名票合演京剧《春秋配》《乌盆记》《武家坡》名剧片段。

赵太侔在国立山东大学复校庆祝纪念大会上创设水产

系、附设高级护理职业学校的规划，在翌年树木葱茏时节一一变成了现实。

1947年7月，应国立山东大学教授童第周函请，著名海洋生态学家、水产学家朱树屏前来山大创建水产系，并任水产系教授兼首任系主任。到职后，朱树屏将从英国带回的有关海洋、水产科研教学的书籍、资料及实验仪器等赠送给水产系；制订系发展规划，在水产系设立渔捞、养殖、加工三个专业，并争取到实习调查船；聘请戴立生、王以康、王贻官等多位专家教授；自编教材，先后开设海洋学、浮游生物学、应用湖沼学等课程。1948年9月聘期满后，朱树屏离开青岛返回上海。

8月，《军民日报》刊载国立山东大学附设高级护士职业学校招生信息：该校拟招收一年级新生20名，修业年限3年，未婚女子初级中学毕业或有相当学历、年龄16岁以上至25岁以下者可到鱼山路本校办理报名手续，报名时间为8月4日至8日；8月14日、15日举行考试，考试分笔试和口试，笔试科目包括国文、英文、数学、史地、植物。

9月5日，老舍在纽约致信赵太侔，解释其不能速回国立山东大学教书及出任文学院院长的理由。

收到老舍回信后，赵太侔在信笺上方空白处下"改中文系教授"等字。

1947年，除创设水产系、附设高级护理职业学校开学外，国立山东大学学术、体育活动等也次第恢复开展。

5月4日上午9时，山东大学《风野》月刊社在校礼堂举办纪念"五四"运动第三届文艺节演讲会，特聘教授王统照应邀前来讲演《"五四"前后文学运动略况》。在热烈的掌声中，身着布履便服的王统照登上讲台，"姿态风度极为潇洒，苍发老颜，精神愈加矍铄"。演讲中，王统照对"五四"运动前因后果阐发尤详，且"讲词充实"。演讲尾声，他勉励同学们重燃"五四"时期之火炬，与时共进。随后，训导长刘次箫登台作《"五四"运动在济南》的主题演讲，"以庄谐之语调，指出青年人思想自由之路，言语精当，堪为铭言"，200余人无不感喟兴奋，谓"此岛上有价值之学术演讲"。

5月30日上午8时，国立山东大学在校本部运动场举行本校第7届运动会。4月19日，该校致函市工务局局长张益瑶，请其出席并为优胜者颁奖。

12月20日，国立山东大学训导处主办首次学术座谈会，讲题为《中国到哪里去》，由山大教授陆侃如、丁山、刘次箫三人主讲。

是年，占领国立山东大学校舍的驻青美军归还部分校舍。3月2日的《军民日报》报道："山大鱼山路原校址自胜利后即被盟军驻扎作为兵营，近日因盟军陆续离青返国，故空房甚多，该校与美军当局交涉，约于近期内或可交还一部。"

1948年，在时局动荡的多事之秋，与驻青岛美军继续讨要被占领的校舍成了国立山东大学的一项重要工作。

6月28日，正当山东大学师生声讨美国扶植日本复活军国主义时，驻青美军向校方提出租借山东大学校舍99年的要求。中共山大党组织通过学生自治会即日起发动全校罢课3天，举行游行示威，张贴标语，散发抗议书，通电全国，强烈要求美军撤出中国。山大99名教职员联合发表宣言，支持学生运动，迫使美军将占用校舍的归还日期改为1950年。

进入1949年，美军按预定计划分三批撤退。1月5日，其最末一批登舰。

闻听驻青美军拨还山大校舍，翌日，青岛市教育局拟致函国立山东大学，请其归还前日本第一、第三小学校舍：

> 查广饶路前日本第三小学原拨征胶澳中学校舍，现为山东大学工学院，又武定路前日本第一小学拟征市立师范学校，现一部为山大医学院，一部为胶澳中学，拟函山大如该校接用旧校舍时，请将以上两处校舍交还本局指配。又广西路前日本第二小学原拟征为市立水产学校，现为美军占用，似应派员接洽询明美军是否继续应用，如不用时即接洽收回。

8日，经过两天商讨后，市教育局局长隋星源郑重致函国立山东大学，称"贵校即将接收大学路原有校舍，如属事实，以上两处房舍后不需要，请交还本局，以资分配应用"。

收到市教育局公函后，10日，山大校长赵太侔复函隋星源："本校原校舍仍由美军居住，收回无期，且本校现设院系较战前增多，原校舍倘能收回亦属不敷应用，必须添建房屋后始能将该两小学校舍交还，相应函复即希谅解为荷。"

收悉赵太侔信函，隋星源回复："请于收回大学路原校舍时，即将前日本第一及第三两小学校舍惠予交还为荷。"

《青岛教育纪事长编》载，2月，国立山东大学正式收回被美军占用的校舍。3月9日，秦德纯赴青岛任市长。10日，隋星源辞去市教育局局长，山东省政府参议李涤生暂代局务。4月4日，国民党山东省政府秘书长杨展云兼任青岛市教育局局长。时局动荡加剧，国立山东大学"收回大学路原校舍时，即将前日本第一及第三两小学校舍惠予交还"之事不了了之。

中航机121号坠毁桃源村

1947年1月5日，星期日，农历腊月十四日。

上午7时30分，一架5时10分由上海龙华机场起飞的中国航空公司C46型第121号客机抵达青岛上空。时值大雾弥漫，虽与沧口机场无线电联络，然而跑道难辨，无法着陆，121号客机低飞盘旋半小时后，在李村北约5公里处的桃源村（今桃园村）——一个三面环山的小村附近触山，右翼当场撞掉，机身坠于山坡时爆炸焚毁，机师3人及39名乘客全部罹难。

此为民国时期青岛地区发生的最大一起空难。

坠毁

因中航121号客机坠毁在青岛郊区山乡僻壤，交通不便，加之该机由沪来青转北平，权威信息源在中航公司，异地采访受限，所以在6日一早叫卖的青岛本埠报纸中，多家报纸的消息出现了错误，比如《青报》将坠机地点李村写成即墨蓝村，《平民报》将遇难乘客39人写成38人，坠毁地点更是模糊不清——"沧口五英里处崂山山峰"。

是日下午出版的《青岛民言报·晚刊》，因有记者跟随中航公司青岛办事处主任沈新铭一起到灾难现场勘察，事实表述清晰准确。该报载，39名乘客中有12人要在青岛下机，27人要径去北平。飞机坠落时，火焰弥漫天空，附近村民赶往救援，由机身火窖中拖出尸体7具。下午3时，沈新铭与救援车赶到，因时间过久无法施救，乃由李村警察分局派警员10余人及宪兵5人留驻看守现场。

6日上午8时，青岛地方法院检察处刁检察官与沈新铭、市警察局局长王志超、市社会局局长曹沛滋、李村警察分局局长臧马骐等人前往勘查验尸。中航青岛办事处邀请的市立医院担架队20余人也赶来料理。

是日上午，机身仍有余火，信件、钞票、报纸散落山坡，四处飘扬……

对于详细乘客名单，中航公司6日派专机由沪送青，因上海天气欠佳，当日未能送达。

7日，中航公司青岛办事处人员赴失事地继续搜集死者物品，确认死者身份。返回青岛后，相关人员披露，121号客机所运邮件中重要文件颇多，散落后，当地居民谣传信封内有美金遂哄抢，致使该批信件大部分被撕毁。救援人员将少数拼接起来能辨清及未损坏的信件交给邮局设法寄出。另外，李村警察分局动员失事地点附近居民找回38件乘客行李。

该人员还披露一个重大信息——由残机中寻获全部乘客名单，含籍贯、年龄、职务等个人资料。

这份名单显示，乘客主要为军人、商人、媒体人、石油公司职员、中国银行职员等。其中名气最大的当属梅兰芳弟子、"四小名旦"之一的李世芳。

是日晚，第二绥靖区副司令、青岛警备部司令丁治磐在日记中写道："中航机失事，蒋立先学兄遇难，已检出文件。身后萧条，令人恻然。"

身份明确的遇难者尸体被一一编号，暂时停放在大庙（胶州路2号吕祖庙），等待家属前来认领。

自8日起，青岛本埠多家报纸刊登中航机遇难者讣告。

桃园村今为李沧区虎山路街道办事处所辖，位于该区北面城乡结合部，距李村4.7公里。该村三面环山，东为险峻的窗户棱子山，西是连绵的老虎山，北依丹山余脉。清顺治年间，毛氏由王连庄迁居于此，初立时村名为毛家岚子，后又因此处有涧更名为艾儿涧，后嫌此名不雅一度改为卧云村。1934年，以村周围多桃树改名为桃源村，后演变为桃园村。

中航机121号所触的是桃源村东一二里处的窗户棱子山，也叫恶狼山，因山脊突兀如锯齿狼牙，故有恶狼山之名。该山属崂山北麓石门山余脉。山上有一石围子，形似窗户棱子，故又称窗户棱子山。

善后

为彻底查清坠机真相，做好善后事宜，7日上午10时，中航公司调查组乘C46型135号飞机由沪起飞，下午1时30分抵达青岛。调查组成员包括公司营业部主任高大经、总务科副科长韦郁琳、工程组施尧元和裴廷智（美籍）、美国籍机组3人、摄影师1人，共计8人。《大公报》特派员李宗海同机抵达。李宗海此来代表报社办理该报编辑张如彦后事。

下午2时许，调查组成员及青岛方面人员在新新公寓会聚，计议调查及善后处理事宜。嗣后，一行人赶赴失事地桃源村，登上121飞机所触山顶实地调查，并摄取影片，检查飞机残骸。晚7时许，返回新新公寓，向等候在此的记者通报相关事宜。

调查组成员表示，上海方面来电，中航公司总经理已赴南京向交通部汇报。如果交通部允许，可能在8日、9日自上海和北平发专机将死者家属送至青岛认尸，旅途费由航空公司负担，但处理后事费用需家属自己具结。

调查组估算，此次坠机事件损失在10亿元以上。

8日下午，青岛地方法院致函美海军西太平洋舰队青岛司令部，请其提供121号飞机失事之日的气象报告记录，以及该机与美海军水上机场通话记录，以搜集证据，查究事故原因。

9日，《青报》报道，中航公司8日上午派出专机三架分别飞上海、北平接罹难者家属及亲友来青岛认领尸体。

是日，39名遇难者家属由平、沪先后抵达青岛，下机后即由中航公司青岛办事处派车接走，分别安排于市府招待所、中国旅社、新新公寓等处。入住完毕，他们即匆匆赴大庙、天后宫（笔者注：部分遇难者遗体停放在该处）现场认领尸体。

截至是日下午5时，尚有12具尸体无法辨认。中航公司方面与死者家属商讨延请法医解剖，务期办理精准。

9日下午，中航公司营业部主任高大经回答记者关于失事原因及责任认定："因乘机者皆死，原因颇难查明，公司收集各方意见做成报告，及所有相片、图案等，呈请交通部处理后对外宣布。"

高大经表示，中航公司遵从遇难者家属意见，一切棺木寿衣安葬费均由公司负担，以慰死者及其亲属。10日上午，将已认出者送往胶州路吕祖庙举行入殓典礼。

对于尸体运往原籍一事，高大经谓"颇为困难，因飞机绝不能运尸体，运棺木也不能，是否能以水运尚为一问题"。

当晚，来青岛认领尸体的眷属与中航公司调查组议定接待及善后处置办法，共分7款：1. 死者眷属或其关系委托人在青岛由其认领，如自愿验尸者自行处理，如能力不及者由公司代为葬于万国公墓内。2. 死者眷属或其他关系人来青岛后，若在限时三日内处理之，一切往来交通食宿问题皆由中航公司负责，现公司分别在市府招待所、后勤招待所、中国公寓、中国旅行社及新新公寓安排房间。航空公司因在命令停航期内，对彼等之安全概不负责，须由彼等立字据及自愿书，始准乘机往来青岛。3. 无人前来认领之尸体，由公司方负责葬于万国公墓。4. 罹难者每人按交通部令发抚恤金100万元，行李赔偿费20万元。5. 死者之棺木、寿衣皆由公司方负责购办，如自愿购办者概由公司按数付款，然不得超过交通部令规定之数额。6. 罹难之驾驶员等，按交通部令给予抚恤金美币1万元。7. 公司决定认领之尸体经入殓后即于10日搬运之胶州路大庙内，俟家属到齐后即开追悼大会，以慰死者。

10日晚9时，中航机失事罹难家属在新新公寓开会，由李少云主持，到会者40余人，议决事项主要有：为受难者伸冤及防止以后再重演悲剧起见，受难者眷属自动联合组织本会，藉以进行一切仲裁善后事宜；本会定名为"中航121机在青岛失事罹难家属仲裁善后委员会"；本会设总会于上海，青岛、北平、天津各设分会；公推李少臣、陈明琦、张盛利等7人为负责人，暂由陈明琦、李忠谏二人为总负责人等。

11日晚7时，"中航121机在青岛失事罹难家属仲裁善后委员会"在新新公寓会议室召开第二次会议，由李少云主持报告当天的奔走经过，主要包括安葬、送灵事宜，公葬地交涉妥当，乃为万国公墓。40余名家属分两组：一组愿将尸身运回原籍，一组愿公葬于青岛。

12日，中航公司121号航班失事善后事宜基本处理完毕。当日中午，由北平来青岛家属有6人乘飞机返回。因被火烧焦无法辨认的7人家属与中航公司调查组商讨后，决定将他们公葬于青岛万国公墓。

13日上午8时，来自上海的10名遇难者家属乘中航机离开青岛。一些对善后处理结果不满意的家属经商讨决定与上海坠机罹难家属采取同样步骤，到法院控诉中航公司。"闻与沪方面已取得联络，拟将活动中心移向上海以便进行。"

中航机121号青岛调查善后工作于此完结。

问责

中国航空公司C46型第121号客机在青岛郊区失事焚毁的消息传出，"街头巷尾，盛播一时，莫不谈机色变"。青岛本埠与国内多家报纸就航机失事的责任与症结展开讨论。

《青报》刊发社论称，近一个月中飞机失事达7次之多，尤其以前夕上海三机及这一次青岛惨案，总计死伤120人之多，足见中国的民航事业非仅未能迎头赶上国外，而且益加落后了。该社论评述："惨案既已发生，一般传说，非归咎于驾驶人员的玩忽职务，即归咎于气象报告欠准确，或推断无线电机忽然失效，以致失去联络，或责难机场设备不安全，无法应对突然事变。以上原因，常理揣度，均有部分的真实。但究其至极，管理机场的不健全，应该是最基本、最重大的原因。"

相较于《青报》，《大公报》则直指民航管理的症结，主要问题有三：1. 交通部与军事航空司令部一局一味争取航空线与飞机场管理权，致使中国缺乏像美国民用航空局这样一类专业组织。2. 中国的航空客运只须领得执照，安全问题完全系于航空驾驶员，交通部曾谋划设立一个特别的训练部门，因意见不甚一致，故未有任何成就，这应是历次飞机失事的根本原因所在。3．在一切从属于军事的今日，惨剧不断发生不足为怪，政府若对这一基本原因不加检讨并逐步改变，难保飞机以后不再出事。

该报最后称："中国民航事业正在发展之期，科学工具的有效运用，有赖于科学化的行政管理和控制。否则，其为害不仅此百余条生命而已。"

复航

中航公司C46型121号客机在青岛郊区坠毁，机上所有人员遇难，消息传来，业界震惊。事发当日，交通部鉴于沿海气候恶劣，中航机在青岛又失事，特令"中国""中央"两大航空公司停航一周，详细检查各项设备。

6日，青岛本埠多家报纸转发"中央"社电稿《沪青航机接连失事交通部令饬停航一星期　详细检查各项设备》：

> 中央社南京五日电　日前，民航机在沪失事死伤多人，交通部正追查失事经过及责任问题时，五日晨中航沪平班机一架又于青岛机场附近坠地，人机俱毁，失事原因尚未查明。闻交部对此极为重视，为彻查责任起见，在失事原因未查明前，已令饬中国、中央两航空公司暂停航一星期，详细检查各项设备，以策安全。

交通部的"禁飞令"让停留在青岛的C46型127号客机、C49型134号飞机共计42名乘客很无奈：

C46型127号客机4日由平抵青，载有旅客12人，内有外籍1人，本拟于5日晨飞沪，奈何气候恶劣，不宜飞行，下午再拟起飞，不料接交通部命令停航。又5日由平飞青之另一C49型134号飞机，载客30人，内有外籍3人，抵青后即奉令停航。该批旅客42人，因有要事赴沪，曾百般向公司请求加班机，并请公司送电交通部要求返航，否则该批乘客所携旅费有限，如留青一星期，生活费用浩大，则恐将一切行李出售后沦为难民，奈因公司未奉部令，不便擅自航行，故答应旅客优待条件如下：1. 自昨日下午起，旅客之膳食费用皆由公司负责，并力电请交通部加班机飞沪；2. 如愿退票者可退票；3. 如愿乘船或其他交通工具者，公司可优先代为设法觅获，不愿者请留此候机。然中航公司昨日来电谓：今日将可能有专机来青，附携来留此两架飞机驾驶员之衣着物等。

1月12日，"禁飞令"期满。下午，中航公司青岛办事处接总部电报：自13日起，恢复航行。

因为对5日青岛空难心有余悸，中航青岛办事处进行一番改革：将电台迁移于沧口飞机场内，并在乘客定座单上注明："本人愿恪守所有民航客运一切规章，对于任何意外情事向贵公司决无另外要求。"

13日上午，中航公司青岛办事处正常营业，首要任务是让滞留在青岛七八天的42名乘客赶紧离开青岛。《青报》报道，因中航公司内C46型飞机不够调用，故13日上午11时许，京、沪、平、津各地均以C47小型飞机飞抵青岛。14日、15日青岛至上海航班优先运送自平飞沪因停航滞留青岛的42名乘客。

复航的中航公司"为提高工作效率，防止今后续有飞机失事情事发生"，特对该公司平沪线的班次予以调整：由7班减为6班，除星期一、五、六每日各飞1次外，余均为2次，而独于星期二仍保持3次。

15日，中航公司青岛办事处负责人告诉记者："飞机航行如何改进，业务如何调整，现尚未得到正式命令。闻交通部现正草拟保障飞机旅客之办法，俟订定呈准后即可施行。"

美国水兵刺死青岛人力车夫

1947年3月30日晚8时许，青岛广西路第一旅社舞厅内灯红酒绿，人影幢幢。

门前，前来寻欢作乐的美国水兵因车资不足与人力车夫发生争执，恼羞成怒的菲律宾籍水兵竟然掏刀刺向在一旁观望的人力车夫——22岁的苏明成，致其当场死亡。

"美国水兵刺杀青岛人力车夫"案发后，反美声浪在青岛涌起，行业公会、政府部门、市民、学生同仇敌忾，"惩凶、赔偿、道歉、撤兵"，呐喊之声此起彼伏。

为"维系两国未来友谊计"，国民政府外交部、美国驻华大使馆从中斡旋，敦促青岛市政府、驻青美军妥善处理，查明案件真相，依法惩凶，赔偿和抚恤受害人家属。

一个月后，行凶者由美军事法庭判刑10年，死者家属获抚恤金1500美元，此案终结。

付费引争执，美国水兵刀刺人力车夫

美国水兵在第一旅社门前刀刺人力车夫恶行发生不久，《青岛时报》《民报》《青岛晚报》等本埠报馆记者迅速赶赴现场，对事件进行持续报道。尽管报道的案件细节与警方公布的有些出入，但系列稿件还是为我们留下了查究真相的难得的史料。

4月1日，《青岛时报》以《人力车夫苏明诚（注：应为苏明成）被美兵一刀刺毙 因为追索车价致遭横祸》为题详细报道了此案发生过程：

> 昨晚八时许，人力车夫苏明诚拉一美兵（当局不发表其姓名）至广西路第一大饭店（即第一舞厅）门前，该美兵下车后，便向饭店内走去，苏明诚为索车费尾追其后，不防突遭该美兵回头一刀，刺入右小腹，将内部大动脉割断，血流如注，旋即毙命。美兵见已肇祸，急忙逃逸，此时有车夫多人在后追赶，旋有湖南路分驻所巡官张福庭带警士田安宗、泰安路派出所巡警李启平一同追至中山路、广西路路口，被岗警李清超截住。是时，突有美军一人驾吉普车至此，竟将该美兵救走，当被众车夫及官警包围并将肇事者捉住，尖刀一把夺下，美兵亦驾吉普车驶去。旋有美宪兵赶至，将该兵及凶器带往美宪兵司令部。
>
> ……死者鲜血淋漓，自第一旅社门前石阶起血迹漫布，经甬道至舞厅处尤甚。当时，虽有人至广西路54号战大夫医院报告，既战大夫赶至时，已八时四十分，经诊查结果，死者右胯之伤口约一寸许，六寸深，大动脉血管已被割断，流血过多，已无生望。第一旅社因事关人命，至昨晨未能移动。
>
> 约九时三十分，地方法院于检察官及书记员前往验尸，证明确系被人刀扎身亡，继由警察局前来摄像。苏

母及二妹相继赶至，抚尸痛哭。

同日，《民报》以《第一旅社前美兵逞凶　苏明诚惨遭刺死》为题报道案情经过，该报道比《青岛时报》详细：

> 美兵三人当晚在俱乐部酗酒后，即乘车往第一旅社，下车后竟不付车资，遂引起众车夫公愤。正争执间，中一菲律宾人者，突出小刀示威，并出口谩骂，其势汹汹，各车夫皆相车逃逸。时有停放于该处之车，车夫名叫苏明诚，正在购买饼子，被美兵误认为嘘喊车夫，竟以小刀猛刺，伤及大腿，血流不止，苏受伤后，初尚不觉，至遽痛时始转身追赶……

媒体的案情报道与4月5日警察局提交市政府的呈文（法）字第526号有较大的出入：

> 三月三十日下午八时三十分，据巡逻警士徐启年电话报告：广西路第一旅社门首有美军刺伤人力车夫情形。据报告，当即电报分局分驻所带警驰往现场勘验，分所巡官张福庭亦相继赶到，当将肇事美兵二名抓获，由美我双方宪兵及分所警长李景祥等将凶犯带往美宪兵司令部扣留。
>
> 复调查苏明成被刺杀情形。缘是日晚，苏明成拉车在第一大旅社门前候客，适有美海军数名由东方乘人力车至该旅社门前下车，人力车夫向美军索要车资，美军不予给付，以致拉扯不休，车夫四五人混在一起，苏明

成在旁观看，讵意美兵由腰中掏出小刀一把，照苏明成大腿刺入，被告人情急跑入旅社，因流血过多，登时殒命。据此，当将证人于兴源、万同山、苏锡昌、马守功及死者胞兄苏明良等一并传局，讯据所供与该分局报告大致相同。

案发后，《青岛时报》记者采访市警察局局长王志超和美国驻青岛宪兵司令部。

王志超表示，警局将向美军提出抗议，以公正严办肇祸美兵，并对死者有所赔偿。

美宪兵司令部答复记者，美驻西太平洋舰队柯克上将对此案异常重视，已责令美宪兵司令部切实调查，并对此案件做合理处置，以免有伤"中美友谊"。

4月1日下午2时，《民报》记者就凶手身份再至位于太平路上的美宪兵司令部采访。美宪兵巡逻队负责人答复称："行凶犯系一菲律宾籍士兵，一向行为不轨，时常殴打辱骂华人，美军当局曾屡予惩罚，始终怙恶不改，此次无端凶杀车夫苏明诚，决计依法律严加治罪。美宪兵调查组检查该犯尖刀，尚有血渍残存，证明杀过人无误。该组再查询证人，口供与检查咨询完全符合。现美宪兵调查组正在搜集更多证据，俟一切证据收齐后，即通知我警局宪兵，依法查办。"

同日，青岛市警察局致函美国宪兵司令部，要求美方"将本案凶犯依法惩处，从优抚恤死者家属并希将侦讯笔录、审判日期随时赐告为荷"。

在这份公函中有证人苏锡昌的证词：

前天晚间八时许，我在第一大旅社门前等候雇客，忽见一面黑美兵手持凶刀一把，由第一大旅社门内跑出驰追一人力车夫，因被追之人力车夫逃匿不见，伊竟对站立第一大旅社门外左侧正在吃烧饼之另一车夫苏明成右大腿前面上端直刺，苏当即血流如注。该美兵见已肇事，即逃入第一大旅社内，苏明成原拟追入与之理论，但因流血过多竟于进入大门内时倒卧而死。

在媒体连篇累牍的报道中，苏明成的身世也日渐明朗：苏明成为江苏省北部赣榆县人，时年22岁，未婚，家有64岁老母及27岁的兄长苏明亮（已婚，住费县路3号九思里二楼15号，现无职业，抱病有年），另有未成年妹妹两人。苏明成与老母弱妹居住在汶上路50号德意里，素以拉车维持生计。苏明成家道赤贫，每以劳力换来收入以果腹御寒。

抗议声响起，"惩凶、赔偿、道歉"

人力车夫苏明成被怙恶不悛的美国水兵刺杀的消息"一日之间，即遍传全市"，惨案激怒了数万名人力车夫，彼等一致要求当局严惩凶手，为苏明成申冤。

民众抗议之声日益响亮，人力车业罢工开始酝酿。

媒体报道，连日来，人力车生产厂代表来到同业公会请愿，要求主管各机关及民意团体向美国当局抗议，为死者伸冤，为生者保障，并声明如再无结果时，即群起请愿与罢工。

据此，青岛人力车同业公会分别呈文市参议会、总工会、警察局、市党部、社会局。收到人力车业公会呼吁的函件后，相关部门迅速将其转至美军当局。

人力车同业公会在呈文中提出四项要求：1. 严惩凶手；2. 赔偿殡葬费用；3. 抚恤死者家属；4. 保证不再发生同样事情。

4月2日，北平各报转载这一事件，全国学生抗暴联合总会北平分会遂"为苏明成惨案函青岛市政府"：

> 敬启者　兹据四月二日北平各报社记载，青岛美军于三月三十日刀刺三轮车夫苏明成，当场身亡。惨讯传来，万人发指。敬望贵府一秉维护国权之立场，保障人权之素旨，立即向美军当局提出强硬交涉，要求惩凶、赔偿、道歉，并为了根绝类似事件发生，吁请其立即全部撤退。用特函请，即希查照为荷。

3日，《青报》公布凶手以及证人指认凶手、帮凶的信息：

> 关于第一旅社门前美水兵凶杀洋车夫苏明成案，凶手姓名已弄清。凶手阿勃拉·白德罗，菲律宾人，年二十岁左右，身材短小，高约五英尺余，皮肤为浅黑色；帮凶弗兰克，白俄人，与阿勃拉同服务于一军舰。该凶手就案后，由美方传证人万同山（第一旅社厨师）、王其范（洋车夫）、初守工（卖饼子）当场分别以不同□次席试验，均指认无误。此案发生后，社会人士极为重视，现该案主犯、帮凶均由美宪兵带至宪兵司令部内，将如何处理尚未宣布。至我方政府对此案态度，除警局拟提出抗议外，尚未其他表示。
>
> 据悉，美军在华所犯刑事处理办法延期有效，虽近届满，然尚未到废止，是否继续有效，尚不能确定，现

拟再急电司法行政部请示。

二日下午二时半，美官兵十余人及凶手同往第一旅社质询，并当场询问凶犯，坚不承认，有一军官曾劝其坦白供认出来，但无效果，又传当场目睹之车夫作证。

5日，美宪兵司令部拉迈少校告诉记者："主凶阿勃拉·白德罗迄今仍不承认苏明成为其所杀，现该犯已移交于美西太平洋舰队驻青海港办事处军事法庭审理。"

海港办事处执行官本利中校向记者证实：该犯已转来，因其仍不供认，尚在继续审查中。

6日，《青报》报道，青岛警局两次致函美军当局，要求依据中国法律惩凶，美方迄今尚无答复。警局准备第三次提交抗议书，将案件经过详情全部函达美方最高当局，请其迅速决定处置办法。为此，当日晨，该报记者走访美宪兵司令部。对方表示："现仍在搜索证据中。对于何时开庭审问，须由美海军驻青最高长官决定。"

9日，《青岛晚报》报道，市警局第三科马科长表示："当将该案侦查结果具报，惟因迄今未能将凶手真正之番号、姓名调查清楚，故尚不能将侦查结果公开发表。"

苏明成案迟迟没有结果，"为避免影响市民感情并维系两国未来友谊计"，10日，青岛市市长李先良就苏明成被害一案致函美驻西太平洋舰队司令柯克上将：

查本市民众与贵军相处素极融洽，乃竟发生此项不幸事件，殊为遗憾。为避免影响市民感情并维系两国未来友谊计，特向贵司令官提出以下要求：1．依法惩处凶犯；2．慰问死者家属并从优抚恤；3．对贵部士兵严加约束并保证嗣后不再发生同样事件。

不安的校园，山大学潮在酝酿

苏明成遇害案让偌大的国立山东大学校园不再平静。学生们散发传单，张贴标语，致函青岛市政府请其严重抗议，并向来访的美驻华大使司徒雷登递交抗议书。

4月9日，《平民报》报道："山大学生自治会对美军凶杀人力车夫甚为愤慨，由该会发起同各方呼吁，以期得到各界人士同情。该会提出严正声明，向美方交涉，如无反应，或将举行游行，以示不平。"

10日，国立山东大学学生自治会致函青岛市政府抗议美军暴行，并提出四项要求：

1．组织中美联合法庭，公开审判肇事凶犯！

2．要求美政府负责支付被难者家属终身的生活费用！

3．彻底查究美军历次在华暴行案件，要求美方政府向我政府道歉并负责赔偿一切损失，及保证以后不再发生同样事件！

4．外国军队立即撤出中国！

山东大学学子们的接踵抗议尤其是日益高涨的反美情绪，引起国民政府外交部的不安。

17日，外交部电示青岛市政府，希望其迅速出手设法制止："关于美军水手击毙车夫事7060号电计达。顷据报，山东大学学生因该案发起反美运动，希迅速设法制止，一并见复外交部。"

19日，青岛市政府复电外交部："美军刺死苏明成案，本府已向美海军当局交涉惩凶、恤死，尚未得复。山大学生仅发传单，并无其他行动，并经严予制止矣。"

21日，李先良致国立山大校长赵太侔公函（代电）"即希设法制止，见复为盼"。

23日，赵太侔复函李先良：

> 本校学生为此事仅以书面分向中央及青市府并警备部请求转向美方交涉惩凶、赔偿，并未作出反美运动。惟近日青市美军汽车压毙华人事一再发生，颇于青年以刺激，此后自当继续注意，希查照转复为荷。

数日后，国民政府外交部又电令市政府"洽请美方：一、迅予召开军事法庭公开审理本案，并于开庭前通知我方派员观审；二、侦察罪证时所有案内人证如非美军人员，应有我方向证人代办初步取证手续，并由我方代为传集证人。"

5月1日上午，前往国立山东大学讲演的美国驻华大使司徒雷登收到山东大学学生自治会代表递交的《致大使书》。学生们提出：美方应尽快归还山东大学校舍，从速严惩杀害苏明成的凶手，并抚恤死者家属，赔偿一切损失。

舰上设法庭，凶犯被判刑10年

4月28日，事发近一个月的苏明成案终于进入审判程序。

这一天，《青报》刊发消息：《苏明诚案开审　军事法庭

设在舰上　我方人士可往旁听》。

报道称，美方致函青岛市警察局，请其代为传证人，再由美宪兵司令部运送至大港1号码头"杰逊"号法庭船上，28日、29日分别审讯。接到信函后，警局决定，苏其昌、王其范、万同山3名证人28日中午随船前往，12时40分开庭；李庆学、田原祖、李庆祥3名证人29日晨赴船，8时40分开庭。中方人士均可自由旁听。

也就在这一天，《军民日报》刊发美国驻华大使司徒雷登29日起视察青岛的预告消息："司徒雷登大使定于本月二十九日下午二时乘机来青，约停留两天。司徒此次之北行，系普通性之视察。"

苏明成案开庭选在司徒雷登"普通性之视察"青岛的日子，美方这一安排让人浮想联翩。

更耐人寻味的是，30日，《军民日报》等报纸同时刊发消息称，市府刻已接获柯克上将复函，美行凶水兵"罪状成立最大监禁十年"。

报纸同时刊登柯克上将复函全文：

　　敬启者　关于美军刺杀市民苏明成一案，贵府本年四月十日及十二日第7072号及4217号两函均经奉悉。查本案四月三日即由海军方面组织调查团调查，经该团调查结束及所得证据，认为苏明成或有因言语激怒美籍菲人一等兵阿勃拉·白德罗之处。现该兵已因故意杀人罪交付军事法庭讯办，如罪状成立，当为最大予以十年监禁之处分，敝国宪兵及岸上巡逻队现以竭力阻止此类事件发生，此项努力仍将积极进行。关于抚恤一节，如被害人亲属向敝国港口勤务部对外赔偿申请委员会申请，自当予以办理。除分行第三服务舰队司令部对外赔偿申请委员会及宪兵队知照外，相关函复即希查照。

5月9日，《青报》报道："苏案即将审判了，双方证人经数次传唤，大体已快完结，凶手处理不日将由美方军事法庭宣判公布。"

11日，《平民报》报道："昨日美兵司令部发声明，该刑犯美兵判刑十年，抚恤金一千五百美金，本月九日死者遗族已签字具结。"

判刑，赔款，美水兵刺杀青岛人力车夫苏明成案行将了结，6月2日却又突生枝节——《山东省志·外事志》之《重大涉外事件》载，是日，美驻青海军司令部函告青岛市政府，阿勃拉·白德罗有意杀人，判处监禁5年，给苏明成之母美金1500元，作为赔偿。对于中方旁听审判之事，柯克称："审讯过程中，贵方代表出席到底乃属不可能之事。"

对美驻青海军司令部的这一函告，南京国民政府外交部非常气愤。17日，外交部电询青岛市政府："凶犯罪行确凿，原拟判处监禁十年，嗣后改处徒刑五年，理由何在？"

6月25日，青岛市政府回复外交部，经派员向美方质询，以美方审判长官丹尼·布林克"已离青返国，无从知悉"和"凶犯已遣返美国执行"了之。

日本人殴毙人力车夫马洪成

1929年6月21日，南京国民政府接管青岛才两个多月，在青的小谷太一郎、西本一郎等4名日本人寻衅滋事，将人力车夫马洪成活活打死。事后，小谷太一郎等拒不认罪，这一令人发指的暴行引起青岛、南京、开封等地民众的强烈愤慨和抗议，国民政府外交部多次与日本驻华公使交涉，并委派视察专员督办，终于在15个月后使该案昭雪。

恶人行凶

青岛市档案馆史料载，是日晚，日本人小谷太一郎和西本一郎从益都路分乘两辆人力车前往大窑沟。到达目的地时，车夫马洪成提醒他们下车，两人随口改称去山东路（今中山路）。待到山东路后，他们又说要去小港的"三日月"温泉浴池，马洪成与同伴只得折回。到达"三日月"，两人仅支付从益都路到大窑沟的车费，两名车夫不同意，双方遂展开争执。小谷太一郎、西本一郎恼羞成怒，在从浴池中走出来的两个日本人的帮助下，强行将马洪成等二人拖进浴池，随后进行一番殴打。日本人群起围殴马洪成时，另一车夫夺路而逃，赶往冠县路警所报案。

警察赶赴现场，将马洪成救出并送到附近的一家日本诊所，日本医生竟说"无妨"，不予治疗。无奈，警察又将马洪成送往普济医院（今青岛市市立医院），因伤势过重，又延误抢救时间，马洪成于22日上午11时死亡。

24日，《申报》以《青岛日人殴毙车夫》为题，报道马洪成事件：

> 日人小谷太乙郎等二人，将车夫马洪成杀毙，二十三日午由中日法官会同德医卫士英在普济医院剖验，确系因伤致命，死状甚惨。（23日专电）

国人激愤

25日，青岛接收专员公署就日本人殴毙马洪成向日本驻青领事馆提出抗议：1．道歉；2．惩凶；3．抚恤死者；4．保证以后不得再有此类事情发生。日方没有具体答复。

《申报》报道，27日，青岛接收专员公署向日本驻青领事第二次抗议，日方至28日尚未答复。

针对日本人草菅人命拒不认账，29日，青岛总商会呈文青岛接收专员公署陈中孚专员，要求迅速向日本驻青领事进行严重交涉：

> 本月二十一日下午，在本埠小港附近，洋车夫马洪成被日人小谷太一郎等殴伤以致毙命，足见该国蔑视人道，藐玩国际公法，为此呈请钧署俯鉴前因，速赐与日领事严重交涉，以彰公法而平公愤。

马洪成案经媒体报道后，举国震惊、愤怒。进入8月份，南京特别市执行委员会、开封市党务整理委员会先后电请各级军政机关、民众团体、报馆，一致声援。

艰难交涉

在举国惩治凶手的声浪中，南京国民政府外交部与驻日公使加紧交涉。驻日公使答复，由日本驻青领事馆处理，但日本领事迟迟不给结果，一直在青岛苦苦守候的马洪成一家人没有生计来源，不得不忍痛含恨返乡。

1930年1月22日，《青岛快报》报道："马洪成案已归中央办理，解决之期，尚未可知，若其家属在青岛等候，生活更困难，故昨日特向市府（注：1929年7月2日，国民政府将青岛接收专员公署更名为青岛特别市）请愿，由市府给予川资返里，以待中央解决云。"

5月16日，在青岛市政府申请争取下，国民政府外交部下达训令，授命视察专员崔士杰处理此案。

或许是承受不住压力，日本驻青岛领事馆终于作出回应，称等待崔士杰提交解决方案。

5月20日，外交部鲁豫陕甘视察专员胡若愚致电青岛市政府："请派员前询日领事办理，同时并函询驻青日领事关于本案已否奉到日使训令。"

数日后，胡若愚再次致电青岛市政府，请其派人落实日方赔偿抚恤数目。

经过层层催办，马洪成案有了结果。

9月29日，《申报》报道："日领事对马洪成案复牒今日送出，承认：1. 对于加害者依法秉公处罚；2. 因车资细故致肇人命重案，殊堪悯惜；3. 对日侨发出警告，嗣后特别注意；4. 对死者家属赠金一封，以为奠。"

对小谷太一郎等4人如何依法秉公处罚似乎没有了下文。

"齐鲁企业公司" 探源

　　要追溯1948年1月7日在青岛市馆陶路成立的齐鲁企业公司，有一个人无法绕过——曾任中国工程师学会会长、国民政府交通部部长、国民党"中央"委员的曾养甫。

　　1947年6月3日，作为国民党青岛市党部机关报的《民言报》，在青岛数十家报纸中率先抢发《曾养甫今午莅青》。不知何故，记者没有点出曾养甫来青岛筹设齐鲁企业公司之真正目的，偏面报道为"来青休养"。

　　该消息称："中央委员曾养甫以风湿症复发，首都黄梅雨季将至，不易调治，于今午偕夫人搭乘中航机来青休养，本市各界事先得悉，纷纷赴机场欢迎……曾氏下机与欢迎者李市长等握手寒暄后，即乘车赴迎宾馆休息。"

　　1947年6月4日，《军民日报》以《曾养甫昨抵青　筹设齐鲁企业公司》为题，报道曾养甫的青岛之行：

　　　　中央委员曾养甫昨午偕夫人搭乘中航机来青，李（先）良市长等到机场欢迎。曾氏下机后，即乘车赴迎宾馆休息。闻曾氏此行，系筹备以青市为中心之齐鲁企业公司，该公司将来会有大规模之工厂多处。闻曾氏将先着手青市各厂之接收工作。

"筹备以青市为中心之齐鲁企业公司"

曾养甫此次抵达青岛，是奉国民党"中央"执行委员会财务委员会主任委员陈果夫之命。青岛市档案馆馆藏的这份公函可证实：

> 查青岛东亚制粉公司等四单位暨济南三岛造纸厂等四单位现奉准由本会承购，兹派曾养甫、毕天德两同志前往办理各厂接管事宜，敬希悉赐协助，俾利工作为荷。此致青岛市政府。

> 主任委员　陈果夫
1947年5月21日

6月3日，《民言报》报道的"曾养甫今午莅青"的消息中曾提及毕天德的名字："李市长、妇委会刘巨全女士、中央财务委员会秘书邵履均、齐鲁企业公司筹备处副主任毕天德、主任秘书黎超海、行政院山东青岛敌伪产业处理局程义法局长代表吴公权、交通界栾宝德、银行界四行经理副理、中央合作金库经理杜元信、山东银行经理张振玉，实业界中纺公司、东亚面粉公司等均派代表共计五十余人到机场迎接。"可见，毕天德已先行抵达青岛。

安排妥当，曾养甫一干人迅速开展齐鲁企业公司筹建事宜。

6月17日，第二绥靖区副司令官兼青岛警备部司令丁治磐在日记中记录："下午七时，宴曾部长养甫于登州路（29号寓所），介绍陈医生为其治疗关节炎。"

6月26日，《军民日报》以《齐鲁企业公司接管本市四工厂 济南济宁各厂亦将接管 曾养甫氏留青主持一切》为题，报道齐鲁企业公司筹建进展情形："前交通部长现任中央委员曾养甫自本月三日由京抵青筹设齐鲁企业股份公司以来，筹备工作大致就绪。"

该报道称，齐鲁企业公司设筹备处于馆陶路35号内，分总务、业务、会计三处，秘书、技术、稽核三室，筹备处主任由曾养甫自任，副主任为毕天德，各处室设正副主任各一人，所辖青岛、济南、济宁三地区。青岛区已接管前青岛啤酒公司，改名为青岛啤酒工厂；前敌太阳胶片工厂，改名为青岛橡胶厂；东亚面粉一厂、二厂、三厂，改名为该处面粉部；前敌青岛硝子工厂，改名为青岛玻璃工厂。以上工厂大部分交接完毕，继续开工。济南区将接管面粉厂及制冰厂各一处，济宁区将接管一处面粉厂。

齐鲁企业公司筹备处有关负责人还向记者表示："为促进各厂工作效率起见，原有员工不予更动，唯煤斤缺乏，困难重重，今后当尽力克服，以期增加生产，而裕民生。"

8月3日，《军民日报》报道，齐鲁企业公司自本月1日起，假本市广播电台"第二广播"播送西乐节目，甚为精彩。时间为每日下午2时10分起，星期一、三、五为交响乐，星期四为弦乐五重奏，星期二为丝乐四重奏，星期六为协奏曲，星期日为名曲选粹，所选均为贝多芬等名家之作品，每日择播一曲，并附简单说明。每晚7时30分至8时，星期一、三、五为对口相声，主演者大鼻子等。

曾养甫为筹设齐鲁企业公司在青岛积极奔忙。8月23日至9月5日，陈果夫来青岛期间，曾养甫又为欢迎招待陈果夫忙碌了一番。

23日中午，陈果夫偕夫人、女儿以及随员朱国材（"中央"党部财务委员会秘书）、程世杰（中国农民银行董事会秘书）等一行由南京乘中国航空公司飞机抵达青岛，下榻于金口三路3号青岛市参议会副议长姜黎川公馆。在迎接陈果夫一行新闻报道的名单中没有曾养甫的名字，说明他因故未前往机场迎接。陈果夫下榻后，他即前往看望，并邀请陈果夫一行到其私邸午宴，足见两人关系之不一般。

24日下午2时，陈果夫邀请鲁东各区县党政团及参议会负责人，在国民党青岛市党部礼堂举行茶会，研讨各县复员工作。6时30分，茶会结束，陈果夫乘车参加曾养甫代表齐鲁企业公司为其举办的欢迎晚宴。

25日下午6时，齐鲁企业公司还与中纺公司等三家"中央"驻青单位，联合市党部、市政府、市参议会以及青岛电局、交通部青岛港务工程局、农民银行等单位在迎宾馆举行鸡尾酒会，欢迎陈果夫一行。

1948年1月7日，齐鲁企业股份有限公司筹备完毕并正式成立。《军民日报》留有其开张的消息：

> 齐鲁企业公司去年六月开始筹备，先后接管橡胶厂、啤酒厂、玻璃厂及面粉、食油各厂，业经筹备完竣，本月七日正式成立，各机关首长及新闻界、工商各界、地方名流前往致贺者络绎不绝，盛况空前。

齐鲁企业股份有限公司系国民党"中央"财务委员会所经

齐鲁公司成立的
消息

营之公司，原属于国民政府经济部接管的日伪产业，如青岛啤
酒公司、橡胶工厂、玻璃工厂，以及原粮食部接管的东亚面粉
公司等规模较大的企业，均划归该公司管辖。公司董事长为曾
养甫，经理为毕德天，设秘书室、稽核室、技术室、总务处、
业务处、会计处等机构。

9日，齐鲁企业股份有限公司开业致谢启事在《民言报》
刊登，经理毕天德、董事长曾养甫、协理黎超海三人联袂致谢
各界。

10日，《民言报》刊发启事："齐鲁企业公司营业处现设
中山路82号，所有啤酒、橡胶、面粉、食油等统由该处经营，
希各方惠顾。"

"家底"深厚

1948年3月6日，为编印《青岛市经济事业特刊》，青岛商品检验局函请齐鲁企业公司提供所辖各厂概况。4月7日，齐鲁企业公司向该局提供青岛橡胶厂、青岛啤酒厂、青岛玻璃厂、东亚面粉公司第一和第二面粉厂及青岛植物油厂等五个工厂的概况，涉及企业沿革、产能、职工人数、市场销售等内容。

从这些文字资料看出，齐鲁企业公司承购青岛5家工厂分两期进行：1947年6月，承购青岛橡胶厂、青岛啤酒厂、青岛玻璃厂及东亚面粉公司所辖两个面粉厂；1948年1月，承购青岛植物油厂。

青岛橡胶厂，原系日本人经营的太阳橡胶厂与B.C.轮胎厂合并后改称的青岛橡胶工业株式会社，附设轮胎制造、制鞋、织布等厂。抗战胜利时，该厂即由国民政府经济部接收并局部复工，嗣后交给行政院山东青岛敌伪产业处理局继续经营。自1947年6月起，由齐鲁企业公司价购接办。该厂设于沧口沧台路97号，有职员85名，工人1240名，所产卡车内外胎、自行车轮胎等畅销青岛、上海、南京、天津、汉口、西安、重庆、台湾等地，颇有供不应求之势；推车内外胎及各种胶鞋除供应青岛外，还销至平津一带，销路颇广。

青岛啤酒厂，原为德、美两国人士合资创办，1914年日本占领青岛后停产，1916年转让给麦酒株式会社，经该会社略加修整继续生产。抗战胜利后，由经济部接收复工，嗣后交敌伪产业处理局经营，1947年6月由齐鲁企业公司价购接办。该厂设于登州路56号，有职员36名，工人319名，所酿啤酒有口皆碑，除供应本埠及津、沪、穗等各大商埠外，还销往新加坡等地。本厂除生产啤酒外，附设美口酒厂专门生产白兰地、红白葡萄酒、香槟等，销售甚畅。

青岛玻璃厂，创设于1943年，为日本人集资所办，原名为青岛硝子工厂，以制造酒瓶为主，主要供给青岛啤酒厂。日本投降后，该厂遂告停业，后为经济部接收，由敌伪产业处理局出售给齐鲁企业公司。该厂设于四方嘉禾路，有职员31人，工人90名。

第一、第二面粉厂，前身系日本东亚制粉株式会社的两个面粉工厂，抗战胜利后，由国民政府粮食部接收，嗣后更名为东亚制粉公司第一、第二工厂。第一工厂设于邱县路78号，有职员6人，工人103名；第二工厂设于辽宁路63号，有职员24人，工人143名。两厂每月最高产面粉24000袋，需小麦120000市担，青岛全市每月需求量20万袋左右，两厂除供应全市需求外还供给他埠。如此大的生产规模堪称山东第一。

青岛植物油厂，该厂第一、第二、第三分厂原名为东和油坊、新兴油坊和三菱油坊，系日本人创设。1945年10月，粮食部将三个油坊接收，次年移交给中国食油公司。1948年初，中国食油公司将其价售给齐鲁公司。第一工厂位于华阳路34号，第二工厂设于广饶路1号，第三工厂设于辽宁路98号。三厂共有职员32人，工人168名。

齐鲁企业公司前后收编的青岛5家工厂中，青岛啤酒厂发展得最为抢眼。

1945年10月，国民政府军政部以"军政部胶济区特派员办事处"名义，查封日本麦酒株式会社青岛工场。嗣后，青岛市政府委派王玉生为接管负责人接收青岛工场，留用人员295名，征用日籍技术人员8名，恢复生产并更名为"青岛啤酒公司"。12月18日，青岛啤酒公司由经济部鲁豫晋区特派员办公处接管，生产经营正常。1946年12月5日，青啤公司移交给行政院山东青岛敌伪产业处理局，更名为"青岛啤酒厂"。

对青岛啤酒厂划归齐鲁企业公司的时间，目前查到的档案均含糊记录为"1947年6月"。根据青岛市警察训练处与行政院山东青岛敌伪产业处理局之间的这份公函，可推断其划归的日期应为6月12日或13日。

1947年6月11日，青岛市警察训练处以青（训）事字第12号公函，请行政院山东青岛敌伪产业处理局配售其60箱啤酒以供会餐。6月14日，行政院山东青岛敌伪产业处理局局长程义法回复："查啤酒厂已移齐鲁企业公司（馆陶路35号）接管经营，相应函复查照，请还向该公司洽办为荷。"

接管青岛啤酒厂，齐鲁公司聘请著名啤酒专家朱梅担任厂长，开创了中国啤酒史上中国人担任厂长的先河，青岛啤酒开启由中国人酿造的历史。这一时期的青岛啤酒最高年产量达2800吨，除销往华北及沿海沿长江一些城市外，还一度远销新加坡等地区。青岛啤酒品质优良，在多地消费者中引起轰动，尤其受到海外华人的热烈欢迎，被誉为"国货精品"。

青岛啤酒厂还拍摄了中国最早的电影胶片产品广告。9月28日，青岛啤酒厂奉命接收德商创办的美口酒厂，将其整合为美口酒生产车间。

青岛啤酒厂很快成为社会各界观摩学习的对象。1948年5月11日，青岛市农林事务所以农（人）字第0060号公函，恳请青岛啤酒厂同意参观。次日，青岛啤酒厂回函："贵所同寅拟来参观无任欢迎，请于本月15日上午10时准时驾临。"

除生产黄啤酒和黑啤酒外，青岛啤酒厂还开发新产品。

1948年8月起，青岛本埠多家报纸刊登"齐鲁企业公司青岛啤酒厂酵母制剂——维他益"产品广告，主要内容是："该产品系以最新鲜啤酒酵母制成，气味芬芳，含有大量维他命B，有能够促进食欲，补强胃肠，治疗脚气，增进乳汁分泌，祛除营养障碍等功效，本市各大药房销售。"

生产单位被接管

齐鲁企业公司虽然收购青岛最优秀的企业，且垄断生产经营关系市民日常生活的用品，但运行并不顺畅。青岛橡胶厂工人持续19天的罢工就让尚处于筹建时期的齐鲁公司高管们大失颜面。

1947年9月13日，青岛橡胶厂发生工人罢工事件，厂方以煽动怠工为由开除3名工人。后经市社会局、国民党青岛市党部、市总工会相关人员斡旋，工人于10月1日复工。

齐鲁企业公司橡胶厂的这次罢工后被收集整理选入《青岛工人运动史（1897—1949）》一书。书中载：1947年8月，青岛橡胶厂（现青岛橡胶二厂）以奉国民党国防部命令为由，强迫工人每日加班两小时，引起工人强烈不满，遂以怠工相抗，后酿成罢工。9月13日，全体工人拒绝上班。事发后，市政当局调解无效，形成僵局。后来，工人提出3个条件，要求厂方必须答复才能复工。1. 停工期间，工人应得工资照旧发给；2. 厂方不久前开除的3名工人要恢复工作；3. 资方签订奖惩办法，在未经工人同意前不得实行，俟复工后再由市党部、社会局会同劳资双方另拟规定。厂方害怕延误军命，又迫于工人压力，只得应允工人们提出的条件。

这次罢工使橡胶厂损失巨大。9月23日，《青岛公报》报道，"橡胶厂发生工潮，自八月九日怠工，历一月有余，损失四十亿之巨"。

1948年春节后，青岛地区经济萧条，一些"不肖之徒"打起齐鲁企业公司的主意。

4月21日，《民言报》刊登"齐鲁企业公司发现假冒绿红三角面粉的声明启事"："近查市上竟有不肖之徒利用本公司旧袋，或改装劣品，或掺和杂质，冒充本公司出品。除派员密查依法追究外，特发声明，尚希各界人士加以注意。"

是年8月下旬，金圆券改革推行，通货膨胀急剧，民不聊生，齐鲁公司经营步入低谷。9月，中国人民解放军攻克济南。国民党当局命令青岛守军伺机撤退，并于撤退前搬迁一批重要工厂和物资。11月，青岛守军开始策划工厂南迁事宜。

是南迁广州还是南迁台湾，齐鲁企业公司最终选择了后者，原因是"台湾时局较为稳定，且与齐鲁公司有着业务往来关系"。

齐鲁企业公司准备南迁，但工厂在工人的严密看护下动弹不得。1948年12月22日，南京总统府第三局抄送青岛市政府《关于齐鲁公司工人阻止南迁情报》中提到："青岛齐鲁企业公司食油厂、橡胶厂决定迁台后，遭到工人坚决反对，工人自动组织起来，监视厂长行动，并与担任运输的司机取得联系，拒绝装车运往码头。在车间，工人轮流看守，监视厂方拆卸机器行动。"

进入1949年，青岛市内银行、工厂纷纷停业，一些国民政府要员、经理厂长相继"南逃"。2月28日，《大民报》公布的一长串"南逃"名单中，就有齐鲁企业公司经理毕天德的名字。4月，空壳的齐鲁企业公司飘摇至台湾。

1949年6月2日，青岛解放当日，气急败坏的国民党特务唆使破坏分子和不明真相的群众，趁混乱之际打开齐鲁企业有限公司所属原面粉一厂厂门，抢走大批生产物资及小麦、面粉。后公安部门向不明真相的群众宣传政策，追回大批物资，保证了工厂顺利开工。

《胶东日报》报道，齐鲁企业公司植物油一厂、二厂、三厂上自厂长下至工人没有一个南逃，工人们整理机器，清扫房间，把原存的原料物资加以整理，为复工做好准备。青岛啤酒厂始终没有停工，在战争最紧急的时候，冷冻室的机器还在开动，使贮酒室保持一定的温度，唯恐坏了原存的酒料。6月4日起，该厂锅炉房、酿造室、机电组、美口酒厂车间等均已正常工作；面粉二厂、三厂解放前曾停工两个月，解放后工人急于工作，要求复工，6月8日正常开工，一天内装入机仓600包小麦。6月27日，橡胶厂正式复工，该厂原有1200多名工人，除了被国民党反动军队捉去的或失踪的之外，其余1180名职工留厂，捏合机、各式缝纫机、空气压缩机等750台机器在护厂队保护下完好无损。军管会设法从各地购运大批原料、燃料，使工厂在短时间内实现了复工。

1950年6月2日，为庆祝青岛解放一周年，齐鲁企业公司在《青岛日报》展示销售各厂主要产品，包括"B"牌汽车轮胎、自行车胎、各式胶鞋、工业用胶管、三角带，"八一"牌面粉、花生油及各式"胜利"牌线袜，还有耐火砖、甘油等。此时，齐鲁企业公司办公地址仍为馆陶路35号，营业处则由中山路82号迁至胶州路140号。

1951年，按照"各按系统、自上而下、原封不动、整套接收"的接管方针，青岛市军管会有关部门对原国民政府青岛市的市政、公安、金融、工商、生产、财粮、房产、邮电、文教、卫生、铁道、公路、工矿、港务等16个部门403个官僚资本单位分别对口接管，收归国有。10月，接收工作顺利结束。其中，市军管会生产部接管原中纺公司青岛分公司的8个纺织厂和印染、梭管制造、针织等14个单位，以及原齐鲁企业公司的橡胶、植物油、啤酒、玻璃生产等9个单位。

商河路仓库"惊天一爆"

1948年3月9日，对国民党整编第8军军长李弥而言，本应是个喜庆的、值得纪念的日子。

上午9时，在松山会战、保卫重庆中颇有战功的李弥奉命升任第11绥靖区副司令官，就职典礼在绥区会议室举行，600多名官兵参加，丁治磐主持，李弥发表晋升感言。11时，李弥现身美西太平洋舰队司令部，由汤姆森准将陪同，检阅了美驻青海军陆战队仪仗队。

11时30分许，商河路27号双和里——青岛难民流民聚居地之一，不少人家开始吃午饭。租住在滨县路的莱阳县人郭莱英在商河路上推着车子卖苞米；租住在青城路的30岁难民程兰英则前往莱州路叫卖苞米面子，此时路过商河路37号、国民党整编第8军第一仓库大门前……

突然，震天巨响传来，第一仓库院内爆炸了，浓烟四起，烈焰腾空，双和里院内部分房屋随之坍塌，郭莱英、程兰英则被强大的气浪抛起……

"骇人巨响，犹如地震"

创刊于1945年12月、国民党整编第8军机关报——《军民日报》记录了爆炸瞬间的情形：

　　　　昨日上午十一时三十五分，本市突传骇人巨响，声
　　震天地，屋宇摇撼，犹如地震，一时人情惶恐，相顾失
　　色。经记者多方探询，得知乃商河路29号、大港车站对
　　面仓库（注：此处有误，实为商河路37号）发生爆炸。
　　当时烈焰腾空，黑烟弥漫，残破铁片凌空飞舞，市北分
　　局、海西分局、港务局及附近若干院内降飞来之炮弹
　　（均未爆炸），恐怖情形前所未有。

　　商河路27号院内幸存者向记者回忆当时情景："正在吃
饭，忽然轰然一声，房子就坍塌了，声音从哪里来的，谁也不
知道。"

　　《军民日报》载，巨响过后，以爆炸的仓库为中心，东至

商河路仓库爆
炸后的场景

铁山路，西至桓台路，南至长山路，北至大港车站及铁道以北，200米以内约500间房舍全部震成一片瓦砾；在200米以外、1000米以内，东至商河路东端邹平路一带，西至绥远路、甘肃路，北至大港码头，南至泰山路，该区域屋瓦均被震落，门窗玻璃几无全者；胶海关、大港车站、港务局、市北警察分局均被波及。该仓库房舍全部化为瓦砾，附近青城路、商河路、铁山路、长山路、绥远路、周村路、泰山路等路段的居民，受灾有600余户、3000余人，房屋倒塌埋于砖瓦堆下的伤者逾800人。另外，绥远路小学有100余名学生受伤。

爆炸发生后，10余部救护车、5部消防车、14部大卡车及10余部吉普车呼啸而来，紧急赶赴现场救治。约一小时后，国立山大医院救护车1部、护士10余人，市立医院救护车1部、医生护士10余人赶赴现场，对轻伤者就地包扎，将重伤者分送至市立医院、山大医院、济慈医院等救治。青岛宪警人员亦赶至，除维持秩序外，从坍塌的屋舍下挖掘被埋灾民……

是日下午1时许，市政府特召集紧急会议，商讨爆炸事故救济办法。社会局局长张宝山、警察局局长黄佑、卫生局局长郭致文、港务局局长张衍学、临时赈济会王玉忱、市政府孙秉贤等人与会。即席讨论4项内容：1. 关于受伤灾民之救济。决定重伤者分送本市各公办私立医院免费治疗，并由冬令救济会每日拨给每个病人白米3斤，临时赈济会每日发给副食费每人2万元；轻伤者分送公办私立医院免费治疗。2. 关于受伤致死者掩埋救恤。决定尸体无家属认领者，由慈善机构负责掩埋；有家属认领者，由临时赈济会各发给掩埋费100万元。3. 被难无家可归者，经临时赈济会调查属实后，予以安排并酌情救济；被难家属之老弱妇孺者，准予在住所附近的粥厂领粥食粥。4. 对于被难者之救护，由社会局、卫生局、临时赈济会组织救援队，社会局负责召集。

会后，社会局、卫生局、临时赈济会等派职员组织临时救护队，配合卫生局救护车一辆，由社会局科长张希周带领前往爆炸地点进行救护。

第8军军长李弥也派员赶赴爆炸地点现场调查受灾情况。

9日，共送往市立医院重伤160余人，两人不治身亡，在危险期者18人；送至驻青美国海军医院舰49人，两人不治身亡，重伤42人，该舰医官全力精心抢救，分别注射血清，均已脱离生命危险；送至美陆军医院50余人，送至山大医院60余人，伤势较轻者均令自己前往医院包扎。

李弥呈文当局"自请处分"

3月10日，商河路爆炸事故现场清理、伤者救护及善后安置事宜是青岛军政部门的首要任务。

上午，慈善机构将大米、煤炭送往湛山寺并设立粥厂，临时赈济会分别在桓台路元兴栈、悦来兴面粉店举办救济登记，受灾民众中无家可归者可凭登记证，赶往湛山寺临时收容所解决住食问题，有家者则持证前往第三公园食粥。受灾民众失落身份证者，须在商河路派出所取具证明，然后赴赈济会办事处登记待救。因为湛山寺临时收容所仅可容纳100人，赈济会又在第三公园搭建临时帐篷准备收容。

上午10时，第11绥靖区司令官丁治磐偕社会局局长张宝山前往商河路视察灾区，并指挥在场人员积极救护。下午2时，市参议员刘金魁、赵士英、王仲怡、王文坦、赵志褚、于鸿国等代表全体参议员，先赴事发现场查看实际情况，后往各公办私立医院看望伤者，并送上慰问金2000万元。

下午2时，第11绥靖区司令部在该部会议室召集本埠报馆记者，副司令杨宗鼎通报商河路爆炸灾情：1. 爆炸所及区域、户口。据绥靖区司令部派员调查结果：商河路约有90户，青城路及两个难民院约有337户，桓台路约有80户，长山路约有120户，高苑路约有100户，元兴栈、天泰栈等4个客栈约有150户，合计1007户。因以上各户多系难民，均为流动性住户，准确数字无法统计。2. 死亡情形及损失。共计扒出尸体66具，倒毁房屋2000余间，轻伤者256人，重伤43人。死者尸体放置于商河路派出所附近，等待家属认领。事件发生后，军警机关即电请地方法院到场检验尸体，法院已派检察官梁丕勋、朱书记官等前来验尸。

《军民日报》调查，已挖掘出的这66具尸体，死者生前不是难民就是工人，以青城路7号难民所和桓台路93号铁路局仓库占比最多，商河路27号双和里也有10多人；有的全家7口仅剩老太太，有的家庭男人死亡，女人受伤，孩子下落不明；有的大人死了，仅剩下孩子……

在当天日记中，丁治磐记录道："今早8时，到商河路视察昨午11时45分之爆炸现场，炸点在一小巷内，近接客栈，似为奸匪引爆，死伤数百人，陈尸火场，尚未尽收，其惨至矣。今午后招待记者，已嘱要说明奸匪可能行动，使市民全有警觉。"

商河路爆炸的仓库系第8军所有，发生如此重大灾难，第8军自然难辞其咎。

10日，军长李弥就此发表谈话，称"同胞遭此浩劫，实难辞咎，业已据情呈请当局自请处分"，并就此拨发3亿元抚恤金。对于爆炸原因，李弥笼统地称"遭受匪徒暗算"。

对李弥的歉疚及灾后补偿，部分市参议员并不买账。赵士英、王仲怡等参议员强烈要求市参议会致函第11绥靖区，严查商河路肇事原因。同时，致函有关当局及第11绥靖区迅速将市内现有弹药库一律移驻市外，不得设置于人烟稠密地区。

10日晚，岛城飘来数阵春雨，天气遽增寒意，灾民们彻夜露宿在长山路、桓台路、青城路旁，望着已变成瓦砾的家和无辜死难的亲人遗体，不少人恸哭不已，围观者无不落下同情的泪水。

11日中午，细雨濛濛，悦来兴客栈门外灾民成行，伫立雨中，等候领取粥证。此前，坊间传言，临时赈济会尚剩余850张粥证，灾民和难民闻讯纷纷赶来。在"悦来兴"门口，还停放着20多具尸体，等待法医检验后抬埋。

这一天，因爆炸殃及而停课的绥远路小学本想开学，无奈房顶受损，教室多处漏水无法上课，故继续放假。

是日，丁治磐在日记中写道："春雷夜动。商河路第八军仓库爆炸，伤：108人，死：66人，毁瓦房：1000间。"翌日中午12时，丁治磐奉命搭乘由北平飞上海的飞机赴南京，直至3月25日返回青岛。期间，因不在青岛，其日记中自然没有了关于商河路爆炸案的内容。

商河路仓库爆炸案发生后，为查明事件真相，青岛市警察局迅速将仓库负责人吴刚、冯德三、钟大任、刘应辉4人拘押。13日，警察局局长黄佑将有关案情呈报市长李先良、副市长葛覃：

案查，整编第八军在青岛第一仓库位于商河路37

号，内分第一、第二、第三、第四、第五、第六号仓库，其第一、五、六号三个仓库由少校库长冯德三负责，内存被子服装等，其第二、四号两个库房由少校库长钟大任负责，内存毁坏被服及粮食等，第三号库房由少校库长刘应辉负责，内存军械、弹药器材等。该刘应辉本月初八（注：2月17日）奉令调103旅任副官主任，遗缺已派中校库长吴刚接充，而吴刚到青后，即以身体染病尚未接任，住商河路1号该军第二号库房内养病，仅于本月7日会同刘应辉前往第三号库房巡视一次，并未办理交接手续，于3月9日上午11时35分，该第三号库房忽然爆炸，流弹四飞，房屋震毁，附近民众伤亡甚重。

复查，该库驻警卫13名，于9日上午8时40分由冯库长率7名赴蒙古路向大港码头搬运物资未回，其钟大任库长亦于上午9时即外出。至于爆炸时该库仅有警卫6名，复因住所较远，均未炸死。事后，该库负责人吴刚、冯德三、钟大任、刘应辉等四名均被宪兵十一团三营拘押讯办。

在该呈文上，李先良批示："择要用代电报行政院及社会部，并请拨款救济。"

用脚踩钉，旋即爆炸

青岛商河路第8军第1仓库剧烈的爆炸声惊动了远在南京的蒋介石："据报青市商河路第八军弹药库爆炸损失惨重，饬将爆炸原因及地方被灾实情呈报。"

3月25日，第11绥靖区将爆炸调查情形呈报蒋介石：

1．关于该仓库爆炸原因。警察局呈称，查3月9日商河路爆炸案发生原因，据第八军司机陈本学于本月15日谈称，当我出车返回商河路仓库时，见有首任刘库长之勤务兵赵某等四名在仓库内查点存物，有炸药箱由上摔下，赵某即启视内装何物，见系炸药后将箱盖闭，因箱盖上有铁钉突出，即用脚踩钉，旋即爆炸。我被炸伤晕倒，直至被救到医院始醒等语。除将该陈本学迳送第十一绥靖区讯办外，合理将该查悉原因报请鉴核。刻该库负责人员现在第十一绥靖区司令部严密审讯中。

2．损失。查整编第八军在本市商河路的弹药库于3月9日上午11时35分爆炸时，流弹四飞，房屋震毁，因该处人烟稠密，故附近居民伤之甚重。事后统计，被灾共计931户，死亡100人，受伤422人，损毁房屋2856间，无家可归2043人。十余日来，正联合全市各机关团体及地方士绅积极赈灾救济中。

这份呈文或接近于爆炸案的真相。

另外，因鞋钉摩擦引发危险品爆炸在民国时期的青岛并非个案。《胶澳志》载："1922年10月，（青岛大港）三号码头之危险品仓库炸毁，因工人运卸硫酸钾鞋钉与石摩擦发火，损失八万元。"

"拯救灾民"，"要使他们能继续活下去"

梳理商河路军用仓库爆炸案支离破碎的档案史料可发现，9日（即案发日）和10日，青岛社会各界的重要工作是扑灭仓库火焰，抢救伤者，从坍塌的房屋内挖掘被掩埋者及死者遗体。11日起，工作重心转为捐款捐物，拯救灾民——"赶快拯救灾民，不要让收容的人饿跑了，要使他们能继续活下去"。

11日上午10时，市参议会召开紧急会议，出席参议员30余人，由副议长刘金魁主席，议决通过申请赈款、募捐、义演等措施，抚恤赈济受灾者。主要内容包括：由市参议会发动各民众团体，成立"青岛市商河路爆炸被灾同胞救济委员会"，以抚恤更多被灾同胞；急电行政院及国防部请发赈款；致函市府指定地点将受灾同胞收容，并致函善后救济总署及驻青美军，将剩余物资空纸盒悉数捐出，作为受灾人临时搭建住所之用；由王仲怡、王文坦、沈鸿国等五人负责，于肇事地点发动募捐；发动市民捐献米面、锅碗炊具及被褥等日用必需品，并函请各报社代收转交临赈会；函请广播电台发动广播募捐；函请各影院商演一日，将所得捐作救济受灾同胞。

下午3时，市社会局召开会议，讨论商河路仓库爆炸灾民善后事宜，有关单位30余人出席。议决：组织商河路被灾住户善后救济委员会，主任委员由李先良市长担任，副主任委员由参议长李代芳担任，社会局局长张宝山出任总干事，公推王晴初、徐人众、张宝山、刘金魁、尹朴斋、黄佑等25人为委员；该委员会设调查组、募捐组、发放组、总务组，委托报社代收各界捐款；电请"中央"拨款救济，各剧社捐出三日演出所得。

会议还对9日、10日社会局收到的各界捐款约3亿元制订出分配方案。

为策应各界捐款救灾，市民政局特令饬各区长、保长11日起发动保民捐助款项衣物，并送交各区公所，以便发放急赈。

12日上午，市北区区长郭应敏、区民代表主席葛焕斗在胶州路召集各保长、保民代表举行会议，到会保长、保民代表及参议员于佩文等70余人。会议决定：成立市北区商河路事件自救委员会，市北区各保保长为委员；由各委员分别偕同各甲甲长，分赴各保住户劝募救济，官商大户由区长、区民代表主席会同本区参议员及有地位人士负责劝捐；募捐的救济款除大部分交与商河路受灾住户，救济委员会留出小部分赴医院分发受伤灾民。

"拯救灾民"的呼吁得到驻青外侨和企业、学校、军队等单位部门的积极响应。

自11日起，中纺公司各厂、四方纺机工会、私立明德小学、崇德中学、文德女子中学、中正中学、冀鲁针织公司、沧口区纺织公会、军民日报社、华新纱厂、青报社、中国植物油料厂、合作供销社等纷纷捐款。

商河路仓库爆炸时，校址为武定路29号的私立青岛胶澳中学因毗邻爆炸事发地，全校共震碎玻璃4万余块，损失约计国币1亿元。虽蒙受此损失，但该校师生仍将节食所得共计国币866.5万元捐献出来，请民言报社转交受灾者。

14日，商河路被灾住户善后救济委员会在绥远路小学发放第一批救济款。急赈标准为：1．死者每人300万元，由死者同居之亲属具领，但须有保长证明。2．重伤者以住院为限，每人200万元，由伤者本人或其同居亲属具领。3．轻伤者每人100万元，由伤者本人具领。4．房屋炸毁不能居住者，每户人口在5人以上者发100万元，5口以上者每增加一口人发20万元，由甲长及保长证明。重伤者由发放委员亲往发放。

下午2时，受灾市民持登记证前往具领，由该会发放委员王晴初、贺善果、刘金钰、王玉忱、秦嘉甫等8人负责发放，社会局局长张宝山主席，当地保长见证发放过程。张宝山称，截至13日，共收到救济款8.8亿余元，另由市府拨款3亿元。当日发给100名轻伤者1亿元，发给4名重伤者800万元，发给51名死者家属1.53亿元，共计2.61亿元。

15日上午，善后救济委员会发放委员携款赴各医院，现场发给重伤住院灾民并前往湛山寺发放寄居在该处的受灾市民。

在商河路仓库大爆炸中，黄台路中心国民小学有18名学生家中遭受重灾，该校师生踊跃捐款。其中，教员捐款344万元，学生捐款2891.7万元，共计3235.7万元。该校师生代表分赴受灾学生家中详细调查，对受灾重大者每人发给300万元，次者发给每人100万元，其余均发50万元。

以善款建起"建国新村"，安置百户灾民

17日、18日，各界捐款捐物救助灾民热情不减。各界捐款日增，灾民颇有受益，无奈"当局放任之下，物价如脱缰之马，一日三变，所收捐款，数字依然，价值则在逐日减少"。鉴于此，军民日报社派员会同商河路事件自救委员会代表、市北区区长郭应敏携带捐款6.6亿元，以每袋220万元的价格向齐鲁公司订购300袋普通面粉以为储备。"惟此项面粉，仍由善后救济委员会统一分发。"

17日，也就是爆炸案发生后的第8天，善后救济委员会调查组向社会公开最终受灾情况。

3月28日，商河路被灾住户善后救济委员会在社会局召开第

一次全体委员会议，商讨发给被灾住户救济物品，社会局局长张宝山通报所募款项及发放情况："该会共收到捐款46.8亿余元，发出赈款11.8亿元，为建筑灾民住所付出30亿元，三小名旦义演支出5000万元，印刷等费用支出4000余万元，尚存2.4亿元。此次三小名旦义演可收入6亿元，将连同中央所发急赈款10亿元，一并为建筑灾民住所之用。"

这则信息显示，国民政府曾下拨10亿元赈款，用于商河路仓库爆炸案灾民救助；"三小名旦"张君秋、毛世来、宋德珠为青岛灾民义演有6亿元收入，这16亿元赈款用在了灾民安置房建设上。该项目位于嘉兴路，共100间，于4月1日开工建设，承建者为新慎记营造厂，承建合同期限为1个月，4月底完工。

5月8日，商河路被灾住户善后救济委员会假市府大礼堂召开第二次全体委员会议，张宝山及赵士英、李寿先、郭应敏和警察局、宪兵团、市商会代表等18人出席。张宝山汇报了本会成立以来的主要工作。

此次会议的召开标志着商河路被灾住户善后救济已近尾声。

5月上旬，青岛本埠多家报纸报道嘉兴路安置房建设进展：新建平房100间，本月15日可全部竣工，20日举行落成典礼，安置区名为"建国新村"。

各家报纸均详细介绍了新房设施建设、所余捐款使用等具体细节：

新房卫生设施除下水道由工务局负责修建外，如公厕、垃圾箱及大门未修建部分，仍由善救会修建；建筑碑记，镌刻捐款人姓名及新房兴建始末，以为永久纪念；善后会函请市府规定，灾户迁居新房免租年限，期满后，所有房租仍作为该村住户福利事业之用；函请民政局在优待免租期间，暂免新房一切捐税；余存捐款决定添加工程费用及被灾居民住院费用，如有结余，作为保管该村之费用；灾民申请迁居新房后，决定按被灾轻重详细审查后，以一百户为原则，并禁止顶替居住。

同时，事关灾民切身利益的租住申请条件，各家报纸予以广而告之：

1．申请人原住房须由该户原辖保甲长证明，确系被灾致使完全倒塌无力修筑者，申请人经审查核准后，由本会增发居住许可执照。

2．申请人迁居新村后，遵照居住许可执照，在指定房屋内居住，不得互相换调，或私自出让，不得任意改换门窗及变更建筑原状，不得在门口或空地上搭盖小棚。

3．本执照不得转借，如原申请人迁出后时，须将本执照销毁。执照有效期为五年，年满后申请人须遵章办理租赁手续。

4．社会局派员管理新村，得酌留房两间，作管理员办公室或会议室用，新村住户须照章编成保甲。

5月17日，"建国新村"100间安置房竣工，大门厕所等卫生设施也已完成。上午9时，商河路被灾住户善后救济委员会委员杨天毅、赵太侔、张希周等11人在市社会局第四科集合出发前往验收。

20日下午3时，举行"建国新村"落成典礼。市长李先良、市党部代表刘金钰、国立山东大学训导长刘次箫、市工务局局长张益瑶、市北区区长郭应敏及其他各界代表100余人参加。商河路被灾住户善后救济委员会总干事张宝山汇报商河路被灾情形、救灾经过。刘金钰代表捐款人致辞。刘次箫代表商河路被灾住户善后救济委员会朗读捐献书。李先良市长即席致辞，对捐款人表示嘉许感谢。

　　"建国新村"落成当日，共有140户受灾居民申请居住，经筛选，符合条件的20多户迁入新居。

　　对于受灾的931户人家、2043名无家可归者而言，区区100间房实乃杯水车薪。众多受灾户和流浪者如何安置似乎没有了下文。

齐鲁大学与青岛擦肩而过

1945年12月8日上午，青岛市社会局收到齐鲁大学校友会青岛分会一封公函：

> 本分会拟于十二月九日下午二时假浙江路青年会召开本市校友全体复员大会，商讨重要事务，敬请贵社会局届时派员莅临指导，不胜企盼之至。

公函中所言的"重要事务"在次日下午明朗起来。其中最振奋人心的是发布齐鲁大学拟在济南复校的喜讯，这是"齐鲁大学复校"在青岛档案中首次出现。

辗转复校并在多地招生

10日，《民言报》等青岛本埠多家报纸报道齐鲁大学同学会青岛分会会议。

母校因抗战爆发辗转至成都华西坝弦歌不辍，抗战胜利后拟迁至济南旧址，学子们无不欣欣然。接下来，齐鲁大学进入繁忙的搬迁筹备阶段。齐鲁大学校友会再度在青岛发声已是翌年盛夏。

1946年8月6日下午4时，齐鲁大学校友会在青岛举行，向青岛各报记者披露齐鲁大学复校计划、拟在青岛筹建齐鲁中学等信息。

　　7日，《平民报》以《齐大在青设齐鲁中学　望各界人士赞助》为题予以报道：

　　　　齐大校友会六日下午四时假青年会会议室招待各报社记者，到有该校校友山东省参议员郭金南、青年会总干事赵化程、邵次明及各报社记者二十余人，由郭、赵二氏报告招待谈话会之意义。大意谓：齐大于战争期间悉被敌人破坏，胜利后亟待复员，重新招生开课，拟筹足十五亿元之经费后即行办理复校工作，将来除文理医三院外，拟增设工学院。此外，拟在青筹建齐鲁中学，惟须各界人士赞助，始克成功，谈话至五时许始行散会。

齐鲁大学校门

齐鲁大学进入复校及招生开课阶段时，青岛本埠报纸对其关注日益增多。

8月18日，《青岛公报》刊登"齐大不在青岛招生"的消息，称：齐大原拟委托本市青年会在青岛招生，唯以各地交通未便，远方学子恐难负笈前往，顷已停止外部招生计划，并电本市青年会知照云。

9月20日，齐鲁大学新任校长、孔祥熙女婿、化学家吴克明意气风发，自上海到济南筹备开学事宜。23日，青岛《民言报》刊登《吴克明抵济南筹备齐鲁大学开学》：

> 齐鲁大学校长吴克明二十日由沪来济后，对筹备开学事宜益趋积极，现一切均经就绪，决定于二十二日下午三时半在该校办公楼举行欢迎大会，会间欢谈颇洽。闻本市齐大校友亦将于日内联合宴请吴氏以示欢迎。

10月7日，《民言报》刊发齐鲁大学继续在青岛招生的消息，峰回路转，足以让报名者心头一暖。这次报考机会是齐鲁大学校友会特意争取来的：

> 齐大今秋在济南原址开课，兹应该校同学会之请，为救济青市失学青年起见，在青招考文理医各院系及无线电专修课一年级及先修班，新生报名地点为崇德中学，将于十月十五日考试。

12月26日，《青报》转发"中央"社25日济南电：齐鲁大学举行复校纪念大会。从这则电文可以看出，齐鲁大学是

10月25日正式开学的。

进入1947年，齐鲁大学招新生、上专业，奋发图强。7月
2日、3日、4日，齐鲁大学在青岛多家报纸连续刊登招生广
告——在济南、青岛、北平、西安、徐州、上海等地招生。招
考院系为：文学院，招考中国文学系、历史社会系及政经系
经济组一年级新生；理学院，招考天文数学、物理、化学、
生物及药学系一年级新生。报名日期为7月21日至23日（济南本
校），7月14日至16日（济南以外各招生处）。考试日期为7月25
日、26日。报名地点为济南本校、青岛崇德中学、徐州培正中
学、西安尚仁路尊德中学等，另在北平、上海亦设有报名点。

兵临城下议决二次南迁

1948年3月9日，许世友、谭震林指挥华东野战军山东兵团
七纵和九纵，在渤海纵队、鲁中纵队配合下，发起解放淄博最
后一战，即胶济铁路西段战役，又称周（村）张（店）战役。

自11日拂晓至21日晨，七纵、九纵连克张店、周村、博
山、临淄、桓台、淄川，淄博全境解放。

21日，《人民日报》头版以《鲁中我军扩展攻势　续克四
城直指济南》为题报道战况。

淄博、潍县相继攻克，“山东兵团横扫胶济线700里”，胶
济铁路沿线唯剩两端青岛、济南两市。青岛是军事重镇，又有
美国西太平洋舰队驻防，一时难以攻克，华野山东兵团遂折回
济南。

6月3日，华东野战军陈毅部攻占津浦铁路大汶口及界河，
一周之内连克曲阜、邹县和龙山等地，济南已成孤城。在围合
之势下，济南守军仓皇备战。山东省政府主席、第二绥靖区司

令官王耀武遂将处于济南圩子墙外的齐鲁大学校园作为前沿驻军兵营。

为避免战争伤亡，齐鲁大学校董会在董事长孔祥熙主持下，议决由校长吴克明主持齐鲁大学再次南迁，并分步实施：医学院本科迁往福州，文学院和理学院迁往杭州。

亲历者马挺光、杨懋春、褚承志、彭万程、段惠灵等人在《齐鲁大学八十八年（1864—1952）》一书中有碎片化记述。组合这些点滴记忆，齐鲁大学南迁脉络大致清晰：

> 1948年7月，齐鲁大学主要负责人及新来执教的内科教授张光璧，谋划向南方迁校，当时驻济南城郊的中共济南市委获悉后，派人与齐鲁大学总务长杨德斋博士联系，阻止迁校，并要保护图书仪器，勿使运往江南，结果阻止未成功。
>
> 医学院决定迁往福州，此时因潍县、淄博战役胶济铁路中断，学校租赁飞机，将图书仪器、人员等运抵青岛，在青岛又租了一艘原载坦克的登陆艇，载有图书仪器病理标本、简易病床等以及10名教职员及其眷属、55名男生、27名女生，7月29日起航，到福建马尾港后再乘木船逆行闽江，8月2日抵福州码头。

齐鲁大学虽将离开济南，但其招生工作仍在继续。

7月10日，青岛本埠多家报纸刊发齐鲁大学招生简章。简章载，报名时间为7月19日至21日；考试时间为7月30日至31日；青岛市报名地点为上海路崇德中学。

在青岛寻觅校舍拟开课

医学院顺利迁至福州，本部招生也已结束，齐鲁大学文理学院着手南迁。马挺光、杨懋春、褚承志等人回忆：

> 学校包了两架民航飞机，将决定南迁的教职员与眷属连同所带行李，由济南空运到青岛。两架飞机两次飞航就完成这项空运。到了青岛后，有亲友者往亲友家暂住，无亲友者被安排在几所教会中学宿舍内。在青岛停留十天，使大家有与亲友相聚及告别的机会。然后全体登上预先订妥的轮船直航上海。到上海下船后，在安排好的旅馆中休息一天，翌日即乘火车去杭州，由杭州市再租大型汽车进入云栖寺。校本部与文学院、理学院则在吴克明校长与孙恩三教务长领导下，坐飞机到苏州，从苏州坐火车迁到杭州。

实际上，齐鲁大学文理学院南迁并不是这么轻松简单，这些当事人或许不知，齐鲁大学文理学院曾想留在青岛，校长吴克明、省政府主席王耀武、青岛市市长龚学遂以及青岛市教育局相关人员为寻找校舍积极协商奔走，青岛本埠报纸也参与进来，关注齐鲁大学来青岛辗转南下学生境遇，并为齐鲁大学留在青岛紧急呼吁。

8月13日，《大民报》《青岛时报》同时刊发消息：齐鲁大学可能在青岛开课。

> 齐鲁大学迁校问题原则上已决定迁杭开课，一部分教职员及学生百余名分批于九日先后来青，暂居崇德中

学、文德中学。闻十八日乘轮船赴沪转杭。昨晨，该校
负责人杨德斋博士谈称，迁校问题可能中变，如能觅得
本市房舍，可能在本市开课，勘定校址为华北酒精厂，
最后决定尚在取得校方指示中。

15日，青岛本埠多家报纸刊发《齐鲁大学南迁商请免费商
船》，文中记述，14日上午，齐鲁大学南迁杭州来青岛中转的
学生推派代表汪析宇、骆瑞舟、马惠民3人至市社会局商请免
费乘船去沪，市社会局碍于职权，力不从心，未有解决办法，
"刻正积极向各方请求援助"。学生代表向记者诉苦："青市
物价高昂，日需百万元，彼群经济均极为困难，望能及早南
下，苦于船费无法筹措，深盼各界寄予同情。"

这则信息显示，齐鲁大学拟在位于沧口的华北酒精厂办学
的计划落空。

学生代表同时透露："该校在济学生二三日内将可全部到
青，搭乘18日赴沪之平兴轮，现因交涉免费乘船仍无头绪，皆
焦急万分。该校迁至杭州后，已洽借之江大学校舍用，定于9月
15日开课。"

该文"洽借之江大学校舍用"之说与亲历者张正荃的晚
年回忆一致："文理学院原定迁往之江大学，未能谈妥，后
改为云栖山的云栖寺。"

就在学生们四处奔走求援"免费乘船去沪"时，17日，山
东省政府主席王耀武致电青岛市市长龚学遂，请其在青岛为齐
鲁大学解决校舍：

齐鲁大学文理两院迁杭无址，现拟移青，吴校长克

明兄已来青面谒，想教育文化事业兄必昂予协助，敬乞
于可能范围内赐予协助为感。

收到王耀武电报，18日，龚学遂批示"教育局洽复"。市
教育相关负责人王文坦奉命办理："当日前往吴克明所住的上
海路1号，但吴克明已回上海。"据此，龚学遂复电王耀武：
"齐鲁大学文理两院迁青甚表欢迎，惟青市关于规模较大之房
舍极为难觅，克明兄来青晤谈后，刻已去沪，俟回青后，实当
奋力协助进行。"

龚学遂电文中所言"青市关于规模较大之房舍极为难觅"
一语属实。斯时，国立山东大学战后重返青岛，因校舍被美国
海军所占，多次索要未果，校园里弥漫着无奈与愤懑的情绪。
出任市长仅17天的龚学遂，粮荒、煤荒、难民、流亡学生以及
日益加剧的通货膨胀带来的民不聊生已让他苦不堪言，再为齐
鲁大学协调校舍实在是勉为其难。

校舍无望怅然赴杭

齐鲁大学去留两难。18日，《平民报》刊发社论，标题直
截了当——《挽留齐鲁大学》。

社论称，齐鲁大学南迁由传闻而见诸行动，这座在山东历
史最悠久、成绩最卓著的最高学府因环境所趋不得已而南迁，
是极能引人同情的遗憾的事件，请学校与军政当局重新考虑，
只要尚有一线之路，还是不南迁为是。

社论最后恳切劝告齐鲁大学："最好是不搬家，若非搬
不可，最好是搬到青岛来，我们反对南迁，挽留这所高等学
府。""因为青岛距济南甚近，现在迁出容易，将来回迁也

容易，而且近水楼台，齐大的学生山东籍的必然较多，留在青岛，家庭经济的供应亦不至发生交通不便的问题。不过，我们亦晓得，青岛房屋（缺乏）极严重，即山东大学一处已有不敷应用之苦，若再添一齐鲁大学，房将安出？确是极困难的事实。但这种困难，并非绝对不能解决，造成青岛房荒的原因，不是患少而是患不均，倘军政当局与社会有力人士瞪起眼来，理直气壮地为齐鲁大学觅几处房子，不是不可能的事。青岛的军政当局，为了青年学子应该尽这个义务。"

报馆的良苦用心未能感化"军政当局与社会有力人士"，在青岛校舍无望的窘境下，齐鲁大学师生们怅然南下。

9月18日，《青岛晚报》刊发《齐鲁大学决定迁杭》：

> 齐鲁大学决定自三十七年度第一学期起在杭州开课，该校学生一百三十余人及教授多人早已抵杭，择岭楼为临时办事处，其余学生日内亦将分批去杭，现正积极筹备开学中。

1949年春，山东除青岛外全部解放，时局平稳。亲历者褚承志撰文回忆，4月，校长吴克明几经波折，将文理学院由杭州迁至济南本部。

5月1日，《大民报刊》登吴克明在青岛邀请齐鲁大学校友聚会的启事。此时，吴克明已由浙回鲁。

马挺光、杨懋春等人回忆，8月17日，福州解放，在解放军10兵团政治部支持下，11月，医学院师生自福州起程，经南平、上饶、上海返济南。

1950年7月19日、20日、21日，《青岛日报》连续三天刊登齐鲁大学招生广告。其中文学院招考中国文学系、历史系、经济系；理学院招考天文数字系、物理、化学、生物系；医学院招考护士专修科、各院科一年级新生及各院系二三年级转学生。报名日期为7月22日、23日、24日，报名地点为青岛崇德中学，考试日期为8月1日、2日。

1951年1月，华东军政委员会教育部接管齐鲁大学，解聘所有外籍人员。4月28日，《青岛日报》转发《大众日报》消息——《齐大新校委会成立》。

1952年9月，全国高校院系调整，齐鲁大学理学院部分系科并入南京大学，物理、化学、生物等系师生和图书资料、仪器设备和文科部分教师合并到山东师范学院，齐鲁大学医学院与山东省立医学院合并，组成山东医学院，原齐鲁大学校园由新组建的山东医学院使用。齐鲁大学退出了历史舞台。

灵山战役

灵山，这个距即墨城30多里的小山，从1947年深秋起，随着防御工事的开建，频频见诸报端。

11月11日，《青岛公报》以《即墨兴建灵山工事 军民合作情形良好》为题，报道国民党军队某部旅长在灵山南麓林戈庄村召开军民茶话会，为灵山工事修筑做思想动员。

1948年8月，灵山工事基本修筑完毕，《青岛公报》为"力求明了前防的情形"，安排记者前往灵山，"作了一次实际的观察和综合的访问"。

事毕，记者以《灵山据点巡礼》为题记述采访经过及所见所闻。

被国民党青岛市党政军寄予厚望的外围最前线——灵山屏障，在翌年5月3日青即战役打响时，出乎意料地霎然倒塌，并由此引发多米诺骨牌效应。

《青岛通鉴》载，1949年春，山东全境大部解放，唯剩青岛、即墨及海上的长山列岛仍为国民党军所盘踞。

4月25日，为解放青岛，山东军区提出以"逐步压缩，迫敌早撤，于敌撤退之际，歼其一部或大部"和"迫敌撤退，保全城市"的作战方针，并上报中央军委和华东军区。28日，中央军委复电："同意对青岛进行威胁性攻击。"

5月3日，人民解放军兵分三路，向青岛市郊守敌发起进攻。青即战役打响，灵山被列为首战之地。

按照作战计划，华东警备4旅担当攻克灵山的任务。灵山守敌是国民党32军764团的一个营。

1989年1月，青岛解放40周年来临之际，华东警备4旅参谋长傅蠢僧回忆了攻占灵山的经过：

> 恰逢灵山守敌换防，原守敌撤至山下，而接防之敌尚未全部达到，乘此战机，我来不及请示前敌指挥及开会未归的邓龙翔旅长，即令十一团、十二团至灵山以南伏击北上接防之敌及换防南撤之敌，令十团相机攻占灵山，令炮兵团猛轰灵山之敌，迫其早撤。敌三十二军二五五师七六四团一营做梦也想不到兵临城下。
>
> 战斗打响不久，他们放烟火标志，向上疃之敌发出求救信号，未等增援友军赶来，他们便慑于被歼弃山南逃。我军跟踪追至林格庄，与敌人展开激烈的肉搏战。我军全歼南逃之敌后，又与增援之敌三十二军七〇四团、十一绥区敌军一部激战一小时许，毙伤敌140余名，俘敌156名，缴获枪支一批。

由于抓住有利战机，避敌优势，巧袭成功，解放军伤亡很小，灵山首战告捷。

5月6日，《大众日报》以《进击青即外围我军收复灵山》为题报道灵山之战：

胶东四日电 进军青（岛）即（墨）外围之解放军，于五月三日下午二时四十分收复即墨城北三十五里的敌重要据点灵山。守敌三十二军七六四团一营南逃，我军当即追歼，于是日下午二时四十分，在即城北二十里外的林格庄一带与逃敌及由即城北援接应之匪三十二军七〇四团，十一绥区敌军一部，激战一小时许，即毙敌一百四十名，俘敌一百五十六名，缴获重机枪三挺、轻机枪十一挺、长短枪一百〇二支、火箭筒五个、炮弹一百五十发，及其他军用物资一宗。

几乎与此同时，国民党也在收集灵山之战信息，分析战局走势。

5月5日16时，市警察局局长刘国宪向身在广州临时国民政府、已出任国防部次长但未辞去省政府主席兼青岛市市长的秦德纯电呈"灵山战役伤俘情形"。

7日，秦德纯在该呈文上批示："饬继续查报。"

青岛是华北地区重要商埠，青即战役灵山外围战开打后，国民党中枢大员们密切关注青岛战事。"应速派劲旅增防，保住青岛这一战略、政略要地。"阎锡山向行政院院长兼国防部部长何应钦建言献策。

5月10日，灵山硝烟早已散尽，解放军正在酝酿向下一个重要据点——上疃发起新一轮攻击。这一天，秦德纯仍不死心，下达"关于对灵山战役情形继续查报的指令"。

21日，青岛市保安旅旅长高芳先向秦德纯发出"关于解放军万余由大沽河至灵山一带活动等情的代电"。

其时，上疃已被攻克，国民党军队精心布置的青岛外围防线全部土崩瓦解。

　　自26日起，解放军势如破竹，一路向南。

　　6月2日上午8时，解放军先遣部队攻克水清沟南山敌据点，大部队始向市区挺进。

　　是日中午12时，青岛解放。

市立医院掠影

1919年11月，也就是日本占领青岛的第5个年头，青岛胶州路东端，一座四方形、砖木结构的塔楼竣工启用。这座塔楼用作医院，名为"普济"，意为"普遍济助"。

青岛市档案馆馆藏档案对普济医院有较完整的记述：普济医院为四层楼房，"T"形平面，砖木结构，建筑面积为563.7平方米。建筑中部入口上的弧线山花多加修饰，两侧在花草纹样雕刻的底座上置青铜钵状饰物，墙面简洁干净，具有日本和中国双重建筑风格。粗石贴脸的双联窗是对德国建筑的模仿。该院不分科，楼下为门诊楼，楼上为病房，内设病房4间，有病床15张。

由普济医院到市民卫生医院

自1919年11月建成启用后，作为青岛本埠体量较小的医院，普济医院乏善可陈，没有在胶澳商埠档案里留下鲜明印迹。作为日本人投资建设的医院，其在1922年12月10日青岛行政权回归前的"鲁案"善后细目中、日双方谈判中偶尔出现。"鲁案"中、日联合委员会会议纪要中，中、日双方委员在"保留财产问题"交涉时，中方委员提出，"普济医院及新町

普济医院（青岛市市立医院前身）

分院无偿交还中国政府"。日方委员长小幡酉吉就此回应：普济医院、新町分院无偿移交与否，应与一般公产评价问题一并讨论，可删去"无偿"字样。中方委员长、"鲁案"善后督办王正廷表示同意，"本问题遂决定"。

1922年12月10日正午，青岛行政权移交和接收仪式结束后，警察、港口、邮电、卫生等交接随即举行。普济医院移交给中国后，胶澳商埠督办公署命名为"胶澳商埠普济医院"，任命蔡振声为院长，隶属于山东陆军总医院。

1923年1月6日，胶澳商埠督办公署令普济医院院长蔡振声："胶澳商埠普济医院经组织成立，应即刊发钤记，以昭守信。"公章启用，意味着这一天胶澳普济医院正式对外办公。

蔡振声任院长11个月后即被"撤差"，王东斗接任。12月19日，山东省省长兼胶澳商埠督办熊炳琦令财政局局长郭珠泉前往普济医院监视两人交接"一切案卷物品杂项"，"并取具清册"后呈报。

王东斗也是一个匆匆过客，他在院长位置上仅待了4个月，即迎来与新任院长全绍清的交接。

全绍清任普济院长后所做的重要工作是奉令接收胶澳商埠李村医院，接收化学试验所、港政局检疫所。按照胶澳商埠督办公署规划，胶澳商埠李村医院、化学试验所、港政局检疫所划归普济医院。

事后，全绍清将他与李村医院院长陈魏移交接收情况呈文胶澳商埠督办高恩洪：

> 据卸任李村医院院长陈魏呈称，职院改为李村分院等因，呈于五月二十一日准。全绍清院长接收前，本当将所管器械及物品药品造册三本，随同钤记面交照收业已呈设在案。嗣由从（民国）十二年七月一日接管起至十三年五月二十一日交卸前一日止，职任内领经费各数造具收支等各项文卷二十五宗、内文稿本册收据函表等二百二十三件一并移送全院长。呈准请前院长函同当经饬课将函送各件逐一照收，数目尚属相符。谨呈督办。

6月27日，全绍清呈文高恩洪，报告普济医院接收化学试验所："所有移交各项清册业经照抄齐备呈送，原交钤记一颗已呈缴销毁。"

翌日，全绍清就"接收港政局检疫所暨停留所移交药品器械等项清册"呈文高恩洪。文中称，自本年5月起，以船舶检疫和港口传染病预防为主要职责的港政局检疫所所有事务由普济医院代办。检疫所提出，该所员工由普济医院指挥调遣，现存检疫用药品等一一清点交由普济医院使用，原检疫所每月津贴费洋500元划归该院。对此，普济医院与港政局商定，检疫所每月津贴改为该所员役薪资，仍按月由港政局支付；所有移交的药品、器械等项目均交接清楚，并一一登记在册。

1925年4月，张宗昌任山东军务督办，甫一就任即下令：以普济医院常年经费改设山东陆军总医院，将万年兵营（注：今中国海洋大学鱼山路校区）改设青岛市民卫生医院。

5月14日，奉督办山东军务善后事宜张宗昌训令，第一军后方医院院长唐斌儒担纲山东陆军总医院和青岛市民卫生医院改组事宜。

消息传至胶澳商埠，举座皆惊。因为，此时私立青岛大学已在万年兵营开学大半年之久，一旦腾出来办医院，师生们如何安置？商埠督署大员们无计可施，遂于5月15日令督办公署秘书处会务部就此提交议案，邀请各界商讨公决：

> 查普济医院系地方病院性质，并有外交关系，昨准张督办来咨，拟将该院常年经费改设陆军总医院，并拟将万年兵营改设市民卫生医院等因，事关重要，应否划拨均与地方公益及本埠行政关系甚巨，且万年兵营久已拨充青岛大学校舍，究应如何处置，必须集思广益，妥筹办法，以资应付，拟请讨论公决举行。

5月18日，胶澳商埠督办公署秘书处致函青岛地方检察厅，请其派员于本日下午4时参加督署特别会议，一起详细讨论"改组陆军总医院及市民卫生医院"办法。

5月23日，第一军后方医院院长唐斌儒奉张宗昌之令前往普济医院"接收视事"。随后，已执掌普济医院的唐斌儒公函告知青岛地方检察厅等驻青单位。

唐斌儒调查后深知，将万年兵营腾出来改建市民卫生医院不可行，此事姑且放下；但将普济医院改为青岛市民卫生医院可行，无非是换块牌子而已。

6月9日，山东陆军总医院兼青岛市民卫生医院发布启事：

> 兹接管普济医院并将其更名为青岛市民卫生医院，但本埠各机关及市民患者仍旧照章诊疗，青岛地方检察厅所送化验药品照原案化验。

普济医院改为青岛市民卫生医院后，普济李村分院相应更名李村市民卫生医院。青岛市民卫生医院分为两部分：一是接收普通市民疾病治疗，二是接收军队伤兵的救治。1927年春间，因"军事旁午，伤兵麇集，不暇兼治市民疾苦，专办伤兵治疗"。

由军管回归地方

1928年6月，驻扎于青岛的山东陆军开拔出境，山东陆军总医院兼青岛市民卫生医院随即消失，普济医院名称建制重新恢复，"惟经此前变更，机械损失，房舍凋零"。7月，胶澳商埠局发布第18号委任令：王福汇任胶澳商埠局总医官兼普济医院院长。7月30日，王福汇走马上任。

对王福汇其人，《礼贤中学校廿五周年纪念册》中曾提及：王福汇，字注东，出任普济医院院长前，任礼贤书院（后更名为礼贤中学）教员。

普济医院自军管回归地方后，胶澳商埠局总办赵琪明令普济医院接管李村市民卫生医院，恢复1924年以前归普济医院管辖的旧制。普济医院遵令，派职员李东祥前往交接。李村市民卫生医院积极配合，除将钤记、职员、夫役、家具、器械、药品分别列册函送普济医院外，还派专人协助李东祥逐件点交清楚，当月20日交接完毕。此前，胶澳商埠财政局核准本年度李村市民卫生医院支额24520元，"自本年7月份仍核实具领，以不超过每月平均数为限"。

《胶澳商埠行政纪要汇编》载："重新恢复的普济医院及其李村分院属本埠公立，贫民就诊不收医药费，一般市民之患病者，赖以救济。惜经费不裕，设备未能扩充，殊有不敷应用之感。"

鉴于普济医院设备"不敷应用"，胶澳商埠局投入资金建设男女病房、化学分晰室、检验粪尿室，并添置1500倍显微镜及牙钳、血清注射针、万能电疗器以及各种检验器械。设施管理日臻完善的普济医院重新设置内科、外科、眼科、妇孺科、耳鼻喉科、皮肤花柳科等6科，各科设主任"率领治疗"。

山东陆军撤离青岛时将普济医院的护士全部带走。"看护妇一无存留"，医院诊治大受影响。经胶澳商埠局批准，普济医院设立看护妇传习所，医院自行培养女护士。

9月18日，胶澳商埠普济医院向社会发布看护传习所成立及招生简章：

宗旨：造就看护人才，养成专门学识，分派普济医院各科病室协助医务之进行。

名称：本传习所附属于普济医院，故名曰"胶澳商埠普济医院附属看护妇传习所"。

地址：胶澳商埠普济医院。

经费：由胶澳商埠普济医院设法酌筹，呈请商埠局核准拨给之。

所长：胶澳商埠普济医院院长兼充之。

教授：医院医务长同各医官事务员兼充之。

课程：全年课程分为三学期，九月至十二月为第一学期，一月至四月为第二学期，五月至八月为第三学期。

学科：德文、国文、药务学、看护学、消毒学、崩带血、急救法、个人卫生学、公共卫生学、实地练习。

额数：以10人为一班或增至15人及20人。

年限：修业年限以一年为期，期满后分别试验平均分在60分以上者得发给毕业证书，呈报商埠局备案。

程度：年龄在18岁以上25岁以下、中学校毕业或与中学毕业程度相当，身家清白、品行端正未出闺及天足者。

费用：试验及格填有请愿书保证书，入所学习时得缴保证金洋10元，其他书籍笔墨纸张等件概归自备，保证金于毕业时发还。

待遇：所需房舍桌凳以及每日饭食等大概归本所筹备之。

普济医院一直没有产科，自回归地方后，"颇有要求授生之人来院守候"。胶澳商埠局"鉴于产科一项势须筹备，以便市民"，于是令普济医院添设产科。

添置产科需要经费，普济医院无此项预算，遂于1929年2月28日向商埠局申请资金：预算开办费495元、经常费每月374元，设备另案开支。

商埠局收悉后，安排财政局具体办理。

重申"普济"原则

普济医院设置产科的财政资金尚未到位，1929年4月15日，随着北伐胜利，国民政府接收青岛，胶澳商埠局更名为青岛接收专员公署。7月2日，青岛接收专员公署改为青岛特别市政府，为南京国民政府直辖市。

7月15日，青岛特别市普济医院发布第1号公函：

> 案奉青岛特别市市长吴思豫委任令第19号内开：兹委任尹萃农为本特别市普济医院院长，此令。奉此，遵于本月十五日到院视事。

普济医院划归青岛特别市卫生局管辖。8月13日，奉特别市卫生局训令，经特别市政府批准，青岛特别市卫生局普济医院印钤即日启用。

"普济"意为"普遍济助"，普济医院在制定新的诊疗规则时注重"普济"之意，较多地惠及弱势群体。

该规则共分10条，分免费诊疗、普通诊疗和特别诊疗三种。免费诊疗限于各机关送诊及贫困患者，每天门诊病人（除星期及节假日外）以200人为限，住院病人以10人为限。门诊病人除收取挂号费铜元4枚外，其余各项费用皆免收，但用水药时须交纳瓶子押金5分，还瓶子时发还。

普通诊疗须缴纳诊费，药品、手术、注射、检查各费，其标准：1. 普通诊券费每张1角，限用一日，复诊每次挂号铜元4枚。2. 内服药品无论水剂散剂丸剂一日份1角至3角，头服药准此收费，水药另缴瓶价5分，贵重药品酌量增收。3. 外用药品膏剂涂擦剂、敷布剂、点眼剂每份1角至3角。4. 手术费：小手术及处置费分12等，每等1角，大收费每次5元至20元，均由主治医师酌量定之。5. 注射费每次2元至5元，血清每次1元至5元，菌苗每次2角至2元，其他治疗注射剂准此收费。6. 检查费5角至2元。

普通诊疗住院：头等每日4元，二等每日2元6角，三等每日1元4角，内用药外用药及处置费在内，但手术注射特别检查及贵重药等另行收费。1. 凡急症者或在规定时间内以外，请求即时诊疗者得随时诊疗，每人每次收特别诊疗费1元，贫苦急症者不在此限。2. 请求院外诊疗者另收出诊费每券3元，限用1次。3. 贫困者在产科接生时，一律免费，普通人每次收药品材料费5至10元。

当然，"普济"不是无原则，该规则明确标注有些病是不在免费之列的。

1929年7月，国民政府颁布《禁烟法》。该法第11条提出，吸食鸦片施打吗啡或使用鸦片之代用品者，处一年以下有期徒刑，并处以1000元以下罚金，有瘾者并应限期戒绝。

限期戒绝烟瘾需要场所，尤其是烟犯鉴定更需要专业权威机构，负责禁烟工作的青岛地方法院检察处想到普济医院，便于9月25日致函该院，提出凡属《禁烟法》第11条规定的烟犯，即由检察处一律解送普济医院。经该院查验后，有瘾者即由该院限期戒绝，然后信函通知检察处；无烟瘾者请普济医院出具鉴定书，然后随送检察处备案。该行为产生的医药等费用，责令各烟犯照章交纳；所有取保手续由检察处在未解送之前办妥，以防止烟犯逃脱。

普济医院收到求助信函后，迅速作出回应："敝院为市立慈善机关，凡系公益事项自应竭力赞助，兴办厥成，戒烟一节尤属易举，合函照办，敝院甫行公布诊疗规则分别办理。"信函末尾，普济医院郑重提出，至于取保手续请青岛地方法院检察处办妥，以免纠葛。并附送普济医院诊疗烟犯规则和保证书各1份。

1930年3月，市政府进行机构改革，裁撤教育、卫生两局，归并于社会局。为理顺业务，市社会局另设第三科掌管教育行政，第四科掌管卫生行政。7月，教育局恢复，社会局遂将教育行政复划归该局。至此，社会局主要附属机构有市立医院、国货陈列馆、救济院、感化所、度量衡检定所、职工介绍所等。9月，青岛特别市更名为青岛市。12月23日，青岛市普济医院启用新印章。

1931年初，市社会局整合全市医疗资源，将普济医院及李村分院、传染病院检验室裁撤，组建市立医院、台西镇第一分院、李村第二分院，隶属于市社会局。2月4日，唐家珍出任市立医院院长。7月1日，因唐家珍离职，巴忠祥代理院长。8月18日，市政府任命李范功为院长。

1931年，第73次市政会议通过青岛市市立医院暨李村分院组织章程：1．本院为本市市立医院，隶属于社会局，办理市内医疗事宜。2．为医疗患者普及起见，在李村设分院一处，受本院指挥监督，办理一切医疗事务。3．本院暨李村医院系属施医性质，但于可能范围内得酌量收费。4．本院设院长1员，奉社会局局长指令综理本院及分院一切院务。5．本院院务分两部分：医务和事务，医务部分设内科、外科、皮肤花柳科、眼耳鼻喉科、妇人小儿科5科，并药局1处。

是年8月20日起，市立医院打破沿袭多年仅在上午就诊的旧章，增设下午门诊，"以便利患者，而宏施济"。下午主要诊治花柳病、痧眼、肠系、肺痨各症。其中，花柳病星期一、三、五下午1时45分为普通患者挂号诊治，3时至3时30分为免费挂号时间；肠系疾病星期一、三、五下午挂号诊治，时间同上；痧眼病、肺痨星期二、四、六下午挂号诊治，时间同上。8月18日，《青岛民国日报》刊发市立医院增设下午门诊消息，并将诊治大夫名单一一刊出。

1933年上半年，市社会局对市立医院院务"特加改革"，增加医务人员，减少事务人员，同时添设病房，修正医疗费简则。为增强市民就医便利，除原有第一、第二分院外，并在东镇、四方、阴岛、薛家岛等处设立第三、第四、第五、第六分院，又在水灵山岛、九水等地各设诊所1处，以期普及乡村医药救济。7月，市社会局为便于指挥监督起见，又将第一分院改为市立传染病病院；第二分院改为市立李村医院；第三分院改为市立东镇医院；第四分院改为四方诊所，仍隶属于市立医院；第五分院改为市立阴岛医院；第六分院改为市立薛家岛医院，附设水灵山岛诊所。以上所有各医院均归市社会局管辖。是年年底，经市政府批准，于市立医院组织规则内添设医务长1人，由市社会局派员担任，主要职责是协助院长整理院务。

1934年，郭致文奉市政府令出任市立医院院长。

歇业两年重开张

1937年7月7日，卢沟桥事变爆发，日寇全面侵华。26日，日本驻青总领事大鹰正次郎下达侨民撤离的命令，为武装侵占青岛铺路。

8月14日下午，日本海军陆战队制造"德县路事件"，为武装登陆青岛制造借口。

数日后，该事件尚处于"外交途径"解决中时，日本陆军天谷支队由东瀛出发，先抵旅顺，再抵青岛，于海上待命。

9月4日，日本在青岛的最后一批官民离去。

12月18日，日本陆军参谋部下达侵占青岛的命令。21日，国民党驻青部队首批撤离。31日，在实施"焦土抗战"炸毁拥有45万纱锭的日本九大纱厂及啤酒厂、铃木丝厂等日本在青岛的重点工厂，自沉舰船堵塞港口和主航道后，沈鸿烈率部9000余人撤离。

1938年1月10日，日本海军陆战队在崂山山东头登陆，侵占青岛。17日，日本占领当局控制的青岛治安维持会粉墨登场。

1939年1月10日，日寇侵占青岛一周年之际，青岛治安维持会改称青岛特别市公署，下设总务、警察、社会、财政、教育、建设、卫生、海务等8局。

青岛沦陷前夕，因市政官员、市民和医院医护人员部分已撤离，市立医院关停，医疗设备长期闲置。

伪青岛特别市公署成立后，鉴于青岛政局趋于稳定，逃难的市民部分返回青岛，城市人口迅速增加，贫困民众患病就诊出现困难，于是思谋恢复市立医院，并向日本占领军申请归还该院，修缮后启用。4月15日，青岛日军向伪市卫生局移交市立医院，修缮医院房屋、添置医疗设备等工作随即展开。

就在市立医院加紧筹备恢复开院时，青岛市区爆发霍乱，伪青岛特别市公署不得不把市立医院改造成临时防疫事务所，开院日期延迟。

进入11月，霍乱疫情得以控制，市立医院恢复开院得以继续进行。15日，日本人操控的《青岛新民报》刊发消息，称"市立医院近期即可恢复"。

11月27日上午11时，市立医院举行恢复营业开院典礼。

开院典礼结束后，伪特别市公署任命卫生局局长马扬武兼任市立医院院长。

1942年3月31日，吴济时接替马扬武出任市立医院院长。

自立更生谋发展

1945年8月15日，日本宣布无条件投降。18日，远在重庆的蒋介石电令李先良担任青岛市市长，代表国民政府接受日军投降。23日，国民党青岛市接收委员会成立，李先良兼任主任委员。9月13日，奉蒋介石之命，李先良率青岛保安部队由崂山进驻市区，司令部设在江苏路17号，17日正式接收伪青岛市政府及伪保安武装。随后，各行各业接收次第展开。青岛社会名流、日本东京慈惠会医科大学进修生张晓古代表市政府接收市立医院，并出任院长。

翌年5月初，因计划参加市参议会竞选，张晓古向市政府请辞市立医院院长。

经过长达半年多的房舍修葺、医疗设备购置、管理层人员选聘后，10月25日下午3时，市立医院在该院礼堂举行复院暨附设护士学校开学典礼。

市立医院复院典礼举行前夕，《民言报》曾多次刊登青岛高级护士职业学校招生广告：护士科一年级招男生5人、女生24人。报名时间为9月27日至10月3日，地点为市立医院问询处。

奉联合国救济总署之命，已在市立医院进行技术传授服务的著名外科专家、新西兰人马开尼博士如期完成使命准备返国。12月12日，市立医院举行欢送茶话会，送别马开尼博士。

《民言报》报道，马开尼博士自本年6月起就一直服务于青岛市市立医院。在该院恢复运营的草创情形下，将外科方面最新技术教授给医院同行。

在欢送马开尼博士的茶话会上，联合国救济总署新来医官何顿致辞。他说，联合国救济总署派往中国协助抗战胜利复员的专业技术人才已完成任务，将陆续回国。

联合国救济总署安排来的专家终将离去，市立医院决定自力更生，不惜花费巨资从国外购进设备，成立专门牙科诊室，聘请美籍牙医阿姆拉博士负责主治。1946年年底，市立医院在青岛多家报纸上刊发信息：该院牙医阿姆拉博士自12月20日上午起赴本市各中学义务检查牙齿，如发现有病者，当即给予拍照，病者当日赴市立医院免费诊疗。

1946年5月下旬，市立医院院长赖斗岩决定赴美考察一年，并出席纽约国际儿科年会。

5月31日，綦建镒赴市立医院接铃视事。6月3日，赖斗岩辞去院长职务，綦建镒正式接任。7月16日上午10时，市立医院举行綦建镒补行院长就职典礼，市长李先良、市财政局局长孔福民、教育局局长孟云桥、卫生局局长郭致文、行政院善后救济总署鲁青分署署长延国符、国立山东大学校长赵太侔、山大医院李院长等来宾数十人出席。綦建镒报告接收该院经过情形及将来开展业务计划。

7月25日，綦建镒在市立医院礼堂招待本埠记者，通报本院情况：市立医院分三部分，即事务、医务和护士。其中，医务最为重要，亟应健全起来。目前，全院分8科，此外还有医疗科、化验科。市政府限定医院事务人员12人，因事杂事繁，现已准加人数，但经费院方自付。全院有护士36人，员工共109人，本月已接诊3003人。市府每月拨款200余万元补贴医院，不足之数由医院自行负担。

走进新时代

1948年8月，根据行政院令，青岛市政府机构作出相应调整，将原有民政局等13个单位裁并为6局2处。裁撤卫生局，增设卫生科，掌管原卫生局业务，科长仍由郭致文担任。另外，聘请郭致文为市府卫生专门委员会主任委员兼市立医院院长。郭致文兼任市立医院院长未久即辞去，綦建镒继任。

进入1948年年底，山东地区大部解放。国民党青岛政权风雨飘摇，市内银行、工厂纷纷停业，一些政府要员、经理、厂长相继"南逃"。

1949年2月初，綦建镒因病辞去院长职务。11日，市政府任命秘书处卫生科科长王鸿智兼任。王鸿智执掌市立医院月余便想辞职。

4月9日，青光通讯社刊发《市立医院院工发表护院运动宣言》。宣言称："凡我们医院全体员工，无论是公开或秘密，必须拉紧手腕团结起来，不计个人得失，争取大家的利益，今后如果有黑势力压迫我们，我们一定要群起而攻之，绝不让恶人得势。""自今天起，假如有不良分子破坏我们的团结，阻挠我们的团结，曲解我们的运动，我们一定要对付他。最后申述：我们不是站在某一系某一派立场上讲话，也不是代表某一人，我们所说的都是老实话，希望各位同志一致履行。"

5月3日，青（岛）即（墨）战役打响，人民解放军兵分三路，由北及南，向青岛市郊进攻。6月2日，青岛解放。

是日，青岛市军管会卫生部接管市立医院、市民医院、传染病院、花柳病防治所、结核病防治所、高级医事职业学校等17个医疗卫生教育单位。

青岛市市立医院走进了新时代。

护厂护校反"南迁"

1948年9月24日，华东野战军攻克济南。随后，菏泽、临沂、烟台等地相继解放。至10月初，山东境内仅余青岛及南部边沿少数地区尚为国民党军占领。

人民解放军调兵遣将，对青岛形成包围之势。

国民党当局决定青岛守军伺机撤退，于撤退前搬迁一批重要工厂、学校机关和物资，并阴谋最后在市内进行爆炸破坏。

反对"南迁"，各界积极行动

国民党当局尚在策划青岛工厂南迁事宜时即引起产业工人的警惕。1948年10月初，因煤炭紧缺和纺织原料迟迟供应不上而停产的中国纺织建设公司青岛分公司所辖9大棉纺织厂内忽传部分设备要南迁台湾，传言很快在坊间流播开来。

10月19日，自上海总部返回青岛的中纺青岛分公司经理范澄川紧急约见本埠记者详谈工厂停产及复产事宜，并对南迁一事郑重澄清。范澄川称："近日本市讹传本分公司有部分南迁之说，全属无稽之谈。本分公司近有少数工程师及技师率领赴台湾参加中国工程师学会年会，会毕即返，外间传说或由此引起。"

20日，《平民报》等报纸大篇幅刊发范澄川谈话，并将范澄川的"南迁之说全属无稽之谈"作为标题加粗字号处理。

21日，《青岛健报》刊登《工厂南迁眷属离青　绝非事实　庸人自扰》。

不过，对于青岛官方及其操控的媒体一而再再而三地"南迁谣言说"，《青岛公报》不买账。10月30日，该报刊发社论《谣言与南迁》。

> 南迁已经是公开的事情了，稍微有点办法的人，都已经把太太的细软乃至于一切家当统统装船已去。办法稍逊一些的，也纷纷办理登记，准备撤退。这些丑态，我们纵然不讲，大家也会有一个会心的感触，而今正如火如荼，抢命般的表演着，形成了一幅宋室南渡的大画面。
>
> 谣言之为力，亦盛矣乎！

"南迁"不仅牵动了产业工人、官宦富贾的神经，也让国立山东大学的学子们变得不安起来。

10月26日下午3时，"为防止学生有再罢课之行为发生"，国立山东大学校长赵太侔特邀校总务长、教务长、训导长及各学院院长在泰山路工学院礼堂对全体学生作恳切讲话，希望学生努力用功求学，"要有上到最后一课之精神"。赵太侔说："学校南迁目前尚无作此准备，事实上也有很多困难，非到紧急时不能有所行动，望同学们安心求学。至于自费生改为公费生，教育部尚未有电来青，不能有所决定。至于被捕同学（注：山大校园内进步学生），学校当局不停地与特刑庭方面交涉，同学们罢课实无补于事。"接着，总务长、教务长、理学院院长相继发言，大意是劝同学们用功读书，安心学习。训导长刘次箫说："在大学里求得学问，将来到社会上才能发挥自己的力量。我们要做一个领导人的人，不要做一个被领导的人。要做一个领导人的人，唯一条件就是要有真才实学，不是凭空做到的。希望各位用功读书，追上时代，不要被时代抛弃，做一个时代的牺牲者。"教授代表接踵纷纷发言，至下午6时结束。

11月22日，青岛《大民报》《光华日报》转载上海电文，称中国纺织建设公司所属天津、青岛工厂纱锭考虑迁至台湾。该消息让暂归平静的中纺青岛分公司"南迁"在坊间再度形成声浪。

24日，中纺青岛分公司在《平民报》《大民报》发布紧急启事：

> 近日本市大民、光华两报登载上海专电，本公司青津两地纱锭考虑迁至台湾一节，查本分公司并未奉到总公司对于迁厂之任何指示，亦绝无迁厂之准备与计划，诚恐外间误会，特此郑重声明。

实际上，就在青岛国民党当局"犹抱琵琶半遮面"密谋工厂、学校南迁时，部分军政人员及家属和部分商民已纷纷南逃。1948年10月下旬，《大民报》载："南行飞机、商船均已满员，登记南迁者已至十二月之期。"

严密看守，"各厂动弹不得"

1948年年底，国民党青岛市财政局局长孔福民、市政府秘书长徐祖善等大员已对政局绝望，或以"身体多病"委婉辞职，或直截了当"挂冠坚辞"。市长龚学遂鉴于"主青半载，环境艰困，应付无能，愧乏建树"，遂考虑向行政院辞去市长之职。

国民党军政当局采取多种伎俩加快部署企业、学校、机关"南迁"。

齐鲁企业股份有限公司是在国民党"中央"执行委员会财务委员会主任委员陈果夫授意下接收日伪时期青岛橡胶厂、啤酒厂、玻璃厂及面粉、食油各厂，于1948年1月7日在青岛开张的大型垄断性企业集团。接到国民党"中央"南迁密电后，是南迁广州，还是南迁台湾，公司经理曾养甫、协理毕天德举棋不定，经过一番商讨后最终选择了后者。

齐鲁企业公司伺机南迁，但在青岛地下党组织缜密部署下，工人们昼夜严密看护，"各厂动弹不得"。1948年12月22日，南京总统府第三局抄送青岛市政府《关于齐鲁公司工人阻止南迁情报》中提到："青岛齐鲁企业公司食油厂、橡胶厂决定迁台后，遭到工人坚决反对，工人自动组织起来，监视厂长行动，并与担任运输的司机取得联系，拒绝装车运往码头。在车间，工人轮流看守，监视厂方拆卸机器行动。"

1949年2月28日，国民政府行政院给青岛市政府发来密电并转秦德纯、刘安祺："市政府并转秦主席、刘司令5678密，据工商部呈报转据中国纺织建设公司丑真（注：2月11日）代电以据青岛分公司呈报：青岛当局拟于撤退前，将该公司所属各厂予以破坏或迁走等情，希即设法制止，并将遵办情形具报为要。"

市政府秘书长孙继丁对该电文作出批示："现无撤退准备，此电留待秦主席到青，由秘书处呈阅酌转刘司令，以免引起对于中纺青岛分公司之误会。"

1949年6月2日，青岛解放。《胶东日报》载，齐鲁企业公司植物油一厂、二厂、三厂上自厂长下至工人没有一个南逃；青岛啤酒厂始终没有停工，在战争最紧急的时候，冷冻室的机器还在开动，使贮酒室保持一定的温度，惟恐坏了原存的酒料；橡胶厂原有1200多名工人，除了被国民党反动军队捉去的或失踪的之外，其余1180名职工留厂，捏合机、各式缝纫机、空气压缩机等750台机器在护厂队保护下完好无损。

青岛另一家大型集团式企业——中纺青岛分公司，是在接收日商大康、内外棉、隆兴、丰田等九大棉纱厂基础上，于1946年1月25日成立的，企业拥有8个棉纺织厂和印染厂、针织厂、机械厂、梭管厂、化工厂各1个，工程技术人员1000余名，产业工人2万余，在青岛乃至全国举足轻重。

为阻止中纺青岛分公司南迁，青岛地下党组织动员公司经理范澄川等高管在所辖各厂开展护厂斗争，在所辖13个工厂中，职工1500人以上的工厂各配备护厂团员300名，500人至900人的各配护厂团员200名，300人以下的配团员100名。护厂团总指挥部设在馆陶路分公司内，总指挥范澄川，副总指挥凌惕洲（公司秘书）、梁莺（课长），指挥部设防护、消防、交通、供应、救护5组，设置联络暗号，制作护厂旗、袖章等标识。各护厂团成立"军警接待组"和"敢死队"，"军警接待组"负责与登门的敌人周旋，一旦敌人实施破坏即由"敢死队"以武力解决。

现存于青岛市档案馆的《中纺青岛分公司第四纺织厂护厂团逐日演习情形报告》以日志形式记录了护厂团每日活动，由此可见中纺青岛分公司护厂组织之周详。兹抄录1948年12月29日、30日、31日三天的主要内容：

29日：早8时，团员集中点名（300人），李课长德荫莅厂指导；编队、划分防区、布置区位、规定各单位办公处所；12时举行第一次联席会议，王副理新元（注：共产党员、分公司副经理王新元）莅席训话；颁布护厂团员守则（共八条）；第四厂员工子弟小学秘密成立护校队。

30日：规定信号，颁布紧急集合令，总指挥范厂长（注：分公司经理范澄川）莅厂训示；举行救护演习、消防演习、增援演习（各一次）；总指挥部消防组陈组长宠锦莅厂视察，并交下青纺消防队简要计划草案。

31日：早7时半集合跑步，决定非常时期召集办法，团长召集全体训话。

1949年1月22日、24日、28日，中纺青岛分公司先后颁布《分公司各厂护厂团总指挥部组织规程》《分公司各厂护厂团组织大纲》《分公司各厂护厂团组织原则》。其中，"护厂团组织原则"分人事配备、团员组训、武器装备、分区联防等10项内容，在最核心的武器装备方面明确提出"除原有之武器外，如认为尚须补充者，枪支由分公司统筹核办，梭镖可斟酌

青岛电厂发电所
门前的护厂人员

需要自行制造，300团员厂可备100枝，200团员厂可备60枝，100团员厂可备30枝"。

5月27日深夜，护厂团总指挥部得到消息，敌人要在4天内外逃。各厂中共党组织立即召开紧急会议，各护厂团加强戒备，集中力量保卫厂房、设备和生产资料。6月1日晚，党组织召开护厂干部会议，决定马上把各厂仓库内的棉布全部转移，干部职工连夜行动起来，将9个棉纺织厂30多万匹布全部藏入地洞。翌日清晨，仓皇逃窜的国民党军队炮击中纺青岛分公司第四纺织厂，炮弹击中工厂宿舍，数间房屋倒塌，护厂团员李京瑞、张玉娥、张桂英、吕崇义4人牺牲。

游行示威，阻止山大水产系南迁

1949年2月13日，山东大学学生自治会为组建应变技术委员会发出通告，呼吁同学们"要以灯蛾扑火之精神，保护学校，保障生命"：

本市官宦富贾及一部分国营公司机关纷纷南下，时局已届相当严峻阶段，我们不应粉饰太平，讳疾忌医，全体同学对此种状况不应熟视无睹，应做未雨绸缪之准备。北平、天津各大学，在紧急关头都有缜密的计划与准备，当下均有缺粮断炊的事情发生，学校尚无粒米准备，亦无整个应变计划，且各院散居各处，联系困难，如有情况紧急时，难民及一般宵小难免乘火打劫，现在不研讨应变技术，将来一定要手足无措，发生不可想象之结果。为此，吁请同学们要以灯蛾扑火之精神，保护学校，保障生命。

在地下党组织运筹下，国立山东大学学子们已团结起来，保护学校，应对突发情况。校内特务分子很清楚，如果提出把整个学校南迁，一定会遭到全体师生的反对。为掩人耳目，他们采取各个击破的方法，首先选中学生籍贯大部分在南方的水产系，指示反动学生在校内大造学校南迁到复旦大学的舆论。为揭穿敌人阴谋，3月28日，山东大学学生与各进步社团举行全校"反对肢解山大和南迁水产系"大辩论，目的是使广大同学认识到，敌人放风学校南迁上海不过是缓兵之计，南迁台湾才是其真正的目的。

据《联青晚报》报道，在"水产系南迁大辩论"前后，"（学生们）还用书面来抗议，他们在院内粉墙上、走廊边，贴满五光十色的标语宣言、告水产系同学书等文字，有的批评学校当局措施失当，有的呼吁同学团结，有的劝告同学要正视现实，有的警告阴谋者分离山大，就是他们的公敌"。

抗议持续了三四天，学生们没有得到校方满意的答复。

"相反的，水产系公有物品却在装箱准备装船起运，于是他们以事急矣"，3月29日，学生自治会召开紧急会议，通过了一项行动抗议——"团结大游行"。

《联青晚报》生动地记录了山东大学学子反南迁"团结大游行"的场景：

> 30日上午8时30分，在紧张激昂的情绪下，学生们在自治会门前广场集合，一霎时千余学生排成一条长蛇阵，"团结大游行"的鲜明旗帜高高举起来做前导，同时敲打锣鼓，以壮声势。行列间高举着一幅漫画，上面画着一个人，割掉了一只手臂（人代表山大，手臂代表水产系）。9时整，游行开始，激昂愤慨的歌声（歌名：我们的学生自治会），力竭声嘶的口号（"留先生，留同学，留图书，留仪器！""头可断，血可流，水产系不能走！"），响彻云霄，闻者动容。10时整，游行行列在鱼山路办公楼前站定，又唱了一遍歌，又喊了一次口号，游行行列原道返回，到大礼堂时校方答应商谈，迄发稿时尚无具体结果，下午3时学生们继续集会讨论。

《山东大学百年史》载，经过师生们针锋相对的斗争，水产系大部分师生坚决留校，系里的图书、仪器等也大部分保存下来，少数被国民党反动派蒙蔽的同学和教师乘船赴沪，但很快被复旦大学的师生挡了回来。青岛解放后，除少数自散外，南迁师生大部分返回学校。

4月，在党组织部署下，国立山东大学全面开展护校运动，不许国民党军队进校抓人，并备足在校人员粮食、用水。5月，青岛市委指示山东大学地下工作小组，保护学运骨干力量不受损失，除安排必要的力量留校斗争外，将部分身份暴露的师生转移到解放区。

护水护电，完好迎接青岛解放

1949年4月11日，第11绥靖区司令官刘安祺召集高级军官会议，研究青岛防卫部署及撤退计划。为"力避被歼"，拖延撤退时间，在青岛外围自即墨至沧口设置三道防线。根据中央军委关于对青岛进行威胁性攻击的指示，4月30日，山东军区部署兵力，拟对青岛进行威胁性攻击。5月3日，胶东军区警备第4旅奉命对国民党灵山守军发起进攻。

解放青岛的战役由北向南推进。为防止国民党守军败退前对自来水厂、电厂等城市基础设施进行破坏，青岛市委指示地下党组织迅速转向全面护厂，确保青岛解放后照常供水、供电。地下党组织迅速行动，向职工宣讲"工厂机器是铁饭碗，保护机器就是保饭碗"的道理，号召他们行动起来，团结一心，利用收缴警察的枪支、铁锹、木棒等工具作武器，建立护厂队。同时，积极联络厂内民主人士，将党的有关政策、宣传材料、《约法八章》等及时送达，争取他们支持。

5月24日，人民解放军向郊区推进，国民党军纷纷败退，护厂斗争进入最后时刻。30日下午5时，一部分国民党兵闯入黄埠水厂内企图破坏水厂。护厂队员巧妙与之周旋，将其逼出厂外后锁上大门，将防护电网通上电。当晚，全体员工22人彻夜未眠，在厂区周围巡视，轮流到瞭望台（军营房顶）站岗。31日，解放军先头部队攻占市郊流亭一带后顺利接管黄埠水厂、白沙河水厂。6月1日，李村河水源地护厂队手持长枪、棍棒严阵以待。翌日中午，青岛解放。在青岛地下党组织领导下，青岛自来水厂4个水源地3个水池完好无损。

青岛发电厂地下党组织遵照市委指示，将工作重点由争夺工会领导权迅速转入全面护厂、护设备。他们以工会名义公开要求厂方支持护厂行动。通过与厂长徐一贯、协理刘文东等厂方管理人士多次接触磋商，厂方同意采取一些重要措施，比如拨一部分黄金交由发电所负责人保管，以备应急；厂方准许护厂队对发电设备主要零部件拆除保护和秘密转移；厂方同意为护厂队购买枪支等。

1949年春节后的一个凌晨，海上一艘小船驶向厂区近岸，船上只有一官一兵，声称前来拆卸水池护板，为军队搭浮桥。护厂队严词拒绝。船上人少，无奈离去。5月，解放青岛的炮声隆隆可闻，自愿参加扩厂的职工日益增多，他们听从护厂队统一调遣，日夜守卫在设备旁，并加紧对厂区海边水池的巡逻。

在组织护厂的同时，地下党组织还对发供电生产设备、人事安排、物资材料等情况详细调查了解，及时报送市委。青岛尚未解放，接收人员已对青岛电业情况了如指掌。青岛解放前后，供电未间断，全市工业生产、市民生活均用电正常。

7月1日，青岛市军管会颁布嘉奖令，嘉奖在护厂、复工中作出重要贡献的发电厂、自来水厂、电讯局、中纺青岛分公司各厂、齐鲁公司所属第二面粉厂、海军造船所等企业单位。

后记

　　《案卷里的青岛·事件篇》是在2016年、2017年青岛出版社出版的《案卷里的青岛》《案卷里的青岛（续篇）》解密的部分档案事件基础上进一步写作而成的，不仅增补了大量文字，而且增补了许多一手档案照片和新作。

　　在诸书的写作上，笔者摒弃粗线条、碎片化的简短记述方式，努力做到史实准确，有细节，有情节，有独家发现，生动还原现场。为此，自2014年初春起，笔者几乎每个周都像上班那样，在青岛市档案馆一坐就是一个上午，在工作人员热情帮助下查阅和抄录馆藏档案文献。查寻、梳理、考证碎片化的档案史料是个既磨炼耐心又耗费精力的活儿。8年来，仅手抄馆藏档案史料的纸张摞起来即有30厘米厚。因年代太久和当时档案意识缺乏，一些人物、事件的重要史料档案馆内无法查全，只能通过购买有关当事人的年谱、回忆录等书籍和从个人收藏者手中购买信函、手稿、日记、旧报纸等珍贵资料来补充。

　　其间，居住在台湾的王芃生的表侄陈尔靖先生、居住在上海的谭岳峰之孙谭国璋先生、葛光庭之孙葛平章先生，居住在天津的熊冲之子熊湘伟先生，不仅提供了极其难得的文字和图片史料，而且对稿件提出许多建议和意见；中国欧洲学会德国分会副会长、《德国研究》杂志副主编、同济大学博士生导师李乐曾教授，德国法兰克福大学汉学系主任、法兰克福孔子学院理事长韦荷雅教授先后提供了鲜为人知的卫礼贤档案和卫礼贤在德国出版的中国儒家经典翻译作品；居住在北京的沈从文孙女沈红博士，高密市档案馆工作人员，青岛本土文史学者贺伟、王栋等诸君，也提供了一些重要的档案资料。

正是众人拾柴，方有今日之作品。

《案卷里的青岛·事件篇》钩沉解密了不同时期影响青岛时局的大事、重大灾难和青岛郊区几场大的战事。这些事件主要包括：德兵大年初一突袭即墨并毁坏圣像引发"公车上书"，青岛人力车夫大罢工引发青岛党政之争致市长葛敬恩黯然离职，沈鸿烈因三舰南逃引咎辞职退隐威海卫，"中央海军军官学校"由上海迁至青岛，追索"金星"号，1946年国立山东大学艰难复校等。

　　需要特别说明的是，本书所刊登的所有照片，除所写人物后人和部分文史学者提供外，其余均由作者翻拍自青岛市档案馆。

　　最后，衷心感谢青岛市档案馆文档中心的所有老师，他们给我提供了许多帮助。衷心感谢青岛万嘉集运物流有限公司董事长、总裁吴绍勇先生，先生温良敦厚，博览群书，不仅经营有道，为业界之翘楚，而且人文情怀浓郁，尤对城市档案历史文化情有独钟。在本书写作出版过程中，先生多有襄助，殷殷情谊，山高水长。同时，衷心地感谢青岛出版社的领导、编辑和设计人员，感谢他们高效、专业的工作，使本书得以顺利出版。